河北省社会科学基金项目"产教融合背景下地方高职院校融入区域经济社会发展路径研究"（项目批准号 HB22JY010，主持人：李增军）

# A New Discussion on
# Vocational Education

# 职业教育新论

李增军 ◎ 编著

中国财经出版传媒集团
经济科学出版社
Economic Science Press
·北京·

图书在版编目（CIP）数据

职业教育新论 /李增军编著 . -- 北京：经济科学

出版社，2024.1

ISBN 978 - 7 - 5218 - 5537 - 1

Ⅰ . ①职⋯　Ⅱ . ①李⋯　Ⅲ . ①职业教育 - 研究 - 中国

Ⅳ . ①G719. 2

中国国家版本馆 CIP 数据核字（2024）第 009658 号

责任编辑：杜　鹏　郭　威
责任校对：刘　昕
责任印制：邱　天

**职业教育新论**

李增军◎编著

经济科学出版社出版、发行　新华书店经销

社址：北京市海淀区阜成路甲 28 号　邮编：100142

编辑部电话：010 - 88191441　发行部电话：010 - 88191522

网址：www. esp. com. cn

电子邮箱：esp_bj@ 163. com

天猫网店：经济科学出版社旗舰店

网址：http: //jjkxcbs. tmall. com

固安华明印业有限公司印装

787 ×1092　16 开　16 印张　300000 字

2024 年 1 月第 1 版　2024 年 1 月第 1 次印刷

ISBN 978 - 7 - 5218 - 5537 - 1　定价：88. 00 元

# 前　言

党的十八大以来，党中央高度重视职业教育，以习近平总书记对职业教育一系列重要指示以及党和国家出台一系列职业教育政策法规为标志，中国职业教育迎来了发展的春天。

2015年10月，组织安排我到衡水职业技术学院任党委书记。在职业教育的春天，我加入到职业教育大家庭，成为一名新时代的职教人。自报到的那天起，我便与职业教育结下不解之缘，也由此开始了对职业教育改革发展的理论思考与实践探索。

职业教育作为一种类型教育，是国民教育体系和人力资源开发的重要组成部分，肩负着培养多样化人才、传承技术技能、促进就业创业的重要职责。因此，现代职业教育研究既是一个极具学术性、挑战性的理论问题，也是一个有很强现实性、应用性的实践问题。在理论研究和实践探索的过程中，我自觉坚持历史唯物主义与辩证唯物主义的立场和观点，注重历史与现实、理论与实践、教育领域与产业领域等的结合，以探索职业教育改革发展路径为着力点，深入思考，寻求答案，并从提升法律和政策等的系统性、完整性、协同性的视角，统筹考虑制度创新的有效供给，以期为新时代职业教育的创新发展作出自己的贡献。

本书收录了到高职院校工作以来，我在办学实践基础上撰写的一些理论文章和研究报告。在内容架构上共包括八个部分，分别为："总论""类型教育篇""产教融合篇""人才培养与创新创业篇""混合所有制办学篇""人工智能与就业结构篇"" '三学三提' 篇"和"读书与随笔篇"。其中，"总论"部分对党的十九大以来职业教育政策进行了梳理，分析了职业教育的地位、类型定位及发展规律，提出了构建现代职业教育体系和优化职业教育发展环境的实践路径，作为全书的总纲，对新时代职业教育的重大政策问题和理论问题作了系统的概括；"类型教育篇"收录了我在报刊上发表的有关探讨职业教育类型特征及融入区域发展路径的文章；"产教融合篇"收录了我就职业教育产教融合问题撰写的几篇理论文章，内容主要涉及特色产业发展、产业学院建设、科教融汇以及非遗文化传承与发展中职业教育的作用机制；"人才培养与创新创业篇"反映了我围绕高职院校人才培养所作的思考与探索，涉及高职生的关键能力培养、人才培养体系重构以及高校众创空间建设；"混合所有制办学篇"收录了我在职业教育混合所有制办学方面的研究成果；"人工智能与就业结构篇"收录的是我关于人工智能对就业结构的影响以及在此背景下提升职业教育适应性问题的研究成果；"'三学三提'篇"收录的是我为引领和推动学校"三学三提"主题读书活动、凝聚改革发展共识而写的几篇序言；"读书与随笔篇"收录了我撰写的几篇书评和散文作品。

为了历史地呈现我的学术研究与理论思考的痕迹，对收录于文集中的多篇文章基本上没作修改，但有部分文章因受篇幅限制，在发表时有所删减，为了表达的准确和完整，此次出版收录了原文，仅对个别内容进行了润色及更新。

2023 年 5 月 29 日，中共中央政治局就建设教育强国进行了第五次集体学习。习近平总书记在主持学习时强调，建设教育强国，是全面建成社会主义现代化强国的战略先导，是实现高水平科技自立自强的重要支撑，是促进全体人民共同富裕的有效途径，是以中国式现代化全面推进中华民族伟大复兴的基础工程。[①] 从教育大国到教育强国是一个系统性跃升和质变，必须以改革创新为动力。同时指出，要统筹职业教育、高等教育、继续教育协同创新，推进职普融通、产教融合、科教融汇[②]，培养更多高素质技术技能人才、大国工匠、能工巧匠。[③] 习近平总书记的重要讲话，必将推动我国职业教育的发展进入一个新阶段。

理论是灰色的，而实践之树长青。面对建设教育强国的历史重任，面对职业教育创新发展的时代呼唤，我将坚守初心，不负使命，继续躬耕于职业教育研究的前沿高地，笃行不息，作出新的探索。

李增军

2023 年 8 月 16 日于对影轩

---

① 建设教育强国是促进全体人民共同富裕的有效途径 [EB/OL]. 人民网，http：//theory. people. com. cn/nl/2023/0831/c40531 − 40067453. html，2023 − 08 − 31.

② 习近平：高举中国特色社会主义伟大旗帜　为全面建设社会主义现代化国家而团结奋斗——在中国共产党第二十次全国代表大会上的报告 [EB/OL]. 中国政府网，https：//www. gov. cn/xinwen/2022 − 10/25/content_ 5721685. htm，2020 − 10 − 25.

③ 习近平：加快构建现代职业教育体系　培养更多高素质技术技能人才能工巧匠大国工匠 [EB/OL]. 人民网，http：//jhsjk. people. cn/article/32076968，2021 − 04 − 13.

# 目　　录

## 一、总论

## 二、类型教育篇

## 三、产教融合篇

## 四、人才培养与创新创业篇

## 五、混合所有制办学篇

## 六、人工智能与就业结构篇

## 七、"三学三提"篇

## 八、读书与随笔篇

# 一、总论

# 优化职业教育类型定位，建设现代职业教育体系

习近平总书记指出，在全面建设社会主义现代化国家新征程中，职业教育前途广阔、大有可为。① 自党的十八大以来，党中央、国务院高度重视职业教育，特别是自党的十九大以来，对职业教育作出一系列重大部署，不断优化职业教育的类型定位，推动构建现代职业教育体系，加快职业教育高质量发展。

## 一、党的十九大以来职业教育政策梳理

自党的十九大以来，党中央、国务院对职业教育的重要部署，概括起来包括一个重要指示（2021 年 4 月，习近平总书记对职业教育工作作出重要指示）、两次战略安排（党的十九大和党的二十大对职业教育作出战略安排）、一次重要会议（2021 年 4 月，党中央、国务院召开全国职业教育工作会议）、一部重要法律（2022 年 5 月 1 日，新修订的《中华人民共和国职业教育法》正式实施）、三个重要文件（《国务院关于印发国家职业教育改革实施方案的通知》《关于推动现代职业教育高质量发展的意见》《关于深化现代职业教育体系建设改革的意见》）和若干实施意见。

### （一）习近平总书记对职业教育工作作出重要指示

2021 年 4 月，习近平总书记对职业教育工作作出重要指示，强调在全面建设社会主义现代化国家新征程中，职业教育前途广阔、大有可为。② 要坚持党的领导，坚持正确办学方向，坚持立德树人，优化职业教育类型定位，深化产教融合、校企合作，深入推进育人方式、办学模式、管理体制、保障机制改革，稳步发展职业本科

---

① ② 加快构建现代职业教育体系 培养更多高素质技术技能人才能工巧匠大国工匠 [EB/OL]. 人民网，http：//jhsjk. people. cn/article/32077228，2021－04－14.

教育，建设一批高水平职业院校和专业，推动职普融通，增强职业教育适应性，加快构建现代职业教育体系，培养更多高素质技术技能人才、能工巧匠、大国工匠。各级党委和政府要加大制度创新、政策供给、投入力度，弘扬工匠精神，提高技术技能人才社会地位，为全面建设社会主义现代化国家、实现中华民族伟大复兴的中国梦提供有力人才和技能支撑。①

### （二）两次党代会的战略安排

1. 党的十九大报告对职业教育作出战略安排，指出："完善职业教育和培训体系，深化产教融合、校企合作。"

2. 党的二十大报告对职业教育作出战略安排，指出："统筹职业教育、高等教育、继续教育协同创新，推进职普融通、产教融合、科教融汇，优化职业教育类型定位。"

### （三）全国职业教育大会召开

2021 年 4 月 12～13 日，全国职业教育大会在北京召开，会上传达了习近平重要指示和李克强批示。时任中共中央政治局委员、国务院副总理孙春兰出席会议并讲话。她指出，要深入贯彻习近平总书记关于职业教育的重要指示，落实李克强总理批示要求，坚持立德树人，优化类型定位，加快构建现代职业教育体系。要一体化设计中职、高职、本科职业教育培养体系，深化"三教"改革，"岗课赛证"综合育人，提升教育质量。要健全多元办学格局，细化产教融合、校企合作政策，探索符合职业教育特点的评价办法。各地各部门要加大保障力度，提高技术技能人才待遇，畅通职业发展通道，增强职业教育认可度和吸引力。②

### （四）新修订的《中华人民共和国职业教育法》颁布实施

2022 年 5 月 1 日，新修订的《中华人民共和国职业教育法》（以下简称《职业教育法》）正式实施。修订后的《职业教育法》从法律层面强化党的领导这个根本保证，明确职业教育的类型定位，确立同等重要的社会地位，构建政府统筹、分级管理的管理体制，建设纵向贯通、横向融通的职教体系，完善产教融合、校企合作的办学模式，坚持多元主体的办学机制，突出就业导向的办学方向，强调工学结合、德技并修的育人机制，建立加大投入、政策扶持的保障机制。

---

①② 加快构建现代职业教育体系 培养更多高素质技术技能人才能工巧匠大国工匠［EB/OL］. 人民网，http：//jhsjk. people. cn/article/32077228，2021－04－14.

### （五）三个重要文件

1. 《国家职业教育改革实施方案》。2019年1月，国务院印发《国家职业教育改革实施方案》。该文件首次明确职业教育的类型教育定位，明确了我国职业教育制度框架，提出了一系列解决长期制约职业教育发展体制机制难题的政策措施，指明了深化职业教育改革的路线图、时间表、任务书，为职业教育改革发展指明了方向。

2. 《关于推动现代职业教育高质量发展的意见》。2021年4月，为落实习近平总书记重要指示和全国职业教育大会精神，中共中央办公厅、国务院办公厅印发了《关于推动现代职业教育高质量发展的意见》。该文件巩固了职业教育的类型定位，明确了构建现代职业教育体系的目标框架、重点任务和进度安排，对服务技能型社会建设提出了明确要求，凸显了党中央、国务院对推进我国职业教育高质量发展的重视和决心。

3. 《关于深化现代职业教育体系建设改革的意见》。2022年12月，为落实党的二十大精神，中共中央办公厅、国务院办公厅印发《关于深化现代职业教育体系建设改革的意见》。该文件对推进现代职业教育体系建设改革作出了系统安排，并提出了"一体两翼五重点"的改革举措："一体"，即探索省域现代职业教育体系建设新模式；"两翼"，即建设市域产教联合体和行业产教融合共同体；"五重点"，即提升职业学校关键办学能力、加强"双师型"教师队伍建设、建设开放型区域产教融合实践中心、拓宽学生成长成才通道和创新国际交流与合作机制。

### （六）若干实施意见

围绕贯彻党中央、国务院关于职业教育的重大战略部署，教育部、国家发展改革委等部委出台了一系列实施意见。例如，教育部、财政部于2019年4月印发《教育部 财政部关于实施中国特色高水平高职学校和专业建设计划的意见》，教育部等九部门于2020年9月印发《职业教育提质培优行动计划（2020—2023）》，教育部等五部门于2022年12月印发《教育部等五部门关于印发〈职业学校办学条件达标工程实施方案〉的通知》，教育部办公厅于2023年4月发布《教育部办公厅关于开展市域产教联合体建设的通知》，国家发展改革委等八部门于2023年6月发布《国家发展改革委等部门关于印发〈职业教育产教融合赋能提升行动实施方案（2023 - 2025年）〉的通知》等，密集的政策颁布有力地推进了职业教育的发展。

# 二、充分认识职业教育的战略地位

习近平总书记对职业教育的战略地位有过多次重要论述，他从中国式现代化高度提出，职业教育前途广阔、大有可为，从教育现代化和人的全面发展高度指出，职业教育是国民教育体系和人力资源开发的重要组成部分，是广大青年打开通往成功成才大门的重要途径，肩负着培养多样化人才、传承技术技能、促进就业创业的重要职责，必须高度重视、加快发展。[①]

## （一）现代职业教育是服务国家战略的重要举措

国家战略是运用国家总体力量实现国家发展和进步的总方略，具有基础性、全局性和长远性的特征。近年来，国家实施了乡村振兴战略、京津冀协同发展战略、科教兴国战略、人才强国战略、创新驱动发展战略等一系列重大战略，这些战略的实施都意味着数以万亿计的巨大潜能的释放，都需要不同类型、不同层次的人才，都离不开职业教育的赋能和贡献。例如，乡村振兴战略需要培育新时代爱农业、懂技术、善经营的新型职业农民，京津冀协同发展战略需要大批教育、医护、金融管理及现代制造业等领域的职业技能人才，创新驱动发展战略需要大规模培养各行各业的高级技师、技术工人等高技能人才。然而，随着技术的迭代、产业的变革，重点领域技能型人才缺口不断增大，数据显示，到 2025 年仅制造业的十大重点领域中，技能人才缺口将接近 3000 万人[②]，需要职业教育给予大力人才支撑。因此必须把发展现代职业教育作为服务国家战略的重要举措，以职业教育的高质量发展促进职业教育服务国家重大战略的能力不断提升。

## （二）现代职业教育是服务区域经济社会发展的强力支撑

服务区域经济社会发展是职业教育最重要的职责。自党的十八大以来，职业教育主动适应经济结构调整和产业转型升级，紧盯产业链条、市场信号、技术前沿和民生需求，对接新经济、新业态、新技术、新职业，推进专业升级和数字化改造，

---

① 加快构建现代职业教育体系 培养更多高素质技术技能人才能工巧匠大国工匠［EB/OL］. 人民网，ht-tp：//jhsjk. people. cn/article/32077228，2021 - 04 - 14.

② 技能人才前景广阔：这些领域人才缺口将达近3000万人［EB/OL］. 人民网，http：//finance. people. com. cn/nl/2023/11 - 21/c1004 - 40122706. html，2023 - 11 - 21.

为经济社会发展作出了突出贡献。教育部发布的《中国职业教育发展报告（2012－2022 年）》显示，到 2021 年，全国职业学校已开设 1300 余个专业和 12 余万个专业点，基本覆盖了国民经济各领域；累计为各行各业输送了 6100 万名高素质劳动者和技术技能人才；在现代制造业、战略性新兴产业和现代服务业等领域，一线新增从业人员 70% 以上来自职业院校。以上种种足以说明职业教育不仅为区域经济社会发展提供了强有力支撑，而且已经成为与经济产业结合最紧密的教育类型。因此，必须把职业教育的根在区域经济社会发展中扎得更深，使其更好地为服务经济结构优化、产业转型升级、增长动力转换提供强有力的人才和智力支撑。

### （三）现代职业教育是服务人的全面发展的有效途径

职业教育是一种面向人人的终身教育。自党的十八大以来，职业教育不断拓展办学空间，支持先学习再就业、先就业再学习、边就业边学习，充分满足了社会成员个性化、多样化、终身化的学习需求。如连续高职扩招，为退役军人、下岗失业人员、农民工、新型农民和企业在职员工提供了继续学习的机会；中央财政连续多年支持建设职业教育国家专业教学资源库，为全民学习提供充足数字资源；全国 1 万余所职业学校每年开展各类培训达上亿人次①。以上均表明，职业教育面向社会各个方面、面向各个群体，让每个人都享有接受教育的机会，是服务人的全面发展的有效途径。因此，必须更加重视职业教育对人的全面发展的影响，建立高质量的现代职业教育体系，让不同禀赋和需要的人在不同阶段能够多次选择、多样化成才，为人人皆可成才、人人尽展其才营造良好环境。

## 三、优化职业教育的类型定位

《国务院关于印发国家职业教育改革实施方案的通知》指出："职业教育与普通教育是两种不同教育类型，具有同等重要地位。"这一定位对于职业教育具有重要意义，是职业教育的重大理论创新和实践创新，它不仅提升了职业教育的地位，也明确了职业教育改革发展的方向。一方面明确了职业教育是一个教育类型，而不是教育层次，对于发挥职业教育服务社会和个体发展的能力以及推进职业教育治理体系和治理能力现代化，具有重要的战略意义；另一方面明晰了职业教育和普通教育

---

① 我国建成世界规模最大职业教育体系（新数据 新看点）［N］. 人民日报，2022－05－29（01）.

的联系与区别，有利于职业教育进一步明确功能定位和发展方向，探索与完善职业教育独特的办学模式和人才培养模式，更好地服务、支撑国家现代化建设。

作为一种教育类型，职业教育具有以下特点。一是职业教育是跨界的教育，需要协同融合。职业教育跨越了职业和教育、跨越了企业和学校、跨越了工作和学习的界限，跨界就需要协同创新、就需要多元融合，职业教育既要遵循教育发展规律，又要遵循职业成长规律、产业发展规律，要实现教育链、人才链、产业链和创新链的深度融合与有机衔接。二是职业教育是实践的教育，重在能力培养。职业教育要坚持面向实践、强化能力，着力培养学生的动手能力、操作能力、运用能力、处置能力、适应能力、创新能力，培养更多高素质技术技能人才、能工巧匠、大国工匠，让更多青年凭借一技之长实现人生价值。三是职业教育是就业的教育，必须面向市场。职业教育要坚持面向市场、促进就业，要立足于服务发展，对接产业和企业需求，强化就业导向，担负起为社会输送高素质劳动者和专门人才的重任。四是职业教育是终身的教育，必须面向人人。职业教育要面向人人、因材施教，既要面向不同的人施教，又要面向人成长的不同阶段，要把学历教育和社会培训有机结合，构建服务全民终身学习的教育体系，营造人人努力成才、人人皆可成才、人人尽展其才的良好环境。

许多政策、谈话及党的二十大报告中，都提出了"优化职业教育类型定位"的明确要求，从"确立"职业教育类型定位到"优化"职业教育类型定位，为职业教育的改革发展进一步指明了方向。一是要跳出职业教育看职业教育，在"统筹职业教育、高等教育、继续教育协同创新"中思考职业教育的类型定位，在"推进职普融通、产教融合、科教融汇"中谋划职业教育的类型定位。二是要把职业教育的类型定位作为思维方式，要树立职业教育的类型思维，把类型定位作为职业教育工作的逻辑起点，在职业教育实施的各个环节予以巩固和优化。三是要靠制度创新实现职业教育的类型定位，要通过体制和机制的改革创新，不断提高职业教育的社会地位，优化职业教育的发展环境，完善职业教育的制度体系，提升职业教育的适应性和服务能力。

## 四、把握职业教育的发展规律

职业教育作为一种教育类型，有其自身的发展规律。我们要遵循职业教育规律办职业教育，努力办好人民满意的职业教育。

## （一）构建政府统筹、社会多元的办学格局

《国务院关于印发国家职业教育改革实施方案的通知》指出，经过 5 ~ 10 年时间，职业教育基本完成由以政府举办为主向政府统筹管理、社会多元办学格局的转变。职业教育发展关系经济发展、社会稳定、劳动就业，涉及多个部门、社会机构和行业企业，不是教育部门一家能承担的任务。因此，必须跳出教育看教育、跳出学校看学校，在保证职业教育公益属性的前提下，加快政府由"办"职业教育向"管"职业教育转变，形成多元开放融合的办学格局。

要实现这一目标，需要政府、学校和行业企业共同发力、协调联动。一是政府层面。各级政府要把职业教育纳入经济社会发展和产业发展规划，促进职业教育规模与经济社会发展需求相适应。要加大对职业教育的投入，落实生均拨款制度，使职业教育经费投入与职业教育发展相适应。要落实职业学校的办学自主权，将招生、专业设置、课程开发和人才培养的自主权交还给学校，使其能够直接面对行业组织和企业的需求导向。要研究出台相关配套政策，吸引行业组织、企业、科研机构以及其他社会力量参与职业教育，鼓励其以资本、知识、技术、管理等要素参与办学，探索股份制混合所有制办学新模式。二是学校层面。各类职业院校要创新校企合作形式，积极与企业联合办专业、办产业学院、建实训基地、发展职业教育集团，将企业新技术、新工艺、新规范纳入教育教学内容，整体提升职业学校办学质量和服务行业企业的能力水平，增强职业教育办学活力和吸引力。三是行业企业层面。行业企业要彻底转变观念，处理好产教关系，尽快由旁观者转变为当局者、从边缘走向中心、从被动转向主动，充分运用自身资源和优势参与开展职业教育办学。

## （二）深化产教融合、校企合作的办学模式

产教融合、校企合作是职业教育的基本模式，也是职业教育最突出的办学优势。自党的十八大以来，党和国家积极推进职业教育产教融合、校企合作，认定了 21 个国家产教融合试点城市，培育了 4600 多家产教融合型企业，初步形成了以城市为节点、行业为支点、企业为重点的产教融合推进机制。[①] 中共中央办公厅、国务院办公厅印发的《关于深化现代职业教育体系建设改革的意见》进一步指出"坚持以教促产、以产助教、产教融合、产学合作"，我们要坚持以产教融合、校企合作为重

---

① 相关信息自 2022 年 12 月 27 日举办的教育部新闻发布会上得到（http：//www.moe.gov.cn/fbh/live/2022/55031/）。

点，推动职业教育高质量发展。

一方面要把产教融合作为发展职业教育的基本路径。各级政府要把产教融合纳入区域发展规划和重大战略，积极探索省域现代职业教育体系建设新模式，打造市域产教联合体和行业产教融合共同体，将职业教育与行业进步、产业转型、区域发展捆绑在一起，充分发挥各自优势，创新良性互动机制。另一方面要把校企合作作为职业院校办学的基本方式，积极引企入校、引校进企，校企共建共享。要以行业企业需求为导向，找到校企合作的利益"共赢点"，促进专业设置与产业需求对接、课程内容与职业标准对接、教学过程与生产过程对接，企业深度参与人才培养全过程。

### （三）坚持德技并修、工学结合的育人机制

习近平总书记强调："要高度重视职业教育，大力推进产教融合，健全德技并修、工学结合的育人机制，源源不断为各行各业培养亿万高素质的产业生力军，让职业院校毕业生在职业发展上也有广阔空间。"[①] 落实好立德树人根本任务，就职业院校来讲，就是要坚持德技并修、知行合一、工学结合，培养德智体美劳全面发展的社会主义建设者和接班人。

一是要强化"德技并修"人才培养意识。要深化思政课改革创新，把德育融入课堂教学、技能培养、实习实训等各环节，不断使学生坚定理想信念、厚植爱国主义情怀、加强品德修养、增长知识见识、培养奋斗精神，自觉成为有理想、有本领、有担当的时代新人。二是要弘扬"精益求精"的工匠精神。要充分发挥专业课、实习实训课在学生技术技能培养中的主阵地作用，促进工学结合、知行合一，大力培育学生劳动精神、劳模精神和工匠精神，提高学生的就业创业能力。三是要完善"工学结合"的培养模式。要突出实践能力的培养，将参加企业生产实践作为教学的重要组成部分，认真组织好顶岗实习、工学交替，实施岗课赛证综合育人。

### （四）探索科教融汇、协同创新的发展方向

党的二十大报告提出，统筹职业教育、高等教育、继续教育协同创新，推进职普融通、产教融合、科教融汇。其中科教融汇是一个全新表述，其本质就是办学模式、育人方式和科研机制三者的融合汇聚及高度整合，重在整合科技和教育的力量，做到教育与科研同向发力，一体提高人才自主培养和科技自主创新能力。我们必须以科教融汇为新方向，服务创新驱动发展战略，既为破解"卡脖子"问题培养更多

---

① 习近平谈治国理政（第三卷）［M］. 北京：外文出版社，2020：350 - 351.

高素质技术技能人才，又在促进创新链和产业链精准对接中成为科技成果转化的"中试车间"，在服务国家高质量发展中发挥有力支撑作用。

一是要从战略的高度贯彻科教融汇理念。各地政府和主管部门要紧紧围绕国家重大战略和新兴产业的变革趋势，为职业教育科教融汇发展提供充足的政策支撑和资源投入，为职业教育提供更多参与高水平科研项目的机会与平台。二是要从创新的角度重构人才培养模式。职业院校要将科技创新融入教学环节，以解放思想、挖掘潜能为目的，将产业、行业、企业的前沿知识转化为典型案例，融入课堂教学，培养学生的创新精神和创新能力。三是要从协同的深度促进科教产教互动。职业院校和企业要共同组建产教融合实践中心，校企协同开展技术攻关、工艺改进、产品升级。同时，建立技术创新合作机制和专利开发转化机制，推进科技成果产业化应用。

# 五、建立现代职业教育体系

习近平总书记强调，增强职业教育适应性，加快构建现代职业教育体系。① 中共中央办公厅、国务院办公厅印发的《关于深化现代职业教育体系建设改革的意见》对职业教育体系建设改革作出了具体安排。建设现代职业教育体系，对于教育强国建设和实现中国式现代化都具有重要意义。如何构建中国特色现代职业教育体系，笔者认为，要从职业教育内部、教育内部、跳出教育和职业教育三个角度去分析去推动，实现职业教育的纵向贯通、横向融通、跨界互通。

## （一）职业教育内部角度

从职业教育内部看职业教育体系，要实现纵向贯通，打破职业教育止步于专科的"天花板"，一体化设计中职、高职、本科职业教育培养体系。要巩固中等职业学校的基础地位，改善中职学校办学条件，优化中职学校办学定位；要强化专科高职的主体地位，实施职业教育提质培优行动计划，推进中国特色高水平高职学校和专业建设；要发挥职业本科教育的引领作用，探索实施更高层次的高等职业教育。要完善中高职贯通培养模式，积极推进"3 + 2""3 + 4""2 + 2 + 2"和五年一贯制等一体化培养试点。要建立健全职教高考制度，深化"文化素质 + 职业技能"考试

---

① 习近平对职业教育工作作出重要指示［EB/OL］. 中国政府网，https：//www.gov.cn/xinwen/2021 - 04/13/content_5599267，htm，2021 - 04 - 13.

招生制度改革，把中职、高职和职业本科教育在内容上、培养上衔接起来。

## （二）教育内部角度

从教育内部看职业教育体系，要实现横向融通，建立职业教育和其他类型教育之间的"立交桥"，加强职业教育与普通教育、继续教育、职业培训的有机衔接、融合发展。要统筹职业教育、高等教育、继续教育协同创新，有效汇聚和整合"三教"创新资源与要素，完善协同发展的体制机制。要以推动职普融通为关键，实现职业教育与普通教育要素资源共享，在课程建设和学生流动两个层面打破壁垒，实现学历互认、人才流动，给学生更多选择机会和上升通道。要推动学历教育与继续教育、职业培训融通，建立健全国家资历框架制度，建设职业教育国家学分银行，实现各类学习成果的认证、积累和转换，加快构建服务全民终身学习的教育体系。

## （三）跳出教育和职业教育角度

跳出教育和职业教育看职业教育体系，要实现跨界互通，打通学校和行业企业之间的"旋转门"，建立多主体深度参与职业教育的体制机制。要以深化产教融合为重点、以科教融汇为新方向，大力推进校企合作，坚持以教促产、以产助教、产学合作，延伸教育链、融合创新链、服务产业链、支撑供应链、打造人才链、提升价值链。要以打造市域产教联合体和行业产教融合共同体为抓手，整合政府、学校、行业、企业、科研机构多方资源，有效推动各类主体深入参与专业建设、人才培养全过程。要汇聚多方力量，建设集实践教学、社会培训、真实生产和技术服务于一体的开放型区域产教融合实践中心。要大力发展产教融合型企业，对符合条件的企业要给予金融、财政、土地等方面的支持和税费优惠。

# 六、创优职业教育发展环境

习近平总书记指出，各级党委和政府要加大制度创新、政策供给、投入力度，弘扬工匠精神，提高技术技能人才社会地位，为全面建设社会主义现代化国家、实现中华民族伟大复兴的中国梦提供有力人才和技能支撑。① 各级党委、政府和全社

---

① 加快构建现代职业教育体系 培养更多高素质技术技能人才能工巧匠大国工匠［EB/OL］. 人民网, ht-tp：//jhsjk. people. cn/article/32077228，2021 – 04 – 14.

会都要统一思想、主动作为、改革创新，为职业教育持续健康发展创造良好环境。

## （一）加强党对职业教育的领导

加强党对职业教育的全面领导，是办好职业教育的根本保证。要全面贯彻党的教育方针，坚持立德树人根本任务，以为党育人、为国育才为根本目标，努力办好令人民满意的职业教育。职业院校要认真执行党组织领导下的校长负责制，充分发挥党组织的领导核心和政治核心作用，坚持把方向、管大局、做决策、抓班子、带队伍、保落实。要牢牢掌握学校意识形态工作领导权，推进思想政治工作改革创新，健全"三全育人"工作体系。

## （二）完善职业教育管理体制

在管理体制上，职业教育实行政府统筹、分级管理、地方为主、行业指导、校企合作、社会参与。在国家层面要完善国务院职业教育工作部际联席会议制度，统筹协调全国职业教育工作，研究协调工作中的重大问题，部署职业教育改革发展重大事项。要强化省级政府的领导责任，加强对本区域职业教育工作的领导，探索省域现代职业教育体系建设新模式。县级以上人民政府要担负起举办责任，落实生均拨款，加大对职业教育的投入。

## （三）健全国家职业教育制度框架

健全国家职业教育制度框架，是推动职业教育高质量发展的制度保障。要加强对新修订的《职业教育法》实施的监督，进一步完善职业教育法规体系，健全国家职业教育立法框架；要制定出台推动职业教育发展的政策，完善职业教育管理体系，健全国家职业教育管理框架；要探索学历证书和专业技能等级证书互通衔接，完善职业教育教学标准，健全国家资历框架；要加强职业教育内部质量管理，改革职业教育外部质量评价，健全国家职业教育质量框架。

## （四）改革职业教育评价机制

要发挥教育评价的"指挥棒"作用，推动职业教育向类型教育转变。要坚持科学有效，改进结果评价，强化过程评价，探索增值评价，健全综合评价。要完善政府履职评价机制，强化职业教育督导机制建设，落实职业教育各项政策法规；要完善职业学校评价机制，改革职业学校评价内容，彰显职业教育类型特征；要完善教师评价机制，突出"双师型"标准，严把师德师风底线；要完善学生评价机制，坚持德技并修，实现学生多通道成长；要完善用人评价机制，改革技能人才评价标准，实现人人都有出彩机会；要健全第三方评价机制，实现管办评分离。

### （五）推进技能型社会建设

2021 年 4 月全国职业教育大会提出了建设技能型社会的理念和战略，随后，中共中央办公厅、国务院办公厅印发的《关于推动现代职业教育高质量发展的意见》提出了到 2035 年技能型社会基本建成的目标。建设国家重视技能、社会崇尚技能、人人学习技能、人人拥有技能的技能型社会，关键是技术技能人才地位要大幅提升，在全社会形成劳动光荣、技能宝贵、创造伟大的时代风尚。职业院校的毕业生在参加招聘、就业、落户、职称评审、晋升等方面，与普通学校毕业生享受同等待遇，各类技术技能人才在表彰奖励、人才计划、干部选拔、薪酬激励等方面一视同仁，社会地位显著上升。

# 二、类型教育篇

《国家职业教育改革实施方案》提出："职业教育与普通教育是两种不同类型的教育，具有同等重要的地位。"本篇收录了笔者围绕职业教育类型定位所撰写的几篇理论文章，涉及推动职业教育高质量发展、构建现代职业教育体系、职业教育服务区域经济社会发展以及推动新修订的《职业教育法》的落实等多个方面。近年来，衡水职业技术学院立足职业教育类型定位，遵循职业教育发展规律，提出"扬长补短"的发展理念，实施"一体多翼"发展战略，创新"一校两制"办学体制，实践"四个融合"发展路径，办学经验和做法得到河北省多位省领导批示肯定，要求在全省推广。

# 加快推动职业教育高质量发展*

习近平总书记指出：在全面建设社会主义现代化国家新征程中，职业教育前途广阔、大有可为。① 2022 年 5 月 1 日起实施的新修订的《职业教育法》，将职业教育改革发展的政策举措和实践成果转化为法律规范，为培养更多高素质劳动者和技术技能人才、打造现代职业教育体系夯实了法治基础。职业教育是国民教育体系和人力资源开发的重要组成部分，是培养多样化人才、传承技术技能、促进就业创业的重要途径。我们要充分认识职业教育对经济社会发展的重要意义，以有力有效举措加快推动职业教育高质量发展，为社会主义现代化建设提供有力的人才保障。

## 一、优化职业教育类型定位

习近平总书记强调，优化职业教育类型定位，深化产教融合、校企合作，深入推进育人方式、办学模式、管理体制、保障机制改革，稳步发展职业本科教育，建设一批高水平职业院校和专业。② 新修订的《职业教育法》明确提出，职业教育是与普通教育具有同等重要地位的教育类型。把职业教育作为独立的教育类型，是我国教育理念的重大变革，是重大的教育理论创新。

把握职业教育的类型特征。一是职业教育是面向市场的就业教育，必须以市场需求为导向，坚持服务发展、促进就业的办学方向。二是职业教育是面向发展的实践教育，实践教育有利于培养学生核心素养和关键能力，是职业教育的生命线。三是职业教育是面向社会的跨界教育，跨越了职业和教育、企业和学校、工作和学习

---

　　* 李增军. 加快推动职业教育高质量发展［N］. 河北日报，2022－06－22.
　　本篇由"学习强国"公众号转发。
　　①② 加快构建现代职业教育体系 培养更多高素质技术技能人才能工巧匠大国工匠［EB/OL］. 人民网，http：//jhsjk. people. cn/article/32077228，2021－04－14.

的界域，必须跳出教育看教育，跳出学校看学校。四是职业教育是面向人人的终身教育，要服务全民终身学习，促进人的全面发展。

始终做到六个坚持。一是坚持立德树人、德技并修，推动思想政治教育与技术技能培养、工匠精神培育融合统一。二是坚持产教融合、校企合作，推动产教良性互动、校企优势互补。三是坚持面向市场、促进就业，推动学校布局、专业设置、人才培养与市场需求相对接。四是坚持面向实践、强化能力，培养大批技术技能人才、能工巧匠、大国工匠。五是坚持面向人人、因材施教，营造人人努力成才、人人皆可成才、人人尽展其才的良好环境。六是坚持改革创新、完善机制，深入推进育人方式、办学模式、管理体制、保障机制改革，建立符合职业教育类型属性的体制机制。

# 二、加快构建现代职业教育体系

习近平总书记强调，推动职普融通，增强职业教育适应性，加快构建现代职业教育体系，培养更多高素质技术技能人才、能工巧匠、大国工匠[①]。发挥职业教育的重要作用，就要加快构建纵向贯通、横向融通、跨界互通的现代职业教育体系。

纵向贯通，就是要打破职业教育止步于专科的"天花板"，一体化设计中职、高职、本科职业教育培养体系。要巩固中等职业学校的基础地位，改善中职学校办学条件，优化中职学校办学定位。强化专科高职的主体地位，实施职业教育提质培优行动计划，推进中国特色高水平高职学校和专业建设。发挥职业本科教育的引领作用，探索实施更高层次的高等职业教育。

横向融通，就是要建立职业教育和其他类型教育之间的"立交桥"，加强职业教育与普通教育、继续教育、职业培训的有机衔接、融合发展。推动职业教育和普通教育融通，给学生提供更多选择机会和上升通道。推动学历教育与继续教育、职业培训融通，发展面向人人的终身教育。

跨界互通，就是要打通学校和企业之间的"旋转门"，积极推进产教融合、校企合作。依法落实企业的主体责任，大力发展产教融合型企业，对符合条件的企业给予金融、财政、土地等支持和税费优惠。推动产教互通、校企互通，实现教育链与产业链、人才链、创新链的有机衔接。

---

① 加快构建现代职业教育体系 培养更多高素质技术技能人才能工巧匠大国工匠 [EB/OL]. 人民网，http://jhsjk. people. cn/article/32077228，2021 – 04 – 14.

加快构建现代职业教育体系，还要强化制度创新和供给。一是建立健全"职教高考"制度，深化"文化素质＋职业技能"考试招生制度改革，把中职、高职和职业本科教育在内容上、培养上衔接起来。二是建立健全职普融通制度，促进职业教育与普通教育资源共享，在课程建设和学生流动上打破壁垒，实现课程互选、学分互认。三是建立健全国家资历框架制度，建设职业教育国家学分银行，实现各类学习成果的认证、积累和转换，加快构建服务全民终身学习的教育体系。

# 三、推进技能型社会建设

《"十四五"职业技能培训规划》提出，"十四五"时期要推进技能型社会建设，全面实施技能中国行动，吸引更多劳动者技能就业技能成才，为全面建设社会主义现代化国家提供有力的人才和技能支撑。通过加快建设国家重视技能、社会崇尚技能、人人学习技能、人人拥有技能的技能型社会，激励更多劳动者走技能成才、技能报国之路。

营造重视技能、崇尚技能的社会氛围。打通职业学校毕业生在参加招聘、就业、落户、职称评审、晋升等方面的通道，与普通学校的毕业生享受同等待遇。打通技术技能人才在表彰奖励、薪酬激励、干部选拔等方面的通道，提高技术技能人才社会地位。加强正面宣传和引导，弘扬劳动光荣、技能宝贵、创造伟大的时代风尚。

打造人人皆可成才、人人尽展其才的良好环境。完善技能人才使用制度，构建以职业能力为导向、以工作业绩为重点、注重工匠精神培育和职业道德养成的技术技能人才评价体系，引导全社会人人学习技能、人人拥有技能，通过技能赋能，让每个人都有人生出彩的机会。

# 职业教育如何落实"地方为主"<sup>*</sup>

新修订的《职业教育法》为我国职业教育深化改革与创新发展提供了重要的法律依据和方向指引。其中，落实"地方为主"的法律规定，是推动《职业教育法》实施的关键环节。

## 一、"地方为主"是职业教育的重要制度安排

在职业教育的管理体制上，《职业教育法》明确"职业教育实行政府统筹、分级管理、地方为主、行业指导、校企合作、社会参与"的管理体制，在强调"国务院建立职业教育工作协调机制，统筹协调全国职业教育工作"的基础上，对落实职业教育"地方为主"作出制度安排。

1. 突出了职业教育的顶层设计。《职业教育法》要求，各级人民政府应当将发展职业教育纳入国民经济和社会发展规划，与促进就业创业和推动发展方式转变、产业结构调整、技术优化升级等整体部署、统筹实施。

2. 强化了省级政府的领导责任。《职业教育法》提出，省、自治区、直辖市人民政府应当加强对本行政区域内职业教育工作的领导，明确设区的市、县级人民政府职业教育具体工作职责，统筹协调职业教育发展，组织开展督导评估。

3. 明确了职业教育的举办方式。《职业教育法》指出，县级以上地方人民政府应当举办或者参与举办发挥骨干和示范作用的职业学校、职业培训机构。同时，支持、指导和扶持社会力量依法举办或参与联合举办职业学校和职业培训机构。

4. 确立了地方为主的投入机制。《职业教育法》规定，省级政府负责制定本地区职业学校生均经费标准或者公用经费标准，职业学校的举办者应当按照生均经费

---

* 李增军. 职业教育如何落实"地方为主"［J］. 半月谈，2022（20）.

标准或者公用经费标准按时、足额拨付经费，不断改善办学条件。

## 二、"地方为主"期待地方政府积极作为

《职业教育法》既在顶层设计层面对职业教育的类型定位、管理体制、培养模式、保障机制等作了全面的制度安排，也在实践操作层面为地方留下了进行改革探索和实践创新的多维空间。

1. 《职业教育法》为地方制定配套法规提供了依据。《职业教育法》作为一种上位法，为推动职业教育高质量发展提供了基本遵循。但从施行到落地，还需要地方政府及有关部门结合区域职业教育发展实际，制定出台与其相衔接、相配套的地方法规和行政规章，构建形成一套更为细化、更具操作性的法规体系，为有效解决职业教育领域的热点、难点和痛点问题提供切实支持，保障《职业教育法》的各项规定要求落地、落细、落实。

2. 《职业教育法》为地方完善政策体系指明了方向。《职业教育法》的出台，为职业教育的政策设计和制度建设明确了指向，提供了新的动能。地方政府应当依据《职业教育法》，结合本地实际，围绕加快构建职业教育发展新格局、新生态，聚焦提高资源配置效率、调动各方积极性，提升职业教育适应性，深入推进制度改革与建设，持续优化政策机制，以政策红利助推职业教育高质量发展。

3. 《职业教育法》对地方深化职教改革提出了期待。《职业教育法》绘制了新时代职业教育发展的蓝图，也为职业教育开拓新路径、打造新形态留下了探索的空间。如《职业教育法》明确"支持社会力量依法参与联合办学，举办多种形式的职业学校、职业培训机构"，这就期待地方政府及有关部门以《职业教育法》为依据，研究制定股份制、混合所有制办学的具体办法，推动社会力量深度参与举办职业教育。

## 三、推动"地方为主"落地落实

《职业教育法》突出"地方为主"的地位和作用，赋予地方在职业教育发展中更多的主动权。地方政府应当创造性地抓好贯彻实施，推动职业教育的高质量发展。

1. 要加快政策跟进。地方政府要加强对《职业教育法》的学习，把握精神实

质、丰富内涵和科学体系。围绕《职业教育法》的实施，对本地职业教育现行法规进行修订完善，切实保证与上位法的一致，进一步强化职业教育的法律保障。与此同时，地方政府应站位本地职业教育改革发展的科学谋划，完善政策机制，进一步优化职业教育的政策供给。

2. 要完善体制机制。《职业教育法》的实施是一项系统工程，需要实施体制改革和机制创新，打通影响职业教育发展的难点、痛点和关键点。例如，职业教育分级管理的体制，职业教育的评价机制，产教融合、校企合作的机制，职业教育多元办学机制，等等，都需要各级政府以改革创新的精神攻坚克难。

3. 要提升投入水平。《职业教育法》明确规定，各级人民政府应当根据职业教育的办学规模、培养成本和办学质量等因素，落实职业教育经费。地方政府应积极扛起这一主体责任，进一步科学制定本地职业院校生均经费标准或者公用经费标准，并健全和完善动态调整机制，切实发挥政府投入在职业教育发展中的主导作用。

4. 要优化发展环境。《职业教育法》首次明确了职业教育是与普通教育具有同等重要地位的教育类型，要真正实现"同等重要"，各级政府必须不断优化职业教育的发展环境。要大力加强技能型社会建设，弘扬劳动光荣、技能宝贵、创造伟大的时代风尚。要优化成长成才的社会环境，破除对职业院校学生的歧视性、限制性政策，提高技术技能人才的社会地位。

5. 要强化执法监督。进一步完善地方职业教育的执法监督机制，并把职业教育发展纳入教育督导范围，以保障《职业教育法》的贯彻实施。县级以上政府应将《职业教育法》执行监督工作情况纳入法治政府建设考核，并将考核结果在一定范围内通报。地方有关部门要强化责任担当，切实履行监管职能，加强执法检查，推动《职业教育法》落地见效。

# 对"十四五"期间河北职业教育发展的思考*

以《国家职业教育改革实施方案》(以下简称《实施方案》)出台为标志,我国职业教育迎来了发展的春天。河北职业教育该如何抓住历史机遇,实现"十四五"期间高质量发展呢? 本文拟从发展理念、工作重点和政策措施三个方面提出若干建议。

## 一、创新发展理念

理念是行动的先导,是发展思路、发展方向、发展重点的集中体现。河北职业教育的发展必须贯彻创新、协调、绿色、开放、共享的新发展理念,把握现代职业教育的发展规律,抓住河北职业教育发展的阶段性特征。

1. 类型教育的理念。《实施方案》指出:"职业教育与普通教育是两种不同教育类型,具有同等重要地位。"并明确提出经过 5~10 年时间,职业教育基本完成"由参照普通教育办学模式向企业社会参与、专业特色鲜明的类型教育转变"。我们要认真理解国家层面对职业教育的新定位,准确把握职业教育作为类型教育的规律、特征和发展方向。

2. 跨界融合的理念。职业教育是跨界教育,姜大源认为,职业教育"不仅跨越了职业与教育的视域,而且跨越了企业和学校的境域,还跨越了工作与学习的界域。一句话,职业教育已经跨越了经济界与教育界的疆域"①。跨界就需要融合,职业教育要实现教育与职业、学校与企业、专业与产业、课程与岗位、学习与工作的深度融合。跨界融合是职业教育区别于普通教育的重要特征。

3. 高质量发展的理念。高质量发展是新发展理念的核心要义。《实施方案》提出,经过 5~10 年时间,职业教育基本实现"由追求规模扩张向提高质量转变"。

---

* 李增军. 对"十四五"期间河北职业教育发展的思考 [J]. 河北发展,2022 (9).
① 姜大源. 职业教育要义 [M]. 北京:北京师范大学出版社,2020.

河北职业教育的发展要着力固根基、扬优势、补短板、强弱项，以"双高计划"为引领，走出一条高质量发展的道路。

4. 德技并修的理念。职业教育的发展目标是培养高素质劳动者和技术技能人才。要加强党的全面领导，贯彻党的教育方针，落实立德树人根本任务，健全德技并修、工学结合的育人机制。要坚持以就业为导向，以学生为中心，以人才培养质量为目标，促进人的全面发展。要培养学生的工匠精神、职业道德、职业技能和就业创业能力，提高学生核心竞争力。

# 二、把握工作重点

"十四五"期间，河北职业教育的创新发展应该围绕以下十个方面谋篇布局，努力实现由职教大省向职教强省的转变。

1. 完善现代职业教育体系。要调整职业教育资源配置，统筹规划建设职教园区，优化职业院校发展布局；要实施中等职业院校标准化建设工程，努力提高中等职业教育发展水平；要以"双高"建设为引领，推动高等职业教育创新发展；要畅通技术技能人才成长渠道，积极开展本科层次职业教育试点，探索专业学位硕士研究生培养，打通职业教育从中专到大专，再到本科、到研究生培养的"立交桥"。

2. 健全现代职业培训体系。要落实职业院校实施学历教育与培训并举的法定职责，开展全方位高质量的职业培训。要面向退役军人、农民工、下岗职工、老年人等各类群体，开展有针对性的技能培训。要加强社区培训网络建设，推动全面终身学习；要对接乡村振兴战略，开展农村实用型人才的专业培训；要加强企业职工技能培训，提升职工的技术技能水平。要大力培育职业教育培训评价组织，鼓励社会力量参与职业培训。

3. 推进产教深度融合发展。要深化产教融合，促进教育链、人才链与产业链、创新链有机衔接。职业院校要服务地方产业发展和产业升级，融入地方经济和社会发展大局。要积极支持有关城市和企业纳入国家产教融合建设试点，围绕重点产业建设示范性职业教育集团，鼓励有条件的企业申报产教融合型企业的认证，并给予"金融＋财政＋土地＋信用"的组合式激励。

4. 加强校企全面深度合作。要树立校企命运共同体的理念，推动职业院校和行业企业进行深度合作。要大力支持企业参与职业院校人才培养全过程，校企共同制订人才培养方案，联合开展教学实训活动。要鼓励职业院校与企业在人才培养、

"双师型"教师队伍建设以及技术创新等方面开展全方位合作。要深化工学结合育人模式改革，积极推进现代学徒制和企业新型学徒制试点开展。

5. 推进高水平专业群建设。要大力实施高水平专业群建设计划，紧盯京津冀协同发展、雄安新区建设等，面向河北省重点产业和战略性新兴产业，对接基本公共服务和社会需求，依托优势特色专业，健全对接产业、动态调整、自我完善的专业群建设发展机制，调整专业设置，优化专业布局，拉长专业链条，促进专业资源整合和结构优化。

6. 打造高水平实训基地。要鼓励学校和企业共同建设校内实训基地，提升校企合作育人水平。要动员政府、行业、企业和学校力量，建设一批集实践教学、社会培训、企业真实生产、创业孵化和社会服务于一体的高水平公共实训基地。要围绕集成电路、人工智能等先进制造业的发展，由政府主导建设若干生产性公共实训基地，服务区域内学校和企业的教学与研发活动，助力产业转型升级。

7. 推进职业院校办学体制改革。《实施方案》提出，职业教育要经过 5～10 年时间，基本完成"由政府举办为主向政府统筹管理、社会多元办学的格局转变"。要实现这一目标，必须大力推进职业院校办学体制改革。要积极稳妥推进职业院校股份制、混合所有制改革试点，鼓励社会力量与公办院校合作举办股份制、混合所有制职业院校、二级学院或实训基地。要支持社会力量举办民办职业院校，研究制定扶持政策和规范措施。鼓励大型企业独立或参与举办职业教育，推动产教融合深度发展。

8. 实施教师教材教法"三教"改革。实施"三教"改革是提高职业教育质量的突破口。教师改革要重点围绕"双师型"教师队伍建设，拓宽教师招录渠道，打通学校和企业"旋转门"，实施教师素质提升计划，打造教师教学创新团队，实施教师薪酬制度改革。教材改革要围绕教材内容和教材形式两大任务，倡导使用新型活页式、工作手册式教材并配套开发信息化资源。教法改革要遵循职业教育规律，推广项目教学、案例教学、情景教学、模块化教学等方法，充分利用信息化技术改造课堂教学。

9. 提升国际化办学水平。要大力推进开放式办学，加快中外合作办学步伐，开展广泛的国际交流与合作。要引进国外先进的办学理念、标准和方法，特别是借鉴德国"双元制"模式，提升河北省职业院校办学水平。既要"请进来"，又要"走出去"，培养大批国际化技术技能人才。

10. 落实国家职业教育制度框架。国家层面已经或正在对职业教育作出一系列制度性安排，如"学历证书＋若干职业技能证书"（1＋X证书）制度、国家资历框架制度、"职教高考"制度、"学分银行"制度、产教融合型企业认定制度、"双师型"教师队伍建设制度、质量评价和督导评估制度等。同时，中国职业教育标准体系也在积极制定完善中。对这些制度建设，我们要积极参与，认真落实。

# 三、完善政策措施

要实现河北职业教育"十四五"期间的高质量发展，必须以习近平新时代中国特色社会主义思想为指导，加强党对职业教育工作的全面领导。要切实转变政府职能，加强对职业教育的统筹规划、综合协调、服务指导。

第一，科学制定职业教育发展规划。省市两级政府都要制定"十四五"职业教育发展专项规划。在规划编制过程中，要树立以下四种思维：一是要树立辩证思维，要辩证看待职业教育面临的机遇和挑战，辩证看待我们的优势和劣势，要实现单维思维向多维思维的转变；二是要树立问题导向思维，要找准河北职业教育发展中的短板和弱项以及体制和机制上的障碍，精准规划发展重点和工作举措；三是要树立市场化思维，要靠改革破难题、向创新要办法，以市场机制下活职业教育这盘大棋；四是要树立数字化思维，要以数字化转型驱动职业教育在生态系统、思维模式、知识体系、教育能力和教育技术等方面的深刻变革。

第二，扩大职业院校办学自主权。要深化政府部门放管服改革，落实职业院校自主办学的各项事权。在编制管理、机构设置、人员招录、薪酬待遇、干部选拔、职称评聘、招生计划、专业设置、设备采购、对外合作等方面，有关部门都要下放权力，不宜下放的要提高效率、简化流程。

第三，千方百计加大职业教育投入。各级政府都要全面落实职业院校的生均拨款，并逐步提高标准和水平，要厘清生均拨款的内容和范围，坚决防止有的地方虚假落实。要谋划落实国家和省级各类职业教育发展项目，加大资金支持力度。要拓宽职业教育筹资融资渠道，通过政府债券、银行贷款等渠道筹措经费。要鼓励社会资本进入职业教育各个领域，在税收、土地、审批等方面出台落实支持政策。

第四，创造职业教育的良好发展环境。要加强对职业教育发展的领导，落实各级联席会议制度，建立重要事项"直通车"制度。要全面提高技术技能人才的待遇，在政治上给地位、经济上给实惠、就业上给倾斜、社会上受尊重。要支持改革、鼓励创新，鼓励以改革的办法、创新的办法、市场的办法攻坚克难，要建立改革创新容错纠错机制，为干事者撑腰，为担当者担当。

# 黄炎培"大职教"思想的现实意义<sup>*</sup>

　　爱国主义教育家黄炎培是我国职业教育的创始人和理论家，是我国第一个职业教育社团——中华职业教育社的主要创始人。他倡导的职业教育理念明确了职业教育的开放性和包容性，对职业院校办学具有很强的指导作用和现实启示。

　　黄炎培认为办职业教育，须同时和教育界、职业界努力地沟通与联络，这种"大职教"思想契合了当代高职教育行业性、开放性的特点，即他所倡导的"社会多方参与""建立产学联合体"这种实践思想也为衡水职业技术学院（以下简称衡职院）开拓了办学思路。

　　衡职院是一所市属公办高职院校，前身为创办于1923年的直隶第六师范学校，2001年改制升格。虽然有历史、有传承、有发展，但也面临教育教学资源紧缺、体制机制不活、办学活力不足等多重压力。特别是在国家大力推进职业教育高质量发展的大背景下，一些制约学校发展的深层次问题越来越凸显。一是先天性不足致使发展空间受限。学校最初按2000名在校生规划设计，校园占地160余亩，迄今周围再无寸土扩展余地，长期处于资源紧张窘况。且教师数量与专业结构也越来越不适应学校发展的需要。二是产教融合停留在浅层次，主要表现为专业建设与产业需求对接不密切，学校供给侧与企业需求侧存在错位或脱节，校企合作水平较低，没有真正把产教融合渗透入人才培养全过程。三是办学活力不足。现代学校制度尚不健全，办学体制机制不能适应产教融合发展需要，学校发展缺乏内生动力。

　　如何突破办学瓶颈，走出一条跨越发展之路？我们在认真学习国家关于职业教育改革发展政策，深入发掘黄炎培职业教育思想的基础上，认为必须以创新思维、改革思路和超常举措，突破传统思想观念的束缚和藩篱，并形成如下共识：一是必须在融入地方经济社会发展中找出路，紧盯地方发展需求，对接地方产业升级，借力地方政府资源；二是必须在深化产教融合中找出路，提升校企合作水平，搞好专

　　* 李增军. 黄炎培"大职教"思想的现实意义［N］. 衡水日报，2020-09-01（A3）.

业共建，改革人才培养模式；三是必须在引入市场机制中找出路，借力社会资本，加强战略合作，推进体制机制转型。

在这一办学思想的牵引下，衡职院在办学实践中逐渐形成了具有自身特色的发展理念和模式，主要内容包括：一是确立"扬长补短"新理念，即找准改革的主攻方向和突破口，有的放矢、精准发力、凝练特色，把长板打造得更长，把短板提升和补齐，以深化体制机制改革推动转型，实现高起点上的新发展。二是提出"融入地方"新思路，即沿着"校园融合产业园、专业融合产业链、课程融合岗位群"的发展思路，打造融入地方经济社会发展的生态。三是实施"一体多翼"新战略，即在推进校本部强内涵、提质量的同时，加强政校企合作，利用政府资源和社会资源，在校区发展上进行多点布局。四是构建"一校两制"新机制，即大力推进办学体制机制改革，校本部保持公办性质，努力做特做强，同时积极引进社会资本，共建二级学院，实行混合所有制办学。

在上述理念和思路的指导下，近年来，衡职院积极面向市场抓改革，努力构建有融合力、生命力的校企紧密合作、产教深度融合机制。

一是引企入校，推行业岗对接制。衡职院坚持"不为所有，但求所用"原则，积极运用市场机制和办法引企入校，开展订单式培养。到 2020 年 6 个系的 31 个专业都有对应的合作办学企业，校企双方共同制定招生方案和培养方案，实现了招生即招工、入学即就业，确保了人才培养"规格"与企业岗位"口径"相一致。

二是共建专业，实施项目管理制。衡职院实行以项目为导向的教学方式和公司化管理模式，企业全程参与招生、管理、课程开发、质量监控、毕业生就业以及相关事项决策；自主安排硬件投入和设备配置；专业核心课程由企业选择教学模式，企业技术人员讲授；学生管理实行主辅制，由企方班主任和校方辅导员共同负责学生工作。

三是产教融合，推进集团办学制。衡职院围绕创新产教融合机制，积极推进政校企合作，促进教学链、人才链与产业链、创新链紧密对接。2016 年，与衡水市交通局、武邑县政府共同创建了企业法人型的衡武交通运输职教集团，围绕产权制度改革和利益共享机制建设进行了积极而有益的尝试。2018 年，牵头组建了河北省民族技艺传承职业教育集团，为河北省民族技艺传承职业教育集团理事长单位和河北省学前教育职业教育集团等 13 家河北职业教育集团副理事长、理事单位。

四是多元主体，探索混合所有制。衡职院依托自身的有形资产和无形资产，以股权式融资方式撬动社会资本，对二级学院在资金和设备上加大投入力度，同时，积极争取政府在用地和政策上的支持，构建了校、政、企三者之间的多元合作模式。

已打造了交通运输学院、工匠学院、安平学院三个二级学院，其中交通运输学院被确定为河北省首批职业院校股份制混合所有制办学试点单位。

我们今天的职业教育发展，要走得健康、走得长远，就必须要以开放的心态，从更高的层面考虑发展，并着眼于与各方的联系与沟通。除了进一步做好与行业企业的联系之外，还要与各级各类教育之间多联系、多沟通，寻求广泛的合作与交流，这才有利于职业教育在多个领域以及更高层次的拓展。

# 基于"四个融合"的地方高职院校
# 融入区域经济社会发展研究[*]

2022 年 12 月,中共中央办公厅、国务院办公厅印发《关于深化现代职业教育体系建设改革的意见》,指出要深化职业教育供给侧结构性改革,推动形成同市场需求相适应、同产业结构相匹配的现代职业教育结构和区域布局。作为地方高职院校,要在国家现代职业教育体系建设中找准定位,必须主动融入区域经济社会发展新常态,加强与地方主导产业的对接和融通,充分发挥其在人才培养、社会服务等方面的基本职能和社会责任,通过适应能力再创造,促进高职教育与区域产业互融共长,为职业教育高质量发展和区域经济社会发展提供有力支撑。

## 一、地方高职院校融入区域经济社会发展的现实意义

职业教育改革的重心正在由"教育"向"产教"转变,国家关于市域产教联合体和行业产教融合共同体的制度设计,将职业教育与行业进步、产业转型、区域发展捆绑在一起,助力人才培养供给侧与产业需求侧的紧密对接。地方高职院校融入区域经济社会发展,不仅是地方发展的现实需要,也是职业院校自身发展的内在需求,更是职业教育发展内在规律使然。

———————————

  [*] 李增军,张露颖,于志宏. 基于"四个融合"的地方高职院校融入区域经济社会发展研究 [J]. 教育与职业,2024(1).

  本文系笔者主持的 2022~2023 年河北省社会科学基金项目"产教融合背景下地方高职院校融入区域经济社会发展路径研究"的研究成果。

## （一）地方高职院校融入区域经济社会发展是加快构建新发展格局的时代选择

在国家构建新发展格局形势下，飞速发展的新技术、层出不穷的新职业催生了经济发展新业态。而地方高职院校服务产业发展能力不足等问题，则在很大程度上制约着产业升级和新发展格局的构建。对地方职业教育的调研显示，职业学校在专业设置与地方产业对接度方面存在下面几种情况：一是为了保障生源而面向全国产业领域开设专业，使得专业结构偏离了地方产业结构；二是地方"中高本硕"专业层次不完善，中职层次比重较高，相对缺乏"高本硕"层次，致使人才链对产业链的支撑不够；三是因教学资源欠缺，开设专业规模较小，不足以支撑区域产业发展的人才需求。同时，地方产业也存在产业结构层次不高、产业布局不尽合理、产业链开发不够等问题。因而，地方高职院校与产业多触角对接、互融共长，是加快构建新发展格局的时代选择。

## （二）地方高职院校融入区域经济社会发展是增强职业教育适应性的必由之路

习近平总书记强调，增强职业教育适应性，加快构建现代职业教育体系，培养更多高素质技术技能人才、能工巧匠、大国工匠。[①] 高职院校作为国民教育体系的重要组成部分，应积极围绕区域经济社会发展需求，瞄准产业优化升级和技术创新方向，推进产教融合、校企合作、科教融汇。然而，职业教育对普通教育的路径依赖长期存在，亟须职业教育由"教育"向"产教"转变，地方高职院校应积极顺应区域产业发展趋势，主动调整优化专业结构，积极开发、设置与政府鼓励发展新兴产业对应的专业，并逐步形成特色专业。高职院校还需以服务地方经济为宗旨，以岗位需求为导向，以培养学生综合职业能力为重点，构建多元融合办学模式，促进教学过程与生产过程对接，让职业教育紧跟产业步伐，与经济发展高度吻合，全方位、多领域服务地方产业发展。

## （三）地方高职院校融入区域经济社会发展是提高人力资源水平的必要支撑

习近平总书记在教育文化卫生体育领域专家代表座谈会上强调："人力资源是

① 加快构建现代职业教育体系 培养更多高素质技术技能人才能工巧匠大国工匠［EB/OL］. 人民网，http：//jhsjk. people. cn/article/32077228，2021 - 04 - 14.

构建新发展格局的重要依托。"① 如果没有适应社会发展的大量优秀的科学研究人员、专业技术人员，则难以有科学技术的新跃升、科研领域的新突破，也就难以出现新的人力资源红利。然而，职业院校人才培养目标与产业发展水平不同步等供需矛盾还比较突出，人才培养适应性还需进一步加强。

高职院校作为人力资源的重要输出机构，承担着培养应用型人才、科技创新发展、服务区域经济发展的社会责任，应主动应变局、破困局、开新局，主动向区域经济、主导产业、主体经济功能区融入，积极对接职业岗位需求，遵循大国工匠、能工巧匠、技术技能人才培养规律，加快人才培养结构调整，优化与新发展格局相适应的人才培养模式、专业结构、课程体系等，筑牢人力资源根基，为经济社会发展提供有力的人才和技能支撑，从而促进教育和产业联动发展，加快构建新发展格局。

## 二、地方高职院校融入区域经济社会发展的问题表征

区域经济社会发展离不开高职院校的人才和技能支撑，高职院校的发展与区域产业结构、经济发展也有着紧密的关联。然而，长期以来，部分高职院校一直处于被动跟随区域经济社会发展的状态，与经济发展和行业需求存在脱节现象，使得产业链与教育链、创新链与人才链尚未有效实现有机衔接、融合发展。当然，高职院校融入区域经济社会发展是一种典型的基于创新生态系统的"政校行企"多重主体跨界融合的行为，而非单一方面的问题。本研究基于对部分高职院校、地方企业调研数据，以及《中华人民共和国2022年国民经济和社会发展统计公报》数据的综合分析，从宏观统筹方面和微观实践方面剖析地方高职院校融入区域经济社会发展的问题表征。

### （一）宏观统筹：地方高职院校体制机制建设不适应区域经济社会发展需求

1. 高职院校治理水平有待提高。高职院校的治理水平直接关系学校服务区域发展的能力。高职院校由于受封闭单一办学模式的影响，开放合作办学的深度和广度非常有限。虽然大部分高职院校实施了学校、行业企业多元共治模式，但是在治理

---

① 习近平在教育文化卫生体育领域专家代表座谈会上的讲话 [N]. 人民日报，2020 - 09 - 23 （02）.

体系的建设、执行和评价时，忽视了行业企业的资源和优势，在治理能力上存在以下问题：墙内办学，开放性不足；囿于传统，创新能力不足；重管轻理，经营能力不强等。这使得多元治理难以协调推进，难以实现专业建设、资源建设、人才培养、教学科研等方面的"跨界"。

2. 校企合作体制机制有待优化。产教融合、校企合作是高职院校改革发展的必由之路，是高职院校适应区域经济社会发展需求的重要途径。实施产教融合、校企合作，需要以政府为引导，以学校为主导，以企业为主体，以行业为协同，围绕区域经济与产业发展需求，共同实施人才培养。然而"政校行企"多重主体跨界融合机制尚未规范成熟，校企合作不同程度地陷入"制度低效"困境，合作广度与深度受到局限，多重主体的协商自治和利益自足难以充分实现，使得在人才培养过程中，产教对接不紧密，人才培养与产业发展需求不适应。

### （二）微观实践：地方高职院校教育内部要素不适应区域经济社会发展需求

1. 专业设置偏离产业结构。地方高职院校的专业设置应该与区域产业发展正向相关，这也是高职院校适应社会发展需求的重要表现。然而，专业设置不是简单的单方行为，而是要依据政府政策、行业前沿、产业发展等多方要素，需要"政校行企"多重主体跨界协同联动。在"政校行企"多重主体跨界融合机制不完善的情况下，高职院校未能深层次把握区域主导产业、重点产业和新兴产业对人才的需求，使得专业动态调整参考依据不够科学，新技术、新业态的跟进不够及时，专业群建设与发展不足以推动技术创新、支撑产业升级。

2. 人才培养滞后社会需求。高职院校人才培养与社会需求对接失衡的典型表现是毕业生就业难或慢就业，甚至失业。智联招聘调研显示，2022年我国高校毕业生选择单位就业比例较上年下降6个百分点，而自由职业、慢就业比例均较上年提高3个百分点。[①] 究其原因是随着产业结构的不断升级，经济社会对人才需求也随之不断变化。而高职院校因未能深度融入区域经济社会发展，无法准确把握产业发展趋势，进而难以根据产业市场对人才需求变化适时调整人才培养模式、课程体系建设、教学条件建设、教育教学策略等。

---

① 调研显示：2022届高校毕业生期望月薪6295元，对国企热衷度继续上升［EB/OL］. 广州日报官网，http://www.gzdaily.cn/amucsite/web/index.html#/detail/1824217，2022–04–27.

# 三、地方高职院校融入区域经济社会发展的改革路径

## （一）校园融合产业园，提升办学模式与区域发展的适应性

1. 实体互嵌，创办混合所有制二级学院。《国务院关于加快发展现代职业教育的决定》提出，探索发展股份制、混合所有制职业院校，发挥企业重要办学主体作用，实现校企深度融合。地方高职院校可依托区域产业园区的资本市场优势，推进办学体制机制改革。以股份制撬动产权主体多元化，吸引社会资本投入职业教育，高职院校与企业及社会力量共建股份制混合所有制二级学院。通过产权制度变革，推动学校治理模式创新，实现学校资源优势和非国有资本（市场）机制优势的互补，增强办学活力，以更高效率的治理体系推动办学模式适应市场需求、融入区域产业发展。

2. 融园入企，校企合作共建产业学院。教育部办公厅、工业和信息化部办公厅印发的《现代产业学院建设指南（试行）》中提到，"发挥企业重要教育主体作用，深化产教融合，推动高校探索现代产业学院建设模式"。高职院校可依托区域产业园区的产业集群优势，推进校企合作模式创新。选择园区内有优势、有实力、有市场的企业建立战略合作伙伴关系，以学校教育机构的形式，在职业学校或企业厂区共建产业学院。校企基于行业企业的用人需求，协同探索和构建人才培养模式，促进人才培养供给侧与产业需求侧结构要素的深度融合，以"量身定制"的方式培养适应性强的技术技能人才，有效保障可持续、高质量的产业人才供给。

3. 多元一体，打造产教融合实训基地。《国家产教融合建设试点实施方案》指出，要创新实训基地建设和运行模式，建设一批具有辐射引领作用的高水平、专业化产教融合实训基地。高职院校可依托区域产业园区平台优势，汇集先进设备、能工巧匠、高水平教学资源等要素，校企共建"产教学研用创"六位一体的共享型产教融合实训基地。校企共同围绕职业岗位需求，采取厂区办学、车间（工地）课堂等模式，开展职场环境下的生产性教学，推动人才培养与产业需求同频共振；共同搭建协同创新与技术服务平台，联合开展技术研发、工艺革新及员工技能培训，助力企业核心能力的形成，同时提高教学、科研与生产实际的对接度。

## （二）专业融合产业链，提升专业设置与产业发展的匹配度

1. 对接技术前沿，升级传统专业。地方高职院校应充分调动政府部门、行业协

会、企业单位等多方力量和资源，聚焦产业数字化、网络化、智能化发展中的技术链和创新链，把准区域产业布局、技术前沿、民生需求的演进态势，关注区域内新产业、新职业、新岗位的发展变化，以此为基点，围绕行业产业链延伸和市场急需的职业岗位，做好专业升级与动态调整。以数字技术赋能传统专业，适时建设与新职业对应的新兴专业，优化专业结构，提升专业内涵，主动适应新发展格局，实现专业建设与技术变革的同向共频。

2. 对接产业需求，打造专业集群。通过整合学校和行业企业在师资、实训基地等方面的软硬件资源，在理顺专业间关联度的基础上，构建支撑产业链发展的专业集群，实现人才培养供给侧和产业需求侧结构要素的全方位融合。紧扣区域产业链对应的职业岗位，构建专业群的岗位链；依据岗位链的典型工作任务，构建专业群的能力链；基于能力链创新人才培养模式，构建满足产业链需求的人才链，从而形成产业链、岗位链、能力链和人才链"四链衔接、跨界协调、多维互融"的专业群建设发展机制。

3. 对接产业发展，优化专业评价。地方高职院校专业评价体系的建设应紧密结合区域产业发展及岗位工作实际，遵循以评价促管理、以评价促改进、以评价促发展等原则，实施校内评价与社会评价相结合的评价机制。同时，专业评价指标的制定要遵循以下两个方面的准则：首先是专业共性与专业个性相结合的准则。评价指标既要充分体现专业建设的整体特征，同时还要体现学校自身的专业特色。其次是专业建设目标与动态发展过程有机结合的准则。评价指标既要体现专业发展的目标标准，又要重视专业自身发展的能力与速度。

### （三）课程融合岗位群，提升人才培养与市场需求的对接度

1. 基于岗位技能要求推动课程建设。

首先，要确立职业岗位能力需求导向的建设理念，即基于职业教育的本质属性，把企业岗位任务及职业能力需求融入课程建设。一是课程建设理念的创新，从以学科知识学习为导向转变为以职业岗位能力需求为导向；二是课程开发程序的颠覆，从以学科知识为开端转变为以职业岗位能力分析为逻辑起点；三是课程组织方式的变革，从以学科知识系统为单元、学校单一主体实施转变为以职业活动为模块、校企双主体实施。

其次，对接职业岗位能力需求设定课程标准。高职院校专业课程建设须以适应和满足职业岗位能力需求为总目标，引领课程设置贴近企业岗位的实际工作情境和工作任务，实现与企业岗位工作任务的高度吻合与匹配。在具体课程方案的设

计中，由学校专业教师、行业技术专家和企业师傅合作，基于岗位能力需求分析，并结合某一门类课程性质或模块化结构特点，提出以岗位胜任能力为指向的目标要求。

最后，依据企业岗位技能标准设置课程内容。一是围绕专业所对应的职业岗位及岗位群对人才知识、技能、素质的要求，构建基于工作过程系统化的课程结构，基于其工作实际进行任务分解，并确定每项任务应当具备的技术技能；二是形成以"能力为本位"的课程体系，并要突出产业前瞻性要求，将新技术、新工艺、新标准和新方法等及时融入课程内容，使课程建设与区域产业转型升级保持动态契合。

2. 以"数字""双创"赋能高质量课程建设。

首先，构建数字化课程体系。一是基于区域产业数字化转型和企业岗位人才需求，将数字化理念和数字技术贯穿于课程开发全过程，推动课程建设模式和路径变革，融数字技术于人才培养方案、课程设置和教材内容。二是利用信息化技术建立数字化教学资源库，利用虚拟现实技术构建数字化模拟应用场景，通过实体空间与虚拟空间的交互通联，重组线上线下教学资源，为深化数字化课程改革提供有力支撑。

其次，完善创新创业课程体系。一是突出系统性。构建以创新创业通识课程为基础、专创融合课程为主干、创新创业实践课程为关键载体的课程体系。二是突出融合性。结合专业教学实际，将创新创业知识和能力培养有机融入课程知识点；注重多学科专业交叉渗透，培养学生的知识能力与职业素养，为提升学生的创新力、竞争力和可持续发展能力奠定坚实的基础。三是突出个性化。打破院系间壁垒和专业界限，安排跨专业的选修课程，并根据学生需求为其量身制定课程内容及教学方式，增强创新创业教育与区域经济社会发展的适应性。

3. 立足"课岗融合"深化"三教"改革。

首先，以课程变革为动力，加强"双师型"教学团队建设。完善教师企业实践锻炼实施办法，鼓励教师到企业挂职锻炼，支持教师为企业进行产品研发和技术创新。同时，创新用人机制，面向行业企业招聘业务骨干、优秀技术和管理人员任教；推进校企"互聘双栖"，设置产业导师特聘岗位，以兼职任教、合作研究、参与项目等方式，聘请企业工程技术人员、高技能人才和管理人员等到校工作。依托技能大师工作室、协同创新中心等平台，建立"训培研创"四位一体的双师教师培养培训基地，提升教师教学能力与产业升级发展的适应性。

其次，以课程变革为支撑，开发"个性化"优质校本教材。建立健全专业教材适应产业升级和信息技术发展的动态更新机制。在教材内容方面，加强与产业发展联动，精准对接企业岗位工作的内容、规范和标准进行教材开发，并将新技术、新工艺、新标准及时融入教材建设；在教材形式方面，适应新技术新规范之变和模块化个性化教学之需，开发设计活页式、工作手册式教材，同时加强在线课程建设，打造数字化精品教材；在教材资源方面，将纸质教材配套信息化资源，构建"纸质教材+多媒体平台"的立体化教材新体系。

最后，以课程变革为引领，探索"课堂革命"的实践路径。一是推进习近平新时代中国特色社会主义思想进教材、进课堂、进学生头脑，增强学生理想信念，培育和传承工匠精神。二是基于专业内涵、课程特点、岗位能力要求，以"岗课赛证融通"为核心，探索以学生为主体、以教师为辅助的课堂教学实施方法。三是积极构建面向企业真实生产环境的任务式教学模式，创造性运用"项目教学""模块化教学""情境体验式教学"和顶岗实践等方式方法，以跨域式（课堂车间）与混合式（线上线下）交融一体的学习空间，激活学生德技并修的"元神经"。

### （四）推进科研融合企业，提升技术创新与产业升级的契合度

1. 改革科研体制机制，推动科研范式转型升级。数字化、智能化时代的到来，正在不断加深职业教育不同专业之间的渗透、融合和合作，催生知识生产协同模式快速兴起。受其影响，科研问题和科研任务呈现越来越复杂的趋势，需要跨专业、跨部门、跨学校组织力量进行协同攻关，由此驱动科研范式发生深刻的演变。高职院校要以教育部印发的《关于加强高校有组织科研 推动高水平自立自强的若干意见》为指南，基于职业教育类型特色，积极推动科研体制机制改革，加强与行业企业、科研机构合作，以建立利益与风险的均衡点为纽带，组建"产学研技术创新联盟"等，探索构建符合产教融合规律、多元协同创新的新型组织和运行机制，强化科研创新的组织力、引领力和推动力。

2. 搭建科研创新平台，强化产业支撑引擎作用。一是统筹科研平台布局。依托产业学院和产教融合联盟、职业教育集团平台，联合行业企业、科研院所等，整合产教融合实训基地、产业科技园等校企科技资源，共建应用技术研发中心、技能大师工作室等，通过多种创新载体，打造契合区域产业发展需要的科研平台集群。二是优化科研平台功能。将技术服务、人才培养、创新团队建设等融于一体，积极推进技术研发、工艺革新、产品开发、创新人才培育等功能的集成化发展。三是推进科研平台升级。着力推进应用技术研发中心、技能大师工作室建设，以此吸引高层次人才和创新团队，不断提升高水平、标志性科研成果的产出能力，努力构筑区域有影响力、引领力的创新高地。

3. 建强科研创新团队，激发释放科技创新活力。一是加大领军人才引进力度。围绕区域产业战略需求和学校科研规划方向，引进科研水平高、科技创新能力强的大师工匠等高层次人才，带动整体科研能力加速"蝶变"。二是打造校企协同创新团队。立足校企深度合作，建立学校教师与企业专家双向融通、互聘机制，灵活组建高水平技术跨界的研发团队，以此促进学校教师与企业专家双向交流与成长。三是释放科研团队创新活力。实行项目负责人制度，赋予负责人在人才选用、经费使用、技术路线制定等方面充分的话语权和自主权；实施"创新人才培育工程"，建立以业绩贡献和能力水平为导向、以目标管理和绩效考核为重点的科研工作激励机制，激发创新团队动力与活力。

# ［参考文献］

［1］蔡莉，王志明，徐兰．职业教育类型化发展的现实要求、实现机理与推进路径——基于现代职业教育高质量发展的背景分析［J］．职业技术教育，2022（43）．

［2］冯娟．新发展格局构建下的高质量发展：社会再生产视角［J］．经济理论与经济管理，2022（42）．

［3］黄佳卉，陈萍．校企合作背景下应用型大学创新型商务英语人才的培养［J］．英语广场，2022（215）．

［4］李奕．新时期县属高职院校服务地方高质量发展的策略分析——以苏州健雄职业技术学院为例［J］．职业教育（中旬刊），2022（21）．

［5］王红茹．1076万高校毕业生迎接就业季［J］．中国经济周刊，2022（829）．

［6］张晓津．"岗课赛证"融通背景下高职院校专业课程建设探析［J］．职业技术教育，2023（44）．

# 融入区域经济社会发展的高职院校
# 办学改革探索与实践[*]

《国家职业教育改革实施方案》提出："职业教育与普通教育是两种不同教育类型，具有同等重要的地位。"近年来，衡水职业技术学院（以下简称衡职院）认真把握职业教育的类型定位和办学规律，立足教育教学改革实践和人才培养模式创新，确立"扬长补短"发展理念、实施"一体多翼"发展战略、构建"一校两制"办学体制、践行"三个融合"发展路径、打造"双修双创型金蓝领"人才培养体系，促进校企紧密合作、产教深度融合，不断增强办学适应性，为区域经济社会发展提供了有力的人才、智力和技术支撑，形成了地方职业院校深度融入区域经济社会发展的"衡职模式"。

# 一、改革背景

## （一）国家加快发展现代职业教育的战略部署要求高职院校对标对表

自党的十八大以来，党中央、国务院高度重视职业教育，作出了重要战略部署，国务院先后出台了《关于加快发展现代职业教育的决定》《国家职业教育改革实施方案》等文件，之后中共中央办公厅、国务院办公厅又印发了《关于推动现代职业教育高质量发展的意见》，对加快发展现代职业教育作出重大制度安排。高职院校必须对标对表国家职业教育发展要求，把握职业教育类型特征，结合办学实际找准发展定位、发展目标和发展路径。

---

* 李增军. 融入区域经济社会发展的高职院校办学改革探索与实践［J］. 河北发展，2021（12）.

## （二）实施京津冀协同发展和乡村振兴战略需要高职院校担当赋能

在京津冀协同发展、乡村振兴战略发展的背景下，把握这一重要机遇，河北大力实施战略性新兴产业三年行动计划，提速产业转型升级进程；衡水积极擘画产业发展蓝图，构建"3＋2"主导产业体系、打造"9＋5"县域特色产业集群。新的形势和任务要求高职院校精准服务面向，转变办学理念，改革体制机制，推动教育教学与产业结构优化升级联动，实现人才供给侧与产业发展需求侧的紧密对接。

## （三）衡水打造职业教育创新发展高地要求高职院校示范引领

衡水基础教育优势明显，但从教育结构来看，职业教育尚属短板。着眼建设职业教育强市，衡水市政府出台了《推动职业教育加快发展的二十项政策措施》，并与河北省教育厅签署职业教育改革发展战略合作协议，吹响了职业教育全面深化改革的进军号。推动职业教育发展提质提速，打造衡水职业教育高地，衡职院作为衡水唯一一所高职院校，应当主动作为，切实发挥好示范引领的作用。

## （四）衡职院提升服务发展能力需要以改革创新的举措补短板强弱项

就外部条件而言，衡水的经济发展水平在河北处于相对落后地位，学校建设难以获得强大财力的支持。从内部条件来看，衡职院是由冀县师范改制升格，在转型发展过程中，一些深层次问题越来越凸显。一是办学理念滞后，导致办学定位模糊，与区域经济社会发展对接不准，专业建设和产业需求存在错位或脱节。二是体制机制不活，导致办学模式僵化，学校发展缺乏内生动力，校企合作水平较低，产教融合停留在浅层次。三是育人模式同质化，导致人才培养缺乏特色，难以实现教学质量的可持续提升，办学缺乏核心竞争力。此外，发展空间受限，校园占地160余亩；资金来源渠道单一，主要依赖地方财政拨款和招生收费，缺乏多元筹资保障等。为突破办学瓶颈，必须树立"扬长补短"的发展理念，以改革创新的思维、市场化的机制，探索一条"换道超车"的发展道路。

# 二、改革举措

围绕融入区域经济社会发展，衡职院从办学定位、办学机制、育人模式三个方面全面改革创新，努力提升对区域经济社会发展的贡献度和适应性。

## （一）推动产教深度融合发展，提升办学定位的适应性

在办学定位上，衡职院明确了要立足衡水，面向河北，辐射京津冀及周边地区，深度服务和融入区域经济社会发展。

1. 把握职业教育类型特征，确立"三个融合"发展路径。即确立了"校园融合产业园、专业融合产业链、课程融合岗位群"的发展思路。坚持"校园融合产业园"，在县（市、区）产业园内新建若干二级学院和产教融合实训基地，真正实现校园与产业园区融为一体；坚持"专业融合产业链"，依托区域主导产业和特色产业，以专业链对接产业链，打造特色专业群；坚持"课程融合岗位群"，将岗位工作内容、工作流程、工作技能、工作规范等转化为教学内容，实施"理实一体"的课程教学。

2. 实施"一体多翼"发展策略，创新拓展校园空间布局。衡职院基于开拓新的生存发展空间，打造服务区域经济社会发展的更大舞台，在校区建设上构想并推进实施了"1＋M"布局。"1"是指校本部校区；"M"是指与市县两级政府和企业合作，依托县（市、区）产业园建设新校区，创办若干二级学院，即交通运输学院（武邑校区）、工匠学院（桃城校区）和乡村振兴学院（安平校区），项目建成后，校园占地累计新扩1000余亩，形成了产教城融合的"一体多翼"新格局。

3. 搭建政校企多元育人平台，推进"产教城"深度融合。组建"多元共生"职教集团。主导成立衡水衡武交通运输职业教育集团，服务推动地方交通运输产业高质量发展；牵头成立河北省民族技艺传承职业教育集团，探索以现代学徒制为核心的资源共享、集约化发展的专业教学模式；牵头成立衡水市产教融合联盟，推进资源整合模式、产教融合模式和人才培养模式的改革创新。

建立产教融合实训基地。与饶阳县政府、河北新发地有限公司合作，在饶阳县新发地电商产业园共建电子商务产教融合实训基地；与衡水市交通运输局、武邑县政府合作，共建新能源汽车技术专业高水平实训基地；与航空工业吉航集团、河北德隆集团合作，共建航空维修专业产教融合实训基地。积极推进与中德职业教育产教融合联盟合作，引进德国司代普克莱夫特有限公司、德国慧鱼科技、德国库卡机器人等九家德国企业和机构，联合打造中德智能制造产教融合园。其中，新能源汽车技术专业高水平实训基地已被列为河北省高等职业教育创新发展行动计划"校企共建生产性实训基地"建设项目。

成立"产学研一体"协同创新组织。以衡水特色骨干企业为主体，积极推进校

企合作，与 90 多家企业建立校企联盟，并牵头成立现代装备制造协同创新中心等 20 个协同创新组织。各中心面向产业发展和企业生产需求，积极推进技术、成果、人才等资源要素共享，为师生和企业提供技术研发、成果转让、工艺革新等服务平台。

## （二）实施"一校两制"体制创新，提升办学机制的适应性

衡职院坚持以理论研究牵引改革、推动实践，在对股份制混合所有制办学探索和实践的基础上，积极推动"一校两制"体制机制创新，在两个层面上实现了办学机制改革的新突破。

1. 学校层面：坚持校本部公办性质不变，新建二级学院或产业学院，引进社会资本实行股份制混合所有制办学。例如，与衡水市交通运输局、武邑县政府、河北德隆投资有限公司合作，创办交通运输学院，社会资本占股 70%，已被列为河北省首批职业院校股份制混合所有制办学试点单位；与北京燕园科技园管理集团有限公司合作，创办工匠学院，社会资本占股 70%。谋划推进与中德职业教育产教融合联盟、武邑县政府合作，创办中德智能制造国际产业学院，社会资本占股 50%。

2. 系部层面：衡职院现有六个系，要求每个系在坚持原有二级教学管理体制不变的基础上，引进战略合作企业，依托专业群共同建设现代产业学院。目前已建四个：一是计算机系与华为技术有限公司合建的华为 ICT 产业学院；二是机电系与航空工业吉林航空工业维修有限责任公司合建的吉航国际航空产业学院；三是机电系与日月光集团合建的日月光半导体产业学院；四是外语系与河北岑森教育科技公司共建的智慧康养产业学院。通过构建专业群与区域产业集群联动的发展机制，打造融人才培养、科学研究、技术服务、公共实训、创新创业等功能于一体的产教融合平台。

## （三）打造"双修双创型金蓝领"培养体系，增强育人模式的适应性

"双修"即德技并修，"双创"即创新创业，"金蓝领"即高素质技术技能人才。衡职院牢牢把握立德树人根本任务，深入研究高职院校学生应具备的核心素养和关键能力，创造性地提出了"双修双创型金蓝领"育人目标，努力打造学校核心竞争力。

1. 完善"德技并修"育人机制。加强思政课教师队伍建设，推动思想政治理论课改革创新；推进课程思政建设，使专业课和思政课同行同向；实施"三全育人"改革，形成学校育人合力；开展"三学三提"主题读书活动，致力打造书香校园；承办"中国梦·大国工匠"衡水大讲堂，弘扬劳动精神、劳模精神和工匠精神；举

办"中国精神"图片展,打造思政公共实训基地;组织"非遗大师进校园",传播中华优秀传统文化;发布"衡职宝宝"表情包,培育社会主义核心价值观。

2. 打造"五段式"双创育人体系。衡职院围绕学生创新创业素质的培养设计了五段式育人体系,即上好新生开学双创第一课、开设双创通识教育课程、建立专创融合教学体系、开展双创精英培训(校园 VC 课程)、实施 SYB 强化培训(指导创办实体),建立起了从双创教育到创业实践的通道(立交桥),从教学内容上凸显"双修双创型金蓝领"培养特色。

3. 创建"三位一体"实战基地。衡职院建立了大学生创业孵化园、衡职科技企业孵化器、衡智众创空间三位一体双创实战基地。专设 980 平方米的培训场地,可同时容纳 760 人开展创新创业培训。建有场地面积为 1200 平方米的专业创业融合实训室,可满足多种创业专项活动的需要。引导和支持学生自主创业,学生创办、教师领办和社会创客参与的实体项目达 88 个,获得上级专项支持资金 2300万元。

4. 实施校企"双元"协同育人。衡职院引进 20 多家企业开展校企合作,借鉴"双元制"模式开展协同育人。一是开展专业共建。强化专业和产业的对接,利用企业的资源和优势提高专业建设水平。二是实施人才共育。学校和企业共同确立人才培养目标,共同制定人才培养方案,共同完善课程体系,共同开展教学和实习实训。学校引进行业顶尖人才,建立了三个"大师工作室",开展现代学徒制试点。三是打造"双师""双能"型师资队伍。学校和企业共同培养"双师型"专业教师和"双能型"产业导师,推进师资队伍校企共训、双向交流。

# 三、实践成效

衡职院基于融入区域发展更新办学理念,推进体制机制、育人模式改革创新,全面提升人才培养质量和服务发展能力,办学适应性明显增强。

## (一)人才培养质量显著提高

打造"双修双创型金蓝领"培养体系,有力提升了人才培养工作水平,形成了创业带动就业新常态。发展创业实体 54 个,直接带动就业 1000 余人。毕业生就业率持续保持在 95% 以上,职业素养和能力得到用人单位好评。学生参加全国、省级技能大赛,累计获得 500 多个奖项,连续取得历史性突破。其中计算机系张倍豪在全国大学生机器人创业大赛中连续两届分获三等奖和二等奖，并荣获首届全国高职生"阳光奖学金·特等奖"暨"践行工匠精神先进个人"称号，成为河北省唯一获此殊荣的高职生。经济管理系学生王斯艺创办思颐剪纸艺术有限公司，毕业后又创办王思颐职业培训学校，开展剪纸艺术品制作、剪纸技术和绢花培训，累计培训2000余人，其创办的公司及机构被河北省妇联评为"河北省妇女手工艺品制作创业基地""河北省妇女手工扶贫培训示范基地"等。

## （二）改革创新获得较大的突破

一是混合所有制改革产生一定影响。混合所有制办学经验和理论研究成果在全国产生一定影响，多次受邀在全国会议上作典型发言。衡水职业技术学院交通运输学院被列为河北省首批职业院校股份制混合所有制办学试点单位。二是创新创业教育获得多项殊荣。"衡智众创空间"荣获"国家级众创空间""河北省首批双创示范基地""河北省科技企业孵化器""河北省大学生创业孵化示范园""河北省文化产业十大优秀创业平台"等称号。《以创新创业教育实践提升人才培养质量的研究》获河北省教学成果一等奖。三是产业学院建设全省领先。衡职院依托专业群，引进战略合作企业，建设了华为ICT产业学院、吉航国际航空产业学院、日月光半导体产业学院和智慧康养产业学院，推进了校企紧密合作、产教深度融合。四是办学模式得到上级认可。衡职院改革创新的经验得到河北省政府主要领导的批示肯定，河北省政府分管领导批示推广"衡职院经验"，河北省教育厅、河北省人社厅发文在全系统推广。《融入区域发展的高职院校"一体多翼""一校两制"办学模式研究与实践》荣获河北省教学成果奖一等奖。

## （三）服务区域发展的能力显著增强

在衡职院积极推动下，衡水市政府与河北省教育厅签署了职业教育改革发展战略合作协议，成为全省唯一的市厅职业教育合作示范区。学校充分利用所创建的产教融合实训基地、协同创新中心反哺企业、回馈社会，帮助企业开展职工培训、生产工艺和技术创新。依托产业学院建设引进的战略合作企业，助推衡水主导产业和特色产业提档升级，力争引领产业发展。依托衡职院牵头的衡水产教融合联盟，在县域打造"产教融合园区"，服务地方产业和企业发展。围绕服务乡村振兴战略成立乡村振兴学院，积极开展培训服务，连续协办两届"冀台同韵·美丽乡村"——全省乡村振兴带头人素质提升计划培训活动，累计培训相关从业人员9万人。

# 百年风华正茂  赓续奋斗蓝图<sup>*</sup>

春秋代序，岁月如歌；绵绵义脉，巍巍学府。2023 年 11 月 1 日，衡水职业技术学院将迎来百年华诞。

## 一、回望来路，见证辉煌

百年衡职，是一部永葆初心、始终与国家发展和民族复兴同向同行的爱国进步史，是担当使命、勇立时代潮头励志图强的创业奋斗史。

1923 年，衡职院诞生于以"九州之首"而享誉华夏的古城冀州，始称直隶省立第六师范学校，于民族危难之际担负起"传承学脉、育才兴邦"的历史使命，1928 年改称河北省立第六师范学校，"七七事变"后停办。1948 年，以冀南建设学院之名再生于新中国的曙色里，继承六师传统，弘扬抗大校风，面向新民主主义革命和建设之需作育人材，赢得"冀南最高学府"美名。1949 年，改建为河北省立冀县师范学校，1979 年更名为河北冀县师范学校，1998 年迁址衡水市。2001 年改制升格为高等职业学校。

百载风雨，沧桑砥砺。学校虽数易其名，几番迁址，然学脉赓续，薪火相传，一代代衡职人铭记国家重托、民族希望，以筚路蓝缕、开启山林的坚韧，不负使命、接续奋斗的情怀，匠心筑梦、成就辉煌的豪迈，绘就了一幅壮美的历史长卷。

红色六师，革命摇篮。1929 年秋，革命星火如东方曙光，照亮六师校园。首播火种的是六班党员学生石世珍，在当时中共保属特委的指导帮助下，秘密组织成立了中共冀县第一个党支部——六师支部。支部在中华民族的危亡时期，以国家强盛、民族复兴为己任，根据上级指示和形势需要，积极发展组织，壮大革命力量，宣传

———————

\* 李增军. 百年风华正茂  赓续奋斗蓝图［N］. 光明日报，2023－10－15（03）.

本文是笔者为《衡水职业技术学院百年校史》所做的序言。

马列真理、救国救民思想，组织开展革命斗争，发动学潮、纪念"五卅运动"、路谏宋哲元抗日等，宛如一粒红色的种子，在冀南原野上生根发芽，苗壮成长。在党的引领和教育下，许多进步学生投笔从戎，奔赴抗日前线，把革命的火种撒向燕赵大地。伟哉六师，勋业赫赫，被誉为河北革命斗争的重要策源地。

春华秋实，桃李芬芳。百年来，衡职人和衷共济、陶铸群英，以春蚕之执着、红烛之精神，为国家培养和造就了大批德才兼备的优秀人才，收获了长城内外、大江南北的桃李芬芳。新中国成立后，走出了 8 位部级和 38 位军级干部，如外交部原副部长张海峰、教育部原副部长臧伯平、财政部原部长助理贝仲选、原文化部副部长齐燕铭、河北省人民政府原副省长王东宁和河北辛集中学创始人陈挹芬等。进入新时代，涌现出了荣获 2017 年首届全国高职生"阳光奖学金·特等奖"暨"践行工匠精神先进个人"和"2017 年度河北省最美大学生"称号的张倍豪、荣获"2020 年度专家提名中国助残新闻人物"的王思艺等优秀校友。

杏坛弦歌，文脉昭彰。在一个世纪的风雨沧桑中，衡职院始终坚守教育报国初心，传承六师的红色基因，光大六师、建院、省师在革命和建设年代所积淀形成的红色文化，铸就了"爱党爱国、担当使命"的优良传统和精神品质。其基本内涵为："为党育人、为国育才、服务社会"的初心本色；"追随时代、勇立潮头、砥砺奋进"的进取精神；"志存高远、奋斗实干、守正创新"的文化品格；"博学精技、德高笃行、甘为红烛"的人格风范；"明德循理、勤学精业、求真惟恒"的优良学风；"交流合作、兼容并蓄、融合发展"的开放思维。正是这些可贵的品质和精神，激励着一代又一代衡职人坚韧奋斗，弦歌不辍，谱写了一曲又一曲璀璨华章，使衡职院声著燕赵，誉播九州。

华丽蝶变，独领风骚。从直隶六师到河北冀师，谱写了一部红色师范的办学史诗。21 世纪之初，冀师升格为职业院校。学校把握新机遇，再启新征程，更新办学理念，推动改制转型，全方位提升内涵建设，实现了从中师到高职的华丽蝶变。特别是党的十八大以来，党政班子坚持从前瞻性、战略性的高度思考和探索新时代高职发展的实践路径，创造性地提出了推动高质量发展的战略构想，即确立"扬长补短"发展理念，实施"一体多翼"发展战略，构建"一校两制"办学体制，坚持"三个融合"发展思路。新理念、新体制和新举措，使衡职院迸发出豪气干云、奋进跨越的新活力、新气象，近年来，衡职院获得全国三八红旗集体、全国巾帼文明岗、国家节约型公共机构示范单位、国家级众创空间等多项殊荣，先后被确定为河北省首批职业院校股份制混合所有制办学试点、省域高水平高职院校建设单位等。建党百年之际，学校党委荣获"河北省先进基层党组织"称号。

# 二、知往鉴今，以启未来

衡职院自创立至今，十秩沧桑，百年风华，在常惟新、求卓越的征途上，淬砺奋发、矢志图强，向世人展现了它的抱负担当和超凡作为。回顾其历经的峥嵘岁月，走过的曲折路程，于探索开拓中前进，在守正创新中发展，给我们留下了许多有益的启示，主要有以下方面。

先进理念是百年衡职特色发展的重要前提。与时俱进，秉持先进的教育理念，对接区域发展需求，确立科学的战略定位，是百年衡职的优良传统之一。从六师的"举办新式中师教育"，到冀南建院的建设"抗大式学校"，再到省师、冀师，一直将教育理念、办学定位放在突出的位置。衡职院成立后，将这一传统发扬光大，立足实际，科学谋划，形成了以"扬长补短""一体多翼""一校两制""三个融合"等为基本内涵的战略构想，有力引导和推动了学校的特色发展。

革故鼎新是百年衡职踵事增华的不竭动力。在百年办学中，衡职院注重把握时代大势，勇于破除不合时宜的思想观念和体制机制，推进教育教学改革，探新路、开新卷。如六师时期，革除旧制，设立女生班，开冀南女子教育之先河；建院时期，根据解放区建设需要和专业特点，打破常规，灵活设置学制；至衡职院，更为积极主动审时度势，聚焦创新体制机制，推进混合所有制办学，成为河北省首批职业院校混合所有制试点，走出了一条"一校两制"的改革之路。

重视人才是百年衡职英彦蔚起的根本法宝。办校兴学师资最为关键，此为百年衡职一以贯之的理念。郑际唐主政六师时，千方百计满足陈振铎"先备钢琴后到校"的要求，成功将这位知名音乐家延揽至学校。省立师范阶段，重视青年教师培养，脱颖而出的体育教师马轸以一人之力将全校体育教学搞得有声有色，成绩斐然。改制高职后，诚招非遗传承人王自勇、马习钦等为特聘教授，建立大师工作室，打造形成了冀派内画和武强年画传承发展的"衡职模式"。衡职院在百年办学中能够名满冀南、享誉燕赵，始终得益于拥有雄厚的人才力量。

艰苦奋斗是百年衡职砥砺奋进的精神支柱。艰苦奋斗、开创新业像一条红线，贯穿了衡职百年的发展历史。六师初创，借用县师的校舍，一切因陋就简，弦歌不辍。冀南建院时，整个校园因日寇入侵遭到严重破坏，师生利用课余时间自己动手修建校舍，并在附近的废墟上开荒种地，改善办学条件。流风遗韵，滥觞成一曲永不褪色的弦歌。即使是在今日，衡职院依然高擎奋斗创业的旗帜，在应对新的挑战中迎难而上，以"二次创业"的决心和坚毅奋力开启创建高水平高职学校的新征程。

红色文化是百年衡职弦歌浩荡的根脉灵魂。六师肇创于民族危难，诞生于"二七大罢工"风雷。中国共产党革命理想和革命精神的影响，六师党支部组织领导的学潮斗争的洗礼，激发了学生们的民族心、民族魂，爱党初心、爱国精神成为六师红色文化的基因密码，也因此成就了"红色师范"之巍峨。在此后的冀南建院、省立师范、冀县师范等不同时期，这一红色基因不断得到厚植和发展，熔铸形成了一脉相承、具有鲜明特色的衡职文化，并在新的历史条件下进一步丰富和绵延，成为衡职院高歌奋进、再造名校的价值引领和基础支撑。

# 三、匠心筑梦，再谱华章

党的十八大以来，党中央、国务院高度重视职业教育，特别是党的十九大以来，对职业教育作出一系列重大部署，利好政策密集出台，职业教育发展迎来一个崭新的春天。

站在新起点，奋进新时代。衡职院正坚定不移地朝着创建高水平高职院校的愿景阔步迈进。在新的征程上，衡职人将坚守初心、接续奋斗，发扬光大办学传统，积极践履"六个坚持"，以助力"中国梦"的卓荦作为，彰显高等职业教育为党育人、为国育才的使命担当。

坚持党的全面领导，把政治建设放在首位。认真开展学习贯彻习近平新时代中国特色社会主义思想主题教育，引导广大党员干部学思想、强党性、重实践，坚定拥护"两个确立"，坚决做到"两个维护"，脚踏实地把党的二十大精神和中央、省市委重大决策部署付诸行动，精准落实，见之于成效。

坚持守正创新，探索高职特色办学之路。进一步解放思想，以职业教育的类型定位为逻辑起点，创新发展思路。牢固树立"扬长补短"发展理念，大力实施"一体多翼"发展战略，持续完善"一校两制"办学体制，扎实推进"三个融合"向深鼎新，不断完善"双修双创型金蓝领"人才培养机制，推动特色发展、高质量发展。

坚持初心使命，落实立德树人根本任务。深入落实"三全育人"，把立德树人内化到教育教学各环节。确立师德师风第一标准，持续优化"铸魂工程"；抓好关键课程，提升思政课实效性；强化课程思政理念，推动课程思政与思政课程同向同行；突出实践养成、以文化人，实施大国工匠、技能大师进校园，探索知行合一的有效路径。

坚持教学中心，深化人才培养模式改革。深入探索现代学徒制，不断完善校企双元育人模式。构建"校企双栖"机制，建设"双师型"专业教师和"双能型"产业导师相结合的教学创新团队。完善"岗课赛证融通"体系，提升专业人才培养与产业转型升级的契合度。运用现代信息技术改进教学方式方法，推动"课堂革命"。建立高标准产教融合实训基地，打造产学研创一体化新生态。

坚持服务发展，创新融入区域办学路径。树立产教融合、科教融汇新理念，立足衡水，面向京津冀协同发展，以现代产业学院、产教融合实训基地、校企协同创新中心等为平台，重构高技能人才培养模式，将科技创新融入教学环节，强化学生创新精神和创新能力的培养；助力企业开展技术攻关、工艺改进，推动产品升级和科技成果的产业化应用，不断提升引领和服务发展的能力。

坚持开放办学，提升国际化办学水平。聚焦培养国际化技术技能人才和为跨国企业提供技术支撑，积极搭建高层次合作平台，开发高水平合作项目，加快推进国外优质教育资源"引进来"，探索切实有效的校企协同"走出去"模式，更好地融入高等职业教育国际化发展的进程。

筑梦新华章，创业无穷期。在校党委的领导下，衡职院正以迎接百年华诞为契机，不忘初心，牢记使命，凝聚起磅礴力量向着既定目标砥砺奋进，谱写新时代的崭新篇章！

# 三、产教融合篇

产教融合、校企合作，是职业教育的基本办学模式。本篇收录了笔者围绕职业教育产教融合发展撰写的几篇理论文章，涉及特色产业发展、产业学院建设、科教融汇以及职业教育助力非遗传承。《科技日报》《中国教育报》等报刊介绍了衡水职业技术学院在产教融合方面的做法和经验。

# 产业学院：产教融合新平台<sup>*</sup>

中共中央办公厅、国务院办公厅印发的《关于推动现代职业教育高质量发展的意见》中要求，推动校企共建共管产业学院、企业学院，延伸职业学校办学空间。产业学院作为职业院校一种新的办学形态，对于创新校企合作办学机制、实现产教深度融合，具有重要而积极的意义。

产教融合、校企合作是职业教育的基本办学模式，是职业教育最显著的类型特征。近年来，国家层面已就产教融合作出了一系列制度安排和组合式激励政策，但从实践来看，进展情况并不理想，校企合作还处于浅层次、低水平状态，产教融合还存在松散式、"两张皮"现象。究其原因，是学校和企业还没有找到利益的结合点，教育的供给侧和产业的需求侧还没有同频共振，产教融合、校企合作还没有找到有效的机制。在这样的背景下，一些地方开展的校企共建产业学院的探索，为推动产教融合、校企合作找到了一个新的平台和载体。

建设产业学院的实践意义有以下几个方面。

一是促进了人才培养的供需对接。产业学院通过校企共同开展专业规划、共同制定人才培养方案、共同开发建设课程、共同组织教学实施和实习实训，真正实现了校企"双主体"育人。

二是提升了"双师型"教师队伍建设水平。建立一支技艺精湛、专兼结合的"双师型"教师队伍，是职业教育高质量发展的根本，以产业学院为平台，打通了企业和学校的"旋转门"，实现了企业工程技术人才、高技能人才和职业院校教师的双向流动。

三是推动了产学研用协同创新。企业和学校依托产业学院整合双方资源，共建技术创新和转化平台，共建公共实训基地，联合开展技术攻关和成果转化，发挥产学研用合作示范影响，更好服务地方产业发展。

---

* 李增军. 产业学院：产教融台新平台［N］. 中国教育报，2022 - 03 - 22（05）.
本文由中国职业技术教育网、中国企业网以及多所高校公众号转发。

四是实现了政校行企协调联动。产业学院有效实现了政校行企技术、人才、信息和资源的共享，优化创新了资源配置模式，促进了教育链、人才链与产业链、创新链的有机衔接，推动了产教融合的深度发展。

关于产业学院的内涵，由于研究视角不同，学术界有不同的概括和提炼，但对其核心要素和功能定位大体是一致的，即产业学院是立足区域产业发展，依托职业院校专业建设，以高质量人才培养为主要目标，整合院校和行业企业优势资源共同打造的产教融合、校企合作的育人共同体。从建设主体来看，产业学院有的建在学校里，有的建在企业里，有的建在政府打造的产业园区内。从联系程度来看，有的是松散型，参与各方没有资产纽带，产业学院不是独立的法人；有的是紧密型，合作方以资金或资产入股，建立混合所有制的法人实体。

产业学院的建设任务和内容包括以下几个方面。

一是开展专业共建，强化专业和产业的对接，围绕产业链打造专业群，利用行业企业资源和优势提高学校专业建设水平。

二是实施人才共育，基于产业需求共同设定人才培养目标，共同制定人才培养方案，共同完善人才培养模式，实现政校行企多主体协同育人。

三是打造高水平师资队伍，校企双方共同培养"双师型"专业教师和"双能型"产业导师，推进师资队伍的校企共训、双向交流、互融互通。

四是完善校企课程体系，优化课程结构，强化课程与岗位的对接，推动课程内容与行业标准、产业需求和岗位能力有机融合。

五是建设高标准实习实训基地，校企共同设计实践教学体系，共同打造校内、校外实训基地，开展真实工作环境下的实践教学和实习实训。

六是打造协同创新平台，校企联合开展技术攻关、产品研发、成果转化、项目孵化、社会服务，建立优势互补、互利共赢的协同机制，提高服务产业能力和人才培养水平。

产业学院建设虽然已被纳入国家层面的顶层设计，部委层面出台了操作性的建设指南，一些地方也开始了产业学院建设的试点试验，但在实际工作推进中仍然存在不少问题和障碍，主要包括：政策法规不健全，具体操作中存在无据可依的窘境；利益机制不明确，影响参与主体的积极性；治理机制不完善，没有真正做到共建共治共管共享；等等。

为了推进产业学院健康发展，特提出如下对策建议。

一是要把产业学院纳入产教融合的制度设计，加强理论研究，完善法律法规，强化政策供给。

二是地方政府和行业部门要加强统筹协调，立足区域产业发展，整合企业和学校资源，加大政策激励和投入力度。

三是在发展模式上要鼓励多元发展，不搞"一刀切"，积极探索股份制和混合所有制办学。

四是要逐步完善产业学院的治理体系，构建责任和利益机制，调动参与各方的积极性，形成校企命运共同体。

# 高职院校产业学院建设的若干问题<sup>*</sup>

产教融合、校企合作是职业教育的类型特征和内在规律。产业学院作为高职院校一种新的办学形态，对于创新校企合作办学机制，推进教育链、人才链与产业链、创新链有机衔接，实现产教深度融合，持续提升办学适应性，具有重要而积极的意义。

## 一、发展背景与实践意义

### （一）高职院校产业学院发展的历史背景

从源头追溯到目前如雨后春笋般的涌现，我国高职院校产业学院的产生和发展有其特定的历史背景。

1. 产业驱动。我国经济已由高速增长阶段转向高质量发展阶段。推动产业转型升级，实现高质量发展，是当前和今后一个时期经济工作的重中之重，而提高人才与产业的匹配度，是产业高质量发展的有力保障。但就目前情况来看，人力资源依然存在结构性供需矛盾，特别是高端人才和高素质专业技能人才较为缺乏。产业转型升级发展，要求创新高等职业教育与产业融合发展的运行模式，主动适应产业集群化发展新生态，精准对接区域人才需求，提升高职院校服务能力和水平，打造高职院校和行业企业命运共同体，为加快建设现代产业体系、增强产业核心竞争力提供高质量、高水平的人才和技术支撑。

2. 校企联动。国内高职院校的产业学院最早产生于 2006 年，即浙江经济职业技术学院与浙江物产集团携手共同创建的物流产业学院和汽车后服务连锁产业学院。当时，该院党委书记俞步松敏锐认识到，高职院校办学必须依托行业产业背景，走

---

* 李增军. 高职院校产业学院建设的若干问题［J］. 科学咨询，2023（11）.

产学研结合的道路；浙江物产集团也意识到，企业要获得人力资源、技术研发与培训等业务发展所需的要素支持，实现可持续、高质量发展，必须要有提供对接服务的高职院校。校企相互需求，恰是两个产业学院生长的土壤。而后，广东中山等地也开始了产业学院建设的实践探索，2009年，中山职业技术学院与镇区合作，创立南区电梯学院等四个产业学院。近年来，衡水职业技术学院先后引进航空工业吉林航空维修公司、日月光半导体集团等战略合作企业，先后成立吉航航空产业学院、日月光半导体产业学院等五个产业学院，并出台了《衡水职业技术学院产业学院建设与管理办法》。各地高职院校因地制宜，把推进产业学院建设作为深化产教融合、校企合作的重要载体，开辟新路径、创造新模式，逐渐形成了今日百舸争流的新局面和新气象。

3. 政策推动。2017年12月，《国务院办公厅关于深化产教融合的若干意见》指出，"鼓励企业依托或联合职业学校、高等学校设立产业学院和企业工作室、实验室、创新基地、实践基地"。2019年4月，教育部、财政部联合发布《关于实施中国特色高水平高职学校和专业建设计划的意见》，明确提出"吸引企业联合建设产业学院"的任务要求。2020年7月，教育部办公厅、工业和信息化部办公厅印发《现代产业学院建设指南（试行）》提出"经过四年左右时间，以区域产业发展急需为牵引，面向行业特色鲜明、与产业联系紧密的高校，重点是应用型高校，建设一批现代产业学院"的建设目标。2021年10月，中共中央办公厅、国务院办公厅印发的《关于推动现代职业教育高质量发展的意见》再次要求"推动校企共建共管产业学院、企业学院，延伸职业学校办学空间"。一系列相关文件的出台，为高职院校和应用型本科院校探索产业学院建设路径、创新产教融合模式提供了方向指南和政策支持。

### （二）建设高职院校产业学院的实践意义

基于对产业学院的理论分析和高职院校探索实践的总结概括，其实践意义主要体现在以下方面。

1. 有利于破除校企深度合作的瓶颈。高职院校与企业共同投资建设产业学院，引入市场机制，创新办学体制机制，构建权责利一体化的关系，形成基于各参与方利益诉求高度契合的命运共同体。这样，便会从根本上破解企业无法成为学校核心利益相关者和重要办学主体等制约产教深度融合、校企深度合作的制度瓶颈。

2. 有利于促进人才培养的供需对接。创办产业学院，企业成为真正意义上的办学主体。通过校企共同设计专业规划，共同制定人才培养方案，共同开发建设课程，共同组织实施教学和实习实训等，能够促进人才培养供给侧与产业需求侧结构要素的全方位融合，实现校企"双主体"育人，有效保障稳定的产业人才供应。

3. 有利于提升双师队伍建设水平。建设一支德能兼优、技艺精湛、专兼结合的"双师型"教师队伍，是支撑高职院校高质量发展的核心资源。以产业学院为平台，架起企业和学校相互连接的桥梁，可以构建形成"双师型"师资协同培养机制，实现企业工程技术人才、高技能人才和高职院校教师的双向流动，打造高水平的双师教学团队。

4. 有利于推动产学研用协同创新。企业和高职院校依托产业学院整合双方资源，共建技术创新和转化平台，共建公共实训基地，联合开展技术攻关和成果转化。通过项目开发、成果对接，提升创新能力，改变科研"供非所求"的局面，更好地发挥产学研用合作示范作用，服务区域产业发展。

5. 有利于实现政校行企协调联动。产业学院通过建立多元共治的治理体系，创新资源配置方式，能够有效实现政校行企的技术、人才、信息和资源的共享，促进教育链、人才链与产业链、创新链有机衔接，从而推动产教融合的深度发展。

# 二、基本内涵与主要特征

## （一）高职院校产业学院的基本内涵

关于产业学院的内涵，由于研究视角的不同，国内学者有不同的概括和描述，较有代表性的观点有以下几种。有学者认为，产业学院是职业院校与行业中的重点企业通过相互合作、政产学多方共同参与而建立起来的立足生产实践、培养专门人才和服务特定行业的校内二级机构。有学者给出的定义为，产业学院是指由职业院校牵手政府、企事业单位，以高质量技术技能人才培养为目标，以资产联结或契约为纽带，通过实施深度合作，整合教育资源，实现资源共享，并拥有独立运行机制，按照自愿互利、优势互补的原则形成的产教融合育人联合体。还有学者提出，产业学院是多主体产学研共同体，其发展方向是建立具有混合所有制产权的独立学院，终极模式是成为企业共享的企业大学，集人才培养、科研服务和成果转化于一体的共享中心。

从以上叙述可以看到，在关于产业学院的内涵问题上，尽管学者们的看法尚未统一，但对其核心要素和功能定位大体是一致的。即高职院校产业学院是聚焦区域产业发展，依托职业院校专业（群）建设，以高质量人才培养为主要目标，整合学校和行业企业优质资源，共同打造的产教融合新型载体和校企合作育人共同体。

在类型划分方面，从产业学院的建设主体来看，有的建在学校，有的建在企业，也有的建在政府打造的产业园区。从联系程度来看，有的是松散型，参与各方没有资产纽带，产业学院不具有独立法人的属性；有的是紧密型，合作方以资金或资产入股，建立混合所有制的法人实体。

## （二）高职院校产业学院的主要特征

从严格意义上说，高职院校的产业学院是一种产教融合型办学模式，与现在意义上二级院系有着本质的区别。产业学院的基本特征包含以下几个方面。

1. 专业设置的市场化。无论是回顾国内产业学院发展早期，特色最鲜明、影响力最大的中山职业技术学院与当地产业镇共同创办的"专业镇产业学院"的办学实践，还是作学理方面的分析，都会得到这样的认识，即产业学院具有鲜明的办学指向，它是满足特定区域内特定产业发展要求的产物。因此，其专业设置与建设必须与产业紧密联系、与产业需求深度对接，这种高度的市场适应性是产业学院的活力之源。

2. 校企合作的内生化。产业学院的校企合作具有明确的服务对象，即它的功能定位是基于特定行业企业的用人需求和技术需求，采取"量身定制"的方式培养技术技能人才，提供专业技术服务。正是这种校企内在的一致性，使两者之间的"供需"可实现精准匹配，因而能够达成深度合作的共识，共同致力于将产业学院打造成为基于利益共享的"命运共同体"。

3. 人才培养的一体化。产业学院的建立搭建了技术技能人才培养模式改革创新的平台。校企基于人才链与产业链的无缝对接，协同探索和构建人才培养体系、结构和模式，推行工学一体、理实一体、课岗一体、产学研一体，提升人才培养的适用性和针对性，为打造形成人才培养共同体奠定了基础。

4. 办学主体的多元化。从资本构成的角度分析，原则上来说，现阶段高职院校产业学院的建设不应排斥任何所有制类型的加入。因此，随着产业资本进入高职领域，必然导致其产权结构发生根本性的变革，由过去单一所有制办学转变为公有资本和非公有资本的共投共办，从而形成多主体办学的格局。

5. 治理机制的公司化。社会主义市场经济条件下，企业是作为一种重要的市场主体而存在的，遵循市场规律运营和管理。企业通过投资入股等方式参与创办高职院校的产业学院，自然会将市场法则带进后者的运行模式，使产业学院的运行管理具有鲜明的公司化特征。其主要体现为由传统行政化的管理模式转变为多元共治、民主决策的治理模式，教育资源的优化配置主要通过市场化机制运作和实现，学校实行自主经营、独立核算和合理盈利。

# 三、功能定位与运行机制

## （一）高职院校产业学院的功能定位与建设任务

高职院校产业学院以构建"校企命运共同体"为核心目标，面向特定区域特定行业产业提供高质量的技术技能人才支撑、提供高质量的技术创新服务、提供高质量的社会培训服务。这样的功能定位决定了产业学院的建设任务及内容。

1. 协同开展专业建设。瞄准地方产业需求，利用行业企业的资源和优势，优化专业设置和建设，紧密对接产业链，推动专业集群式发展，实现专业群与产业链深度契合，提升专业建设和发展对产业的适应度。

2. 协同实施人才培养。基于企业发展需求，校企共同设定人才培养目标，探索"产教融合、工学一体"的人才培养模式，构建形成包括人才培养方案、专业课程、质量标准、考核评价、资格认证、就业创业管理等全要素，一体化的产学协同育人体系。

3. 协同打造双师团队。以建立"双师型、结构化"师资团队为目标，以校企"双向、双融通"为主要途径，共同制定和实施师资队伍建设规划及培养方案，建立健全"双师型"专业教师和"双能型"产业导师的培养机制，推进师资队伍的共训共育、双向任职、互融互通。

4. 协同构建课程体系。坚持"课岗一体"建设理念，建立课程结构的设计、优化和开发机制，强化课程与岗位的紧密对接，推动课程内容与行业标准、产业需求、岗位能力有机融合，构建形成具有"定制化"特色的课程体系。

5. 协同建设实训基地。校企共同设计实践教学体系，共建校内、校外生产性实训基地。开展真实工作环境下的实践教学和实习实训，推动实践教学紧跟企业技术水平的发展；搭建公共技术服务平台，面向行业企业开展技术推广和培训活动。将实训基地打造成高职院校和行业企业共享的"专业化职场"。

6. 协同搭建创新平台。坚持需求和应用双导向，以服务企业技术创新为核心，校企共建产学研深度融合的技术创新体系。对接企业需求，联合开展技术攻关、产品研发、成果转化、项目孵化；以技术为纽带，搭建产学研用平台，提升科研技术服务能力建设水平；建立优势互补、互利共赢的协同创新机制，推动共研、共创和共享。

## （二）高职院校产业学院的运行机制与管理模式

产业学院发展目标的实现、功能作用的发挥和建设任务的落地，需要从办学理念、运行模式、体制机制等进行全方位的实践探索，但关键在于加强组织与制度建设，依靠规范、有效的运行管理与制度体系来予以保障。

就目前情况来看，高职院校建立的产业学院，在形式上基本可以归为三种运作模式：一是作为下属二级学院或二级学院的内设组织；二是没有资产纽带的校企深度合作的办学平台；三是探索实行股份制混合所有制的办学模式。产权结构的差异必然导致组织机构、治理结构和体制机制的不同。由于前两种办学模式在产权结构上并没有本质的不同，故而，我们对产业学院运行机制与管理制度的分析，主要从两个不同的层面展开。

1. 关于作为"二级学院"产业学院的运行与管理。在其建设和发展中，合作各方虽然具有深化产教融合、校企合作的主观愿望，并积极吸收了某些企业管理要素，但传统体制机制的束缚，使其难以实施真正意义上的市场化运作，运行管理中的泛行政化问题依然不同程度地存在。着眼克服传统路径的依赖，产业学院应探索建立多元共治的治理模式。一是建立独立决策机构，即成立具有独立决策权的理事会，负责产业学院重大事项的决策安排，隶属学校通过决策备案的形式对其决策实施监管。二是基于产业学院各相关利益方的权利与义务，以人财事权管理制度改革为重点，全面推进体制创新，科学设置机构，明确各管理主体的职权与责任，理顺与隶属学校相关职能机构的关系，赋予产业学院办学自主权。三是建立健全基于产业学院章程的制度体系及运行规则，提升院务运行效率和管理效能。

2. 关于作为"混合所有制"产业学院的运行与管理。对于建立混合所有制性质的产业学院，已有不少高职院校作了有益的探索和尝试。但是，由于缺乏法律法规的支持，这些学院尚未获得法律意义上的主体地位，因此，从根本上来说，它还不能以独立法人的身份参与市场活动。在这种情况下，为使其功能发挥获得最大可能的实现，可按下述思路实施治理。一是各相关利益方按照平等协商的原则，订立产业学院章程，为依法依规办学筑牢基础。二是对出资者与决策者、执行者、监督者之间相互约束的关系进行制度安排，构建以"四个系统"为框架的治理结构。所谓"四个系统"，即领导和权力系统（校党委、股东会）、决策和指挥系统（董事会或理事会）、执行和管理系统（校长领衔的行政团队，包括校务委员会、学术委员会）、民主和监督系统（监事会、校纪委、职代会、工会）。三是在此框架内，以章程为核心，建立健全规则制度，构建形成符合校情、独具特色的治理体系和运行机制。

# 四、存在问题与对策建议

## （一）高职院校产业学院建设面临的问题与困境

产业学院建设虽然已被纳入国家层面的制度设计，而且有不少地方的高职院校已经开始了实践探索，但在实际工作推进中，仍然存在不少问题和障碍，主要包括以下几个方面。

1. 政策法规不健全，具体操作中存在无据可依的窘境。企业是市场主体。企业投资参与产业学院建设，客观上要求确立后者的市场主体地位，遵循教育和市场两种规律办学，并赋予产业学院独立法人的资格，明确准入的条件、标准和程序。然而，目前相关法规政策依然缺位，致使产业学院的法律主体地位、产权界定、治理结构、认定与运行监管等难以操作实施，行业企业对产业学院投入的预期产出也无法得到有效保障。这些瓶颈问题的存在，制约了产业学院的健康发展。

2. 利益机制不明确，影响参与主体的积极性。从出台的有关产业学院的政策文件来看，还局限于顶层设计和宏观引导层面，《现代产业学院建设指南（试行）》虽然明确了产业学院建设的指导思想、基本原则、目标任务，但它面向的是"新工科"，没有将高职院校考虑在内，而且，关于激励措施和约束机制的设计也存在明显短板，特别是在金融、税收优惠以及学院实体化运营中所获收益的分配等问题上，缺乏具有可操作性的方法措施。因此直接影响了企业参与的积极性，导致企业动力不足，参与度低，介入运营管理的程度浅，主体作用难以有效发挥，企业运行与办学要素之间无法形成相互交融和深度契合。

3. 治理机制不完善，未能实现共建共治共管共享。产业学院是高职院校与企业共同投资、共同建设、共同管理的一种新型教育机构。从其治理的角度来看，需要协调各参与主体之间的权责关系和利益分配，调和可能发生的对立及化解出现的矛盾，以共建共治共管共享为核心，构建形成多主体共治结构。但现实情况是，由于受现行办学体制和制度等因素的制约，产业学院在治理中还面临一些自身难以克服的困难，例如，一些地方政府部门"越位"进行干预，或高职院校依然沿用"指令式"办法实施管控；又如，法人属性、登记方式、治理结构等一些基础性问题无法自主作出选择以及进行相应的制度安排；再有，产权如何界定、收益如何分配，缺乏政策依据和法律保护，如此等等。这些问题的存在，使产业学院难以真正建立起多元共治的结构体系，进而导致决策低效、执行不力。

## （二）关于推进高职院校产业学院建设的对策与建议

高职院校产业学院的健康发展，需要有良好的外部环境和规范的内控机制。为此，提出以下对策建议。

1. 把产业学院纳入产教融合的制度设计，加强理论研究，完善法律法规，强化政策供给。一是做好理论研究的引导和组织工作，深化对产教融合背景下产业学院的本质、特性、定位及其发展规律的认识，为其持续健康发展提供理论指南和思想动力。二是在相关法律法规中，增加发展职业院校产业学院的条款，明确其主体地位和法人属性，从根本上解决产业学院建设中的瓶颈问题，破除其创新发展的制度障碍。三是依据教育部办公厅、工业和信息化部办公厅印发的《现代产业学院建设指南（试行）》，出台更具体、操作性更强的管理办法，特别是要把高职院校产业学院建设纳入制度设计，明确地方政府和行业组织的责任与义务，凝聚产业学院建设与发展的合力，强化政策的牵引、支持和推动作用。四是在产教融合型企业建设培育中，要把和职业院校共同创办产业学院作为重要评价认证指标，对符合条件的企业落实"金融＋财政＋土地＋信用"组合式激励和相关税收优惠政策。

2. 地方政府和行业部门加强统筹协调，立足区域产业发展，整合企业和学校资源，加大政策激励和投入力度。在高职院校产业学院的建设和发展中，地方政府扮演着引领者和推动者的角色。政府及相关部门应站在区域产业规划设计的高度，科学统筹产业学院的发展，使之与推进产业转型升级、促进经济社会发展相结合，并制定相应政策措施，为其资源优化配置营造良好的外部环境，给予专项资金支持，提供财政、税收、金融和土地等优惠。行业组织作为联结教育与产业的纽带，应积极充当校企合作的媒介和桥梁，切实发挥自身的组织和资源优势，深度参与产业学院的教育教学改革，设计具有价值的运作模式和建设意见，助力高职院校和企业科学构建产学协同育人机制。

3. 在办学模式上鼓励多元发展，不搞"一刀切"，积极探索股份制混合所有制办学。产业学院是一种多主体融合型共同体。由于合作主体不同，所面临的产业环境和条件有别，或同一产业学院所处的发展阶段不同，其合作模式、组织形式和治理结构等必然会具有不同的特点和性质。因此，无论是从理论上分析，还是就现实情况来看，总体来说，产业学院在其演进过程中必然会呈现多元发展的格局。所以，在高职院校产业学院的建设中，应坚持多元发展的原则，鼓励和支持高职院校与企业及其他合作主体，因地制宜，基于实际条件和共同需求，探索具有自身特色的发展模式，特别是鼓励和支持有条件的高职院校探索股份制混合所有制办学，以充分发挥市场机制的优势，激发产业学院的发展活力。

4. 逐步完善产业学院治理体系，构建责权利统一的管理运行机制，调动参与各方的积极性，形成校企命运共同体。就其外部而言，地方政府及教育行政部门和行业组织，要切实履行法定职责，深化"放、管、服"改革，防止过度干预或服务缺位，切实发挥好指导和服务功能。就其内部而言，要基于产权结构实际，确立规范合理的治理结构，建立健全民主决策、执行落实和民主监督机制；制定学院章程，构建以章程为统领的制度规则体系；明确责权关系，探索和创新利益契合机制，提升管理效率和效能，推动产教结构要素全方位深度融合等，形成多元共建、共管、共享的治理模式。

# 县域特色产业是乡村振兴的突破口<sup>*</sup>

乡村振兴，产业兴旺是前提。怎样实现产业兴旺呢？发展县域特色产业是个突破口。

为什么界定在县一级？习近平总书记指出，在我们党的组织结构和国家政权结构中，县一级处在承上启下的关键环节，是发展经济、保障民生、维护稳定的重要基础①。《中共中央 国务院关于实施乡村振兴战略的意见》中也明确提出，县委书记要下大气力抓好"三农"工作，当好乡村振兴"一线总指挥"。县级党委和政府具有较为完整的政治、经济、社会和文化管理职能，既是上级政策的执行和落实者，又是县域政策的决策和制定者，是乡村振兴战略的具体组织实施者。乡村振兴的总要求是：产业兴旺、生态宜居、乡风文明、治理有效、生活富裕。最终目标是：农业强、农村美、农民富。实现乡村振兴的要求和目标，基础是县域经济的发展，是三次产业协调发展、城乡融合发展，最终要靠县级党委和政府去领导和推动。

什么是县域特色产业？所谓特色产业，是指生产经营同一类产品的农业主体或企业相对集中，形成了以名牌产品或拳头产品为龙头的产品族、以规模企业为骨干的企业群、以主导产品为依托的产业链，产品竞争能力强，市场占有率高，经济效益好，在区域经济总量中占有较大份额的支柱产业。从一个县域范围来考察，某一个产业如果具备以下条件，就可以被称为县域特色产业：一是规模要大，有一定的种养规模或企业群体规模，产业的销售收入在县域经济总量中占有较大的比重；二是市场占有率要高，在区域、国内甚至国际同类产品中有一定的市场份额，竞争实力较强；三是科技水平要高，有较强的技术开发能力，有高科技产品和畅销产品，有自己的名牌产品；四是带动能力要强，专业分工细化，社会协作发达，利益联结紧密，形成了产业链条和产业体系。

---

\* 李增军. 县域特色产业是乡村振兴的突破口［J］. 半月谈，2020（11）.

① 摆好乡村振兴战略主战场［EB/OL］. 人民网，http：//theory. people. com. cn/nl/2018/0608/c40531 - 30045010. html，2018 - 06 - 08.

　　乡村振兴视域下的产业兴旺，不应该仅仅局限于农业和与农业相关产业的发展，而应该着眼于产业同农村和农民的关联度，凡是能够带动农村繁荣、农民致富的产业都要大力发展。因此，发展县域特色产业应该包括以下几个方面：一是以农业供给侧结构性改革为主线，稳定基本农产品生产，调整农业产业结构，强化科技对农业的支撑，打造和培育农产品品牌。要在稳定家庭承包经营、扶持小农户生产的基础上，鼓励支持家庭农场、农业企业和合作社等农村新型经营主体的发展。要规划建设农业产业园区，搭建现代农业发展新载体。二是以推进农业产业化经营为目标，不断延伸产业链条，加强利益的联结，推进贸工农一体化经营。要加大政策扶持力度，加强小农户与现代农业发展的有机衔接。要大力发展农业产业化联合体，把龙头企业、新型农业经营主体和小农户以分工协作为前提、以规模经营为依托、以利益联结为纽带，建立一体化农业经营组织联盟。三是大力发展企业集群，打造乡村产业发展高地。对能吸收农民就业、促进农民增收的企业，无论是工业企业还是商贸流通企业或专业市场，都要积极支持、鼓励发展，逐步在县域形成小规模大群体或大规模大群体的产业集群。要引导企业向园区或城镇集中，实现农业劳动力就近转移，搭建产业发展新载体，实现工业化和城镇化同步发展。四是结合资源禀赋和文化传承，积极培育农村新业态。要立足农村的生态、文化、休闲、康养等功能发掘，大力发展休闲农业、乡村旅游、康养基地、特色小镇和传统特色产品开发。要加快农村电商的发展，推动农民创新创业，大力发展共享经济。

　　衡量县级党委政府领导乡村振兴的能力和水平，一个重要的标准是，有没有树立起"经营"产业的思想，会不会培育特色产业。企业要经营产品，政府要"经营"产业。政府"经营"产业，就是要办一家一户、单个企业办不了的事情，至少应当包括：一是完善促进产业发展的政策，既要抓上级政策的落实，又要创造性出台本地的扶持政策；二是要善于发挥优势、创造优势、转化优势，把资源优势转化为产业特色和经济优势；三是要加强基础设施建设，完善公共服务平台；四是要加强职业教育，提高劳动者素质，培育新型职业农民；五是要完善农村市场体系，加大科技、金融、人才服务力度；六是要打造创新创业平台，培育农村新业态和新动能。

# 以平台创新推动高职院校科教融汇<sup>*</sup>

党的二十大报告提出，推进职普融通、产教融合、科教融汇，优化职业教育类型定位，这是对现代职业教育体系建设新的定位，也是职业教育发展新的方向。近年来，衡水职业技术学院（以下简称衡职院）以平台创新为抓手，推动人才培养和技术创新协同发展，在教育、科技和产业的结合上进行了积极探索。

## 一、打造众创空间，搭建师生创新创业载体

自 2014 年以来，衡职院主动适应区域创新驱动发展战略和产业转型升级的客观要求，把深化创新创业教育改革作为推进综合改革的突破口，积极搭建双创实践平台，推进"产、学、研、训、创"协同创新。

一方面，坚持专创融合理念，构建双创育人模式。衡职院明确提出"双修双创型金蓝领"人才培养目标，将学生双创素质和实践能力培养作为重要内容纳入专业人才培养方案，融入育人全过程。根据人才培养定位和双创教育目标要求，对原课程设置进行整合、优化，构建了由"开学双创第一课＋通识教育模块＋各专业双创教育模块＋SYB 双创能力培训＋精英模块"构成的"五段式"双创课程体系，形成了从双创通识教育、双创专业教育到双创实践的全链条。

另一方面，搭建双创实践平台，开拓优质双创资源。校内外共开拓 10000 余平方米的场所打造众创空间，面向全体师生开放，师生举办创新创业项目 80 多个。定期举办科技创新、创意设计、创业计划等培训和竞赛，有效释放师生双创活力。如培养的剪纸传承人王思艺，在校期间就创办衡水王斯颐工艺品有限公司，在沿用古老技法的同时对剪纸技法进行创新，大胆借鉴版画、雕刻、刺绣技巧，让作品更加

＊ 本文系笔者于 2023 年 5 月 14 日在教育部职业教育与成人教育司指导、《科技日报》主办的"科教融汇，职业院校在行动"座谈会上的典型发言材料

立体生动，增强视觉冲击，其作品《福禄寿喜》等被国家图书馆收藏；毕业后又创办王斯颐职业培训学校，培训绢花、剪纸等技能，每年培训 12000 余人次，带动上千人就业。计算机系学生张倍豪在全国大学生机器人创业大赛上与清华大学、北京大学学生同场竞技，连续夺得三等奖、二等奖，荣获全国高职生"阳光奖学金·特等奖"暨"践行工匠精神先进个人"称号。机电工程系师生联合组建"创客联盟"，面向中小企业开展技术服务，累计为企业进行技术革新、技术研发项目 25 个，取得实用新型专利 15 项。

鉴于衡职院创新创业工作成绩显著，学院众创空间被确定为国家级众创空间，河北省政府对学院双创工作作出肯定性批示，省教育厅专门在衡职院召开全省高校众创空间建设推进会。

## 二、建大师工作室，吸聚高端资源促非遗保护传承

为充分发挥高技能领军人才在技术传承、技能攻关、人才培养等方面的示范引领作用，衡职院积极引进非遗传承人和工艺美术大师入校打造大师工作室，建设工艺美术研发中心，自觉肩负非遗传承保护的高职担当。

一是积极引企入校。整体引入衡水习三内画设计有限公司、河北巽斋文化有限公司等业内知名企业，共同打造衡水习三内画艺术大师工作室、武强木版年画艺术大师工作室等五个大师工作室，并不断完善工作室运行机制，把大师工作室建成集传技承艺、收藏展示、新品开发、成果转化、社会培训、技术咨询、经营销售为一体的多功能平台。

二是强化技能创新。利用大师工作室定期为师生和社会人员开展内画技法、年画技法、剪纸技法等古老技法的讲授，同时，积极与技艺大师开展应用研究，促进非遗项目传承，如工艺美术品设计教师团队与年画大师温潜鳞在多次试验的基础上，复原武强年画染料古法提取工艺，广泛应用于武强古法年画衍生品和服装面料的印染工艺，带动武强年画再次繁荣。

三是开发文创产品。以技能大师工作室为依托，充分激发师生创新活力，积极开展文化创意活动。如视觉传达专业教师团队在传承技艺的基础上以非遗时尚化、现代化为课题，与衡水习三内画设计有限公司合作开发内画项链、内画奖杯、内画笔插等服饰和旅游纪念品，促进衡水文化和旅游深度融合、创新发展。2018 年，衡职院荣获"河北省十大文化产业创业平台"称号。

# 三、建设产业学院，以产教深度融合促科教融汇

立足区域产业发展，依托学院专业优势，以高质量人才培养为目标，整合学院和行业企业优势资源积极推进产业学院建设，打造产教融合、科教融汇的育人共同体。

一是积极对接头部企业共建产业学院。围绕区域经济发展的高素质技术技能人才需求，瞄准高端产业和产业高端，主动对接行业头部企业，创建吉航（国际）航空产业学院、日月光半导体产业学院、中铁电气化铁道运输产业学院、瑞丰智能制造产业学院、华为ICT产业学院、伟博人工智能产业学院，集中资源培植新能源汽车、飞机维修、人工智能、集成电路制造等特色优势专业，全面开启产教融合、科教融汇新探索。

二是完善产业学院校企协同的运行机制。出台《衡水职业技术学院产业学院建设与管理办法》，科学设置各产业学院组织架构，完善合作共建共享机制和自我造血的持续发展机制，明确"共生共长型"命运共同体。依托产业学院积极开展专业共建、技术共创、课程共研，促进人才培养供给侧与产业发展需求侧协调融通。依托产业学院校企共建航空维修CCAR-147培训中心和人工智能、集成电路、新能源汽车等实训基地，实现实训基地功能系列化、管理企业化、设备生产化、环境真实化、人员职业化，为学院实现科教融汇打下了坚实的基础。

三是改革教育教学模式提高人才创新能力。积极吸收企业技术技能人才加入学院教师教学创新团队建设，移植企业研究实践方法，将科技创新融入教学环节，将科学研究融入教师成长过程，不断提高学生创新精神和教师科研能力，如把河北瑞丰科技有限公司高效电机节能项目引入教学，共同研究节能方案，投产后可为瑞丰公司内燃机生产线整体节能25%。积极发挥学术带头人、骨干教师作用，利用产业学院资源优势，组建科研型社团，吸纳学生参与科学研究、技术创新，进一步开拓学生创新思维，推动形成学生勇于创新、乐于创新、善于创新的良好氛围，2022年，衡职院学生作品在全国十三届"挑战杯"大学生创业计划竞赛中获得优异成绩。

# 四、实施集团化办学，打造校政行企命运共同体

整合社会资源，开展集团化办学，推动校企协同创新，积极服务区域经济社会发展。

一是牵头成立河北省民族技艺传承职业教育集团。作为理事长单位，衡职院联合河北省轻工行业协会，吸收 29 所本科院校和职业院校、22 家企业，于 2018 年成立了河北省民族技艺传承职业教育集团，集团下设雕塑技能、珐琅艺术等六个专业委员会，通过整合民族技艺和职业教育资源，推动传统工艺创造性转化和创新发展，承接全国职业院校技能大赛手工艺术设计赛项河北赛区的组织工作，为河北省民族技艺传承和创新作出了积极贡献。

二是牵头组建衡水市产教融合联盟。组织衡水市职业院校、行业协会和知名企业于 2021 年成立衡水市产教融合联盟，设立专业建设与教学指导委员会、科研与技术攻关委员会、中高职衔接委员会和社会服务发展委员会，积极探索紧密型职业教育产教融合联盟办学模式，促进中高职有效衔接，推动联盟内资源优化共享，自 2021 年以来，学院与衡水市中职学校共建"3 + 2"专业 11 个，共建"2 + 2 + 2"专业 4 个。加强联盟内校企沟通共建，搭建人才交流对接平台、科研任务信息发布平台、社会服务需求平台，为联盟内校企人才双向流动、"卡脖子"技术攻关、社会需求服务提供问题解决渠道，为校企高技术技能人才提供发挥价值的舞台，实现校企互利互赢。其中，与衡水本地 25 个"专精特新"企业共建的"装备制造协同创新中心"，被确定为省级协同创新中心，近年来累计完成技术革新和项目研发 45 个，有效服务了企业技术创新和产业升级。

# 非遗保护传承的高职担当<sup>*</sup>

习近平总书记高度重视非物质文化遗产的保护与传承工作，指出，要扎实做好非物质文化遗产的系统性保护，更好满足人民日益增长的精神文化需求，推进文化自信自强。<sup>①</sup> 高职院校兼具职业教育和高等教育的双重属性，肩负着高技能人才培养、文化传承与创新等重要使命，在非遗保护传承中具有不可替代的作用。近年来，衡水职业技术学院（以下简称衡职院）围绕融入和服务区域发展，把做好地方非遗保护传承作为重要职责和使命，优化专业结构，深化校企合作，创新人才培养模式，弘扬工匠精神和非遗文化，形成了非遗保护传承的"衡职模式"。

## 一、校企合作专业共建，构建非遗教学培训体系

衡职院于 2010 年开设工艺美术品设计专业，并在《河北省高等职业教育创新发展行动计划（2016－2018）》首轮项目评审中被确认为民族文化传承与创新示范专业点。在实践探索中，学校以产教融合、校企合作为主线，以培养非遗传承人才为目标，优化专业结构、完善课程设置、加强教学实训等，重构教学与培训体系。2015 年和 2017 年，学校先后与衡水习三内画艺术有限公司、河北冀斋文化传播有限公司签约，在工美设计专业中合作开办冀派内画、木版年画方向，为两个非遗产业培养专门人才。建立基于工作过程，突出工艺品创意、制作核心能力培养，以项目包引领、实施现代学徒制为特点的专业核心课程、人才培养方案和教学标准开发，开设民族鼓、剪纸、形意拳等选修课。建立非遗教学资源库，全面系统录制冀派内

　　* 李增军．非遗保护传承的高职担当［N］．中国教育报，2023－07－18（06）.
　　本文系笔者主持的 2022～2023 年河北省社会科学基金项目"产教融合背景下地方高职院校融入区域经济社会发展路径研究"的阶段性成果。
　　① 扎实做好非物质文化遗产的系统性保护 推动中华文化更好走向世纪［N］．人民日报，2022－12－13（01）.

画和武强木版年画传承人、非遗大师 4K 高清技法教学视频，累计达 1500 多个 G，创造了以现代声像技术保护传承冀派内画、武强年画技艺的新方法、新形态。采用"校企互嵌"方式，将习三内画艺术创作基地和武强木版年画艺术创作基地引入学校，建立"校中厂""校中校"，同时在两家公司建立集教学实训、社会培训、创业就业于一体的产学研创基地，推动形成了政府、学校、行业协会、企业、非遗大师"五元融合"的教学培训体系。

## 二、建立大师工作室，打造非遗教学创新团队

遵循职业教育规律和非遗人才成长规律，衡职院积极实施非遗大师、专业教师与现代学徒制相结合的"双导师制"，大力推动教学创新团队建设。2015 年，首创冀派内画大师工作室；2017 年，再建武强木版年画大师工作室；2022 年，又新建剪纸、民族鼓、形意拳大师工作室。通过搭建平台，先后引进河北省非遗冀派内画传承人王自勇、国家级非遗武强木版年画传承人马习钦、国家级非遗深州形意拳传承人张玉林等 11 名大师，作为专业带头人打造非遗教学创新团队，依托大师工作室对 7 名工美专业骨干教师进行重点培养，指导课程设计、教材开发、教学标准建设，助其提升专业教学能力和创新能力。通过推行"双导师制"，实现非遗大师"传帮带"与专业教师"教学研"协调互动，构建了以大师工作室为核心，大师、教师和学生"三主体"共同参与的现代学徒制人才培养模式。近年来，大师工作室主持省级课题 2 项，申报专利 5 项，创造产值上千万元，并连续"三轮"成功申报河北省高等职业教育创新发展行动计划项目，取得良好的办学效益、经济效益和社会效益。

## 三、以集团化办学为依托，创建非遗连续性文化品牌

2018 年 12 月，衡职院与河北省轻工行业协会牵头，联合 52 家行业协会、企业以及本科、高职、中职院校，成立河北省民族技艺传承职业教育集团。集团以促进多元合作、服务区域民族文化产业发展为宗旨，积极构建"产教对接、多元立交、协同发展"的民族技艺传承与创新机制。各院校与行业企业深度合作，以大师工作室为平台，立足地方特色文化产业，开发"冀派内画技法""铁板浮雕技艺"等课

程，开设线上课堂，延伸公益培训阵地，加强专门人才培养。成立内画、雕塑、珐琅等专业委员会，推进专业建设，开展学术研究，举办高级研修班，探索民族技艺的传承创新路径。组织开展工艺美术大师传承创新基地院校创建活动，评选民族技艺中青年优秀人才，举办工艺设计大赛和优秀作品汇展，凝聚民族技艺传承创新的智慧和力量，有力促进了河北传统工艺振兴和创新发展。

## 四、科教融汇文创赋能，让非遗在市场中传承创新

衡职院将现代设计理念融入传统工艺，不断探索当代非遗推陈出新、有效进入市场的机制。学校积极开拓文创合作渠道，以工美专业为纽带，与习三内画公司、巽斋文传公司等企业深度合作，建立非遗资源开发及文创产品名录，推动文创设计团队、技术企业与旅游景区等资源共享、合作共赢。培育文创开发主体，以大师工作室"筑巢引凤"，支持非遗大师、专业教师、企业技术人员和学生组建文创团队，进行非遗产品和旅游商品研发，实现文创"朋友圈"持续扩展。推动非遗传统工艺创造性转化、创新性发展，打造文创品牌，如创制《天下吉祥》内画景泰蓝尊、《千里江山图》内画珐琅屏，复原武强年画染料古法提取工艺，开发内画酒瓶、内画项链等服饰和旅游纪念品，学生剪纸作品《醉美衡水源远流长》被国家博物馆收藏。同时，将非遗文创与电商带货相结合，开辟"非遗＋"跨界融合的市场化路径，推动形成了"非遗＋文创＋旅游"的新经济空间，为衡水文旅产业发展注入了新动能、新活力。2018 年，学校打造的众创空间被河北省文旅厅评为"河北省十大文化产业创业平台"。2023 年学校和合作企业联合打造的衡水内画非遗工坊被文化和旅游部等三部委评为"非遗工坊典型案例"。

## 五、弘扬工匠精神非遗文化，实现美育和劳动教育有机融合

衡职院将培育工匠精神、弘扬非遗文化，作为学生美育和劳动教育的重要载体，融入人才培养创新实践。学校依托民族技艺集团组织"河北省非遗大师进校园"系列活动，联合中国职旅打造"大国工匠·衡水大讲堂"品牌，并利用丰富的非遗大师资源开展多种形式讲座。成立年画社、内画社、剪纸社等学生社团，开辟第二课堂，在大师指导和训练实践中，涵养精益求精、追求卓越的工匠品质。组织主题沙

龙，大师和学生面对面探讨非遗文化之美，引导学生做民族优秀传统文化的传承者。将文创产品设制技能比赛纳入教学计划，定期组织比赛活动，营造"学技、精技、强技"的浓厚氛围。建立非遗研学游基地，通过提供沉浸式体验服务，提升学生的非遗文化修养。

# 四、人才培养与创新创业篇

为党育人、为国育才，是教育的根本目标，人才培养是高等学校的核心任务。本篇是笔者围绕高职院校人才培养所作的实践探索和理论思考，涉及高职学生的关键能力、人才培养体系创新、高校众创空间建设以及工匠精神的培育。衡水职业技术学院的创新创业工作在河北省乃至全国有一定影响，先后被批准为"国家级众创空间""河北省双创示范基地"等，河北省教育厅组织全省高校领导到衡水职业技术学院召开"全省众创空间建设现场经验交流会"，推广衡水职业技术学院的经验。

# 提升高职生的核心素养关键能力<sup></sup>*

当前，我国正在从制造业大国向制造业强国迈进，由"中国制造"向"中国智造"转型发展。面对新时代中国特色社会主义建设对知识型、技能型、创新型产业大军的客观需求，作为高等职业院校，要主动迎接新挑战，勇于担当培育产业链中高端人才的历史使命，以提升学生关键能力、发展核心素养为根本目标，在培养新时代技术技能人才的实践探索中不断迈出新的步伐。

## 一、始终坚持立德树人根本任务和核心价值观引领

高职院校必须立足中国特色社会主义新时代的实际，坚持以人为本、立德树人，牢牢把握培养德智体美劳全面发展的社会主义建设者和接班人的根本要求，始终把准德育工作的正确方向。把学习贯彻习近平新时代中国特色社会主义思想作为高职生思想政治教育的主线，引导学生深刻认识这一重要思想的历史地位、丰富内涵、精神实质和实践要求，不断增强"四个意识"，厚植"四个自信"。要坚持不懈地运用马克思主义的立场、观点和方法，塑造学生的世界观、人生观、价值观。特别是要通过教育引导、以文化人和实践养成，把核心价值观教育融入教育教学全过程，引导学生正确认识新时代新使命新责任，坚定理想信念，牢固树立爱国主义精神，不断提升品德修养境界，自觉做一名社会主义核心价值观的坚定信仰者和自觉践行者，在实现中国梦的伟大实践中放飞青春梦想。

---

\* 李增军. 提升高职生的核心素养关键能力［N］. 光明日报，2018－12－27（14）.

## 二、始终重视思想方法科学训练和思维方式的培养塑造

高职院校要主动适应培养新时代对知识型、技能型、创新型劳动者的客观要求，积极转变教育理念，走出"唯技为重""技能至上"的认识误区和理念误区。要加强思想方法科学训练和思维方式塑造培养，提升学生的批判性思维能力和终身学习能力。要完善课程体系，根据高职培养目标对学生关键能力和核心素养的强调，进行课程的结构性调整，对应不同专业和不同学段，开发不同的教材、教学模式和策略，研究制定从宏观的课程标准到微观的教学管理等一系列政策机制。要提升教师素质，鼓励和支持教师以校企合作为平台、以学术创新为抓手，围绕教学改革开展创新研究，营造批判性思维的氛围。要改革教学方式，采用问题式、讨论式、项目式等方法，突出教学的探究和创新特质，激发学生的创造热情。要鼓励学生慎思明辨，不拘泥于已有论断，通过独立思考和实践，完成从知识接受者到知识创造者的转变。要创新评价体系，改变评价和考试方式，把核心素养特别是其中的创新能力作为重要的评价内容与考试内容，发挥"指挥棒"的导向作用，促进学与教更多关注创新素质的培育。

## 三、始终抓好"双创"生态构建和创新创业能力提升

一般来说，学生的关键能力包括认知能力、合作能力、创新能力和职业能力。在四种能力中，创新能力排在最高端，应当将其作为关键能力培养的着力点。通过构建"双创"教育体系，将创新创业教育纳入各专业人才培养方案，打造必修课、选修课和辅导培训"三位一体"的创新创业课程链，使"双创"教育与专业教育拧成"一股绳"。要搭建"双创"实践平台，开发各专业实验实训室的项目研发和孵化功能，面向全体学生开放；可以创建大学生创业孵化基地、科技园，为其提供创新创业实战平台。要创新"双创"运行模式，建立"众创空间""孵化器""加速器"，为学生开展"双创"活动提供专业辅导、资金扶持、技术支撑、市场拓展等全方位的支持和服务。还要找准"双创"活动载体，以专业教学为依托，搭建创新创业技能大赛舞台，以赛促学、以赛促创，不断将双创实践推向新的高度。要建立"双创"动力机制，完善基于创新创业学业管理的学分制，为大学生创新创业提供

政策支持和制度保障，使学生在创新创业、践行奋斗的砥砺和奉献中实现人生价值，创造美好的人生。

## 四、始终彰显工匠文化育人特色和职业素养培育

高职院校应该进一步健全和完善校企合作培养机制，以深化现代学徒制培养模式改革、加强生产性实训基地建设、推进职教集团化办学为主要抓手，大力实施校企双主体育人，使学生在企业生产和管理实践中接受企业文化、企业家精神的熏陶，达到躬行践履、知行合一的效果，从而实现专业知识技能和职业素养精神的高度融合。实施劳模工匠进校园，邀请知名企业家、技能大师、能工巧匠、劳动模范、优秀毕业生举行报告、座谈，通过面对面交流，使学生深刻领悟"劳动光荣、技能宝贵、创造伟大"的丰富内涵，并通过这些榜样和标杆，引导和陶冶学生爱岗敬业、精益求精、砥砺奋进、追求卓越的职业品格。可以通过推进综合素质评价，紧密结合专业教学内容，引导学生正确理解和把握职业精神的根本特质，不断升华对职业理想、职业道德、职业责任、职业品质的认知。

# 高职院校"双修双创型金蓝领"人才培养体系初探<sup>*</sup>

党的二十大报告中明确指出："培养什么人、怎样培养人、为谁培养人是教育的根本问题。"人才培养是学校的中心工作，是学校发展的出发点和落脚点。作为高职院校，必须全面落实党的教育方针和党中央对教育工作总体要求，把握职业教育的类型特征，明确人才培养定位和目标，打造具有高职特色的人才培养体系。

## 一、坚持正确办学方向，把立德树人贯穿人才培养全过程

习近平总书记指出，高校立身之本在于立德树人。[①] 我们的高校是党领导下的高校，是中国特色社会主义高校。要办好我们的高校，必须坚持以马克思主义为指导，全面贯彻党的教育方针；必须坚持不懈培育和弘扬社会主义核心价值观，引导广大师生做社会主义核心价值观的坚定信仰者、积极传播者、模范践行者。

因此，我们要在办学方向这个问题上始终保持清醒头脑，牢牢站稳政治立场，任何时候任何情况下都不能有丝毫动摇。要不断加强师生的理想信念教育，引导师生坚定正确的政治方向，坚定师生听党话、跟党走的人生追求；引导学生积极投身中国特色社会主义伟大事业，在实现中国梦的生动实践中放飞青春梦想，在为人民利益不懈奋斗中实现人生价值。

要坚持德育为先的人才培养正确方向。人无德不立，育人的根本在于立德，这是人才培养的根本。我国有立德树人的传统，中国传统文化特别强调人的道德主体精神的弘扬、人的精神境界的追求；注重个人的道德修养，从而正确处理个人与家

---

* 李增军. 高职院校"双修双创型金蓝领"人才培养体系初探 [J]. 教育学文摘, 2023（12）.

① 习近平：把思想政治工作贯穿教育教学全过程 开创我国高等教育事业发展新局面 [N]. 人民日报,
2016 - 12 - 09（01）.

庭、个人与国家的关系。如《礼记·大学》整篇都是讲述"修身、齐家、治国、平天下"的道理。习近平总书记在和北京大学师生座谈时就曾引用过这句经典名言。[①]修身，就是立德树人，就是成为一个有道德教养的人。青年学生可塑性强，处于人生观、价值观、世界观还未定型的时期，扣好人生的第一粒扣子对于价值观养成至关重要。因此，我们必须把德育放在更加重要的位置，把立德树人贯穿到人才培养全过程、各环节，渗透到课堂教学、社会实践、校园文化、管理服务等各项工作的各个方面。

## 二、树立正确育人理念，把德技并修作为人才培养根本遵循

国家不仅需要学术型人才，还需要技术型人才。职业教育作为教育的一种类型，是经济发展中不可或缺的部分，也是解决技术型人才稀缺难题的有效方式。经过多年来的探索实践，职业院校逐步走上了具有职业教育特色的发展道路，逐步明确了产教融合、校企合作的办学模式，明确了德技并修、工学结合的育人机制。当前，我国正在从制造大国向制造强国迈进，由"中国制造"向"中国智造"转型发展，迫切需要培养大批技术技能人才。因此，我们必须敢于迎接新挑战，大力培养具有职业精神和职业素养的高素质技术技能人才。一方面，要顺应时代发展潮流，加强学生基础知识、技术技能训练等方面的培养，让学生从工作中来、到工作中去，在学习中工作、在工作中学习，为产业转型升级培养更多的高素质生力军；另一方面，还要走出"唯技为重""技能至上"的认识误区和理念误区，把工匠精神、职业精神融入课堂教学和技能训练中，让精益求精、追求卓越在学生心中生根发芽，让爱岗敬业、吃苦耐劳、尽职尽责在学生脑中根深蒂固。

## 三、激发人才培养活力，把双创教育融入学生成长成才

习近平总书记指出，创新是一个民族进步的灵魂，是一个国家兴旺发达的不竭动力，也是中华民族最深沉的民族禀赋。[②] 2015 年国务院印发《国务院关于大力推

---

① 习近平在北京大学师生座谈会上的讲话（全文）[EB/OL]. 中国政府网，http：/www.gov.cn/xinwen/2014－05/05/content_2671258.htm，2014－05－05.

② 习近平在欧美同学会成立100周年庆祝大会上的讲话［N］. 人民日报，2013－10－22（02）.

进大众创业万众创新若干政策措施的意见》，指出要通过加强全社会以创新为核心的创业教育，弘扬"敢为人先、追求创新、百折不挠"的创业精神，厚植创新文化，不断增强创新创业意识，使创新创业成为全社会共同的价值追求和行为习惯。当前，"大众创业、万众创新"已经成为举国关注、全民参与的话题，创新创业在全国已成燎原之势，这对于高职院校来说是一个千载难逢的机遇，我们必须适应这个大趋势，主动融入产业转型升级和创新驱动发展战略，构建"双创"教育体系、搭建"双创"实践平台、创新"双创"运行模式、建立"双创"动力机制，促使学生不断增强创新创业意识，善于创造、勇于创业，在创新创业、践行奋斗的砥砺和奉献中实现人生价值、创造美好的人生。

## 四、深化教育教学改革，打造"双修双创型 金蓝领"人才培养体系

立德树人、德技并修和双创融合，必须落实到教育教学改革上。为此，笔者提出了高职院校构建"双修双创型金蓝领"人才培养体系的构想，并付诸了办学实践。"双修"就是德技并修，是指要引领和培养学生从"尚德"到"厚德"，从"崇技"到"精技"。"双创"就是创新创业，是指要引领和培养学生从"尚新"到"创新"，从"尚业"到"创业"。"金蓝领"就是指将学生培养成具有高素质技术技能的时代工匠。培养"双修双创型金蓝领"就是要以"德的灵魂、职的基因、技的精髓、匠的品质"为内涵，通过厚德与精技的统一、高智与强能的统一，精准对接"双创"新时代对高职教育德才兼备、全面发展人才培养目标的新要求。主要有以下几项工作任务。

一是要完善人才培养方案。要围绕"双修双创型金蓝领"人才培养目标，把学生道德素养、双创素质和实践能力作为重要内容纳入专业人才培养方案，融入育人全过程。二是要优化教学内容。要根据人才培养定位和双创教育目标要求，对原课程设置进行整合、优化，从课程内容上不断完善和加强学生德能信创素质培养，推动学生从"眼中有技"向"眼中见人"转变。要把核心价值观教育融入教育教学全过程，引导学生正确认识新时代新使命新责任，坚定理想信念，牢固树立爱国主义精神，不断提升品德修养境界。要紧密结合专业教学内容，引导学生正确理解和把握职业精神的根本特质，不断升华对职业理想、职业道德、职业责任、职业品质的认知，实现从专业知识、技能到职业素养、精神的高度融合。要强化创新精神和创

业能力培养，在教学内容上彰显双创通识教育、双创专业教育和双创实践教育的全要素。三是要深化教学模式改革。要基于高职院校各专业特点，八仙过海、各显其能，围绕培养"双修双创型金蓝领"扎实开展教学改革。例如，市场营销专业可以采取"任务驱动式＋亲身体验式＋实战项目教学"模式，环艺设计专业可以采取"工作室＋项目＋大作业"模式等。四是要加强教师队伍建设。教师在"双修双创型金蓝领"人才培养体系中起着关键作用，我们常讲要给学生一杯水，必须先有一桶水。因此，要加强教师队伍建设，从学校教师中选拔一批师德师风高尚、技术精湛、具有创新潜力和创业能力的思政课教师、专职辅导员、专业教师组建专职"双创"团队，开展理论研究与技能培训，从而不断提升学校双创教育能力。五是要推行双创技能培训新模式。要坚持以赛促教、以赛促学、以赛促创，不断完善"校赛—省赛—国赛"三级梯队培养的竞争机制，定期举办科技创新、创意设计、创业计划等竞赛，形成"学—赛—创"三位一体的双创教育新生态。六是要完善教学质量评价标准。要把德技并修和创新创业效果作为重要指标纳入教学质量评价指标体系，从而形成从人才培养方案到质量标准、从课程体系到教学方法和考评方式的具有鲜明双修双创特色的教学链。七是要打造优质资源集聚平台。要积极推进大学生创业孵化基地建设，打造众创空间，积极开发各专业实训室的项目研发和孵化功能，围绕师生创客需求，综合运用创业导师教练、政策扶持、技术支撑、融投资等服务手段，组合创业服务要素，完善创业服务链。八是要加强双创特色文化建设。积极拓展双创第二课堂、举办"双创科技文化节"、组织创客沙龙等；将企业文化融入双创文化建设，以工匠精神引领学生的双创实践；大张旗鼓地树立双创典型，强化示范、引领和带动作用等，营造人人想创业、人人要创业的浓厚氛围。

# 打造创新创业教育的"衡职模式"*

近年来，衡水职业技术学院认真贯彻落实《国务院办公厅关于深化高等学校创新创业教育改革的实施意见》等文件精神，围绕培养"双修双创型金蓝领"核心目标，以深化双创教学改革为引领，以加强双创教学团队建设为关键，以搭建双创实践平台为支撑，以推动双创管理模式创新为保障，积极打造区域双修双创型高技能人才培养高地，形成了高职院校创新创业教育的"衡职模式"。

## 一、健全机制，强化保障

1. 加强组织领导，做好顶层设计。为加强双创工作的有效推进，学校成立了由党委书记、校长挂帅，学工（团委）、就业、教学、科研等部门组成的双创工作领导小组，负责研究部署和协调全校双创教育与实践活动。在组织实施过程中，党政领导班子站位全局，坚持把双创工作置于学校发展战略的高度进行谋划，不仅将其作为重项工作纳入学校《"十三五"发展规划》，而且单列学校《"十三五"创新创业规划》子规划，明确提出了双创工作的指导思想、工作目标、建设任务和保障措施。

2. 完善工作机制，强化保障措施。成立"创新创业学院"。该学院作为学校层面的专门机构，具体负责全校双创工作的总体安排、协调组织和督查落实。同时衡水职业技术学院主导成立了河北职教双创研究中心，为助推双创教育改革提供智力支持。

创办创投运营公司。学校注册成立了具备市场主体资格的衡水衡职创业基地投资有限公司，由公司直接负责大学生创业孵化基地的运营管理，并对全部入驻创业

* 2018 年 7 月 5 日，全省高校众创空间建设现场经验交流会在衡水职业技术学院召开，来自全省 100 多所本科院校和高职院校的领导参加会议，省教育厅厅长杨勇出席会议并讲话。本文是笔者在本次会议上的经验介绍材料。

相关报道可参见：全省高校众创空间建设工作推进会在衡水市召开［EB/OL］. 河北新闻网，http：//hs. hebnews. cn/2018－07/11/content_6948302. html，2018－07－11。

实体（项目）实行市场化运作。

设立双创专项经费。学校将其纳入年度预算，为开展双创教育及实践活动提供切实的财力、物力支持和保障，并特别设立了大学生双创扶持基金。

## 二、明确培养目标定位，构建双创教育体系

1. 确立"双修双创型金蓝领"培养目标。学校基于新时代发展要求、高职教育的类型特性和提升人才培养适应性的内在需要，确立了"双修双创型金蓝领"培养目标定位，"双修"即德技并修，"双创"即创新创业，"金蓝领"即高素质技术技能人才。基于这一定位，学校制定了《关于创新创业教育改革的实施方案》，把学生双创素质和实践能力培养作为重要内容纳入专业人才培养方案，融入育人全过程，并作为重要指标被纳入了教学质量评价体系。

2. 构建"五段式"双创课程体系。"五段"分别为"双创第一课（入学教育）、双创通识课程、专创融合课程、校园 VC 课程、SYB 培训"。学校围绕"专创融合课程"核心，引入优质在线开放课程，建立了必修与选修、线上与线下相结合的双创课程群，并编写了《创新创业素质拓展》《互联网销售》等系列双创教材，建立了适合不同层次学生和体现专业特色的双创案例库。

3. 将"学分制"引入双创教学改革。学校出台《学分制管理办法（试行）》，明确"学生参加创新创业……与专业学习、学业要求相关的经历、成果，可以折算为学分，计入学业成绩"。并专门制定《学生创新创业学业管理办法（试行）》，提出"优先支持参与创新创业的学生转入相关专业学习""学生在创新创业项目中成绩突出的，可申请创新创业学分认定，并可转换等值的人才培养方案课程学分"等。

4. 打造"导师型"双创教学团队。针对双创教育改革的需要，学校成立了由11 名教师组成的专职双创教学团队。同时采取多种形式，面向全体教师开展双创教育培训，支持教师下企业锻炼，丰富双创实践经验等。另外，还以外聘的形式建立了一支由知名企业家、融投资专家、行业专家等 42 人组成的双创导师团队，负责学生开展双创实践活动的专业辅导和训练。

## 三、搭建实践平台，强化资源支撑

1. 建立大学生创业孵化基地。学校在机电工程系实训中心大楼安排三层为学生

的双创实践活动场所，累计达 4100 平方米。其中五楼为创业孵化平台，四楼为项目研发平台，一楼（临街门店）为创业实战平台。孵化基地为 40 余家入驻创业企业（实体）统一配备了水、电、暖及消防安全等公共设施设备，开通了网络、电话，专门设立了会议（培训）室、商务洽谈室、项目路演室和产品展示室等。

2. 打造创业企业孵化器。学校基于打造培养中小型科技企业、促进科技成果转化和为师生创客提供资源对接的新型服务载体，先后创办了"衡水衡职科技企业孵化器"和"衡智众创空间"。新模式孵化器围绕师生创业的需求，综合运用创业导师教练、融资扶持、技术支持等手段，构建创业服务链，形成了健康有效运行的运营模式。

3. 搭建校企协同创新平台。学校以衡水特色骨干企业为主体，积极开展校企合作，与泰华伟业科技有限公司共建泰华—衡智协同创新中心，与河北可耐特玻璃钢有限公司共建可耐特—衡智复合材料研发中心，整体引进两个非遗创研基地——衡水习三内画创研基地和武强木版年画创研基地等，形成了基于产教深度融合，集教学实训、创业就业和社会服务于一体的产学研创服务平台。

4. 培塑双创技能竞赛品牌。针对学生的职业生涯规划，学校将专业技能训练和双创能力培养融为一体，纳入人才培养计划，融入专业教学，以工匠精神与"校赛—省赛—国赛"梯次训赛竞争机制为引领和驱动，构建以面为基、育优培强、层级提升的双创培训链，形成了"学—训—赛—创"四位一体的双创教育生态，营造了人人想创业、会创业的浓厚氛围。

## 四、双创激活办学活力，事业实现又好又快发展

1. 人才培养质量实现明显提升。在近些年高职办学竞争空前激烈的情况下，学校招生连续实现逆势上扬，全日制在校生超过 8000 人，办学规模达到了历史新高；毕业生初次就业率持续稳定在 96% 以上。学生参加全国、省级双创大赛，累计获得 600 多个奖项。其中经管系学生双创团队在第二届"特步杯"全国电子商务实战技能大赛中，一路过关斩将，夺得本科、高职、中职组总决赛第一名，斩获唯一终极大奖——"特步之星杯"。计算机系 2015 级学生张倍豪在 2016 年、2017 年全国大学生机器人创业大赛中连续创造优异成绩，并荣获了 2017 年首届全国高职生"阳光奖学金·特等奖"暨"践行工匠精神先进个人"称号，成为河北省唯一获此殊荣的学生。

2. 教学改革取得丰硕成果。在双创教育改革的推动下，学校建成央财支持重点专业 2 个、央财支持职教实训基地 1 个、省级高技能人才培训基地 1 个。累计立项

河北省高等职业教育创新发展行动计划项目 22 个、河北省职业教育提质培优行动计划项目 33 个。学校先后被确定为全省首批高职院校教学诊改试点、全省首批职业院校股份制混合所有制办学试点、省域高水平高职学校建设立项单位等。教学改革项目《融入区域发展的高职院校"一体多翼""一校两制"办学模式研究与实践》获得了河北省第 10 届教育教学成果奖一等奖。

3. 创业带动就业成效显著。教师领办、学生创办创业企业（实体项目）累计 80 余个，直接带动就业 600 余人。其中经济管理系学生王思艺注册成立的衡水王斯颐工艺品有限公司，在进行剪纸作品创制的同时，面向社会开展培训服务，帮助学员创业就业，被河北省妇联授牌"河北省妇女手工艺品制作创业基地"。在双创工作的推动下，学校发展了一批以世界 500 强企业为主体的大学生优质就业基地；毕业生就业质量实现了显著提升，许多学生走上社会后，发展成为公司总经理，或项目经理、销售总监、财务主管等，有的已跻身商业精英行列，更多毕业生成为所在企业的技术骨干。

4. 社会服务能力持续增强。自开展双创教育以来，学校师生双创团队累计完成技术革新和研发项目 30 余个，取得专利 60 余项。其中机电工程系与河北可耐特玻璃钢有限公司合作完成的省科技厅"高性能快速连接高压 FRP 输油管的研发"项目，为该企业创造产值 1500 万元、利税 400 万元，取得显著的经济效益和社会效益。技术开发课题"基于 ASP 的丝网网络信息服务平台的设计与开发"从安平丝网产业发展的实际需求出发，结合企业交易管理特点，为丝网企业进行网上交易搭建了供需信息平台。

# 五、双创改革铸就衡职院品牌

学校大学生创业孵化基地被评为首批"河北省大学生创业示范园"。衡智众创空间入选国家级众创空间、河北省双创示范基地、2018 年度河北省十大文化产业优秀创业平台。衡水衡职科技企业孵化器被评定为"省级科技企业孵化器"。

2018 年 7 月，受河北省教育厅委托，学校承办了"全省高校众创空间建设工作推进会"，并在大会上作了典型发言。会后，全体与会人员实地了解了衡智众创空间的运营情况。本次会议的召开，进一步提升了学校双创模式在河北省高校创新创业教育中的引领辐射作用。

# 让工匠精神涵养职业教育的时代品质<sup>*</sup>

习近平同志强调，大力弘扬劳模精神、劳动精神、工匠精神，激励更多劳动者特别是青年一代走技能成才、技能报国之路，培养更多高技能人才和大国工匠，为全面建设社会主义现代化国家提供有力人才保障。<sup>①</sup> 这一重要论述不仅对在全社会培育工匠精神提出了明确要求，也为职业教育发展指明了方向。

## 一、工匠精神的时代背景

我国自古就有崇尚和弘扬工匠精神的优良传统，一些工艺技术水平曾在世界上长期处于领先地位。如万里长城、故宫、赵州桥等许多庞大壮观的工程建造和丝绸、瓷器、家具等精美制品，都是古人工匠精神的物质固化。新中国成立以来，我们党在带领人民进行社会主义现代化建设的进程中，更是坚持大力弘扬工匠精神，并取得无数令世界瞩目的伟大创造，如"两弹一星"、载人航天工程、高铁、大飞机等的设计与制造，同样是工匠精神结出的丰硕成果。

再看国外，举世闻名的有追求精密精致的瑞士手表、讲求严谨严密的"德国制造"、注重细节完美的日本管理等。正是由于对工匠精神的尊崇和持守，才造就了这些国家名企辈出、品牌迭现。有资料显示，全球寿命超过 200 年的企业中，日本首屈一指，德国次之。这些企业长盛不衰的不二秘诀，就在于它们不约而同地把工匠精神作为企业发展的灵魂和命脉。一部产业发展史证明，只有注重培育工匠精神的企业，才能长盛不衰，立足于强手之林。

当前，在全球范围内，以云计算、大数据、智能制造为代表的第四次工业革命

---

* 本文是笔者于 2019 年 6 月 18 日在"中国梦·大国工匠"衡水大讲堂上的发言。

① 大力弘扬劳模精神劳动精神工匠精神 培养更多高技能人才和大国工匠［N］. 人民日报，2020 - 12 - 11（01）.

正在推动国际产业结构发生重大而深刻的调整和演进。在这种时代背景下，能否锻造出一流高素质工匠型产业大军，决定着制造业的未来，也决定着"中国制造"的未来。当下，中国正由"制造大国"奋勇迈向"制造强国"，转型升级的鼓点催促和激发着中国职业教育快马加鞭，培厚工匠精神的土壤，加快培养大国工匠的步伐。

## 二、工匠精神的内涵

习近平同志在全国劳动模范和先进工作者表彰大会上把工匠精神概括为"执着专注、精益求精、一丝不苟、追求卓越"①，科学界定了工匠精神的基本内涵和时代特征。应如何理解和把握？我们认为，通俗直白一点儿说，就是两个字：讲究。

何为讲究？略举一例，作以形象化的说明。在英国首都伦敦，有一条古老的街道叫萨维尔街，200多年来，这里一直是全球男装定制的圣地。裁缝店为会员定制衣服，有一个不成文的规矩：制作两件套西装，大部分工艺必须是靠手工完成，而且手工时间不能少于150个小时；必须提供2000种面料供顾客选择，并保存每一顾客的定制材料。以上例子，体现的就是讲究，这是一种把事情做到极致的劲头，是一种真正把顾客视为"上帝"的职业态度和职业修养。

## 三、工匠精神对职业教育的意义

意义之一：工匠精神是职业教育的灵魂。习近平总书记在党的十九大报告中提出，要"建设知识型、技能型、创新型劳动者大军，弘扬劳模精神和工匠精神，营造劳动光荣的社会风尚和精益求精的敬业风气"②。面对新时代的发展要求，职业教育需要为社会提供两个公共产品，一是在全社会传播、培育和弘扬工匠精神，二是培养和提供大量的工匠型技术技能人才。前者是价值导向，是灵魂、是根本，后者是培养目标，是着力点、是落脚点，这就是职业教育要担当的时代使命。

意义之二：工匠精神是职业院校学生应当具备的核心素养。当前，我国职业教

---

① 习近平. 在全国劳动模范和先进工作者表彰大会上的讲话（2020年11月24日）［N］. 人民日报，2020－11－25（02）.

② 习近平：决胜全面建成小康社会 夺取新时代中国特色社会主义伟大胜利［EB/OL］. 人民网，ht-tp：//jhsjk. people. cn/article/29613458，2017－10－27.

育的发展已进入一个新时期、新阶段、新起点。提高职业院校人才培养质量,一是看职业素养,二是看职业技能,两者中,职业素养特别是工匠精神有着更为重要的作用。大量的企业调研证明,企业人才需求更看重学生的职业素养和职业道德精神。所以,职业院校在人才培养过程中,要始终坚持把工匠精神作为职业素养培育的核心品质来对待,教育和引导学生树立"执着专注、精益求精、一丝不苟、追求卓越"的精神和品德,努力成长为新时代"德技并修"的高素质技术技能人才。

## 四、以工匠精神为核心素养的职业院校学生的基本素质结构

一是要有踏实肯干的态度。要让学生真正懂得,在这个充满创业创新机遇的时代,更需要一种脚踏实地的"匠心",需要一种不投机取巧的拙朴。当年风靡世界的阿甘精神就是目标坚定、专注执着、默默奉献、埋头苦干!任正非在谈到华为人的精神时曾这样说过,华为没那么伟大,华为的成功也没什么秘密!华为为什么成功?华为就是最典型的阿甘,阿甘就"傻",华为就是阿甘,认准方向朝着既定目标,脚踏实地,认真负责,傻干、傻付出、傻投入,从而闯出了5G技术领先全球的新境界、新天地。

二是要有严谨细致的作风。严谨细致是一个人能够成就一番事业的重要法宝。例如,新一代"长征五号"运载火箭是目前我国设计运载能力最大最强的火箭。这种火箭发动机的每一个焊接点,对焊接技术人员都是一次全新的挑战,而难度最大的就是喷管的焊接,喷管上有数百根空心管线,管壁的厚度只有0.33毫米。高凤林一丝不苟、心细如毫发,通过3万多次精密的焊接操作,将焊接停留的时间从0.1秒缩短到0.01秒,把它们编织在一起,成功解决了防止气孔沙眼发生焊漏的难题,成为火箭发动机焊接的"中国第一人"。

三是要有持续专注的定力。这对学生将来的职业生涯发展非常重要。回顾产业发展史,有很多工匠倾其一生进行钻研,去做好一件事。在我国贵州钢绳股份有限公司二分厂二钢绳车间,有一名技术员叫周家荣。他从一个农村娃进厂当工人,一干就是30多年,数十年来持续干了一件事,就是在生产钢丝绳上搞钻研、做文章,不断取得突破和创新,其工艺技术达到了国际领先水平。如今,在世界排名前100座的大桥中,就有40多座使用的是他们团队生产的产品。

四是要有追求极致的品质。以日本人若林克彦的传奇故事为例,他是哈德洛克工业株式会社的创始人。当年他还是公司一名小职员时,有一次参加在大阪举行的

国际工业品展览会，看到了一种防回旋的螺母。作为样品他带了一些回去研究，发现这种螺母是用不锈钢钢丝做卡子来防止松动的，结构复杂，价格高，而且还不能保证绝不会松动。到底该怎样才能作出永远不会松动的螺母呢？小小的螺母让若林克彦彻夜难眠。他反复钻研和试验，通过在螺母中增加榫头，发明了永不松动的螺母，并靠着这一工艺绝技而独步世界市场。

五是要有讲求效率的观念。工匠精神是一种讲求效率的精神。我们处于一个重先机、快节奏，既讲求质量也讲究效率的时代。从一定意义上说，效率就是市场、就是机遇、就是生产力、就是竞争力。虽然慢工出细活是一个普遍道理，但也不能慢工不出活，更不能延误工时，耽搁工期。有些事可以"慢揭锅"，但一定要"紧烧火"。遇事要区分轻重缓急，特别是急事不能拖，更不能延误大事要事。否则，有些事一旦拖延就会错过时机，也就失去其应有的价值和意义。

六是要有核心技艺的绝活。我们搞科研讲求创新目标，就是要创造核心技术。工匠也要有"核心技艺"，即自己的独门绝活，这样才会有核心竞争力，正所谓"一招鲜，吃遍天"。"一招鲜，吃遍天"是老百姓常说的一句俗语，原意是指厨师要有一道招牌菜肴，走到哪里都会有人来吃。后引申为拥有一门独特出色的技艺，并把这项特长做到极致，就会有出彩的口碑和很好的收获。反之，就会一事无成，用老百姓的话来说，就是"样样都会，床上无被。"

七是要有团结协作的意识。团结协作是人与人之间良好的道德行为，是一切事业成功的重要基础，也是工匠精神的应有之义。习近平总书记曾讲过，懂团结是真聪明，会团结是真本领；团结出凝聚力，出战斗力，出新的生产力，也出干部[①]。可见团结对事业成功和个人成才的重要性。所以，要教育学生懂团结、讲团结、会团结，善于将自己融入集体和团队中去，通过自己的努力在所负责的工作领域发挥积极作用。

# 五、职业院校学生工匠精神的培育路径

在历史中沉淀，在实践中锤炼，在传承中创新，自是必不可少的方面。但是，一个更为重要的途径是，作为技术技能人才培养摇篮的职业教育，要主动适应时代之需，培厚工匠精神的土壤。

---

① 习近平. 打好"团结牌"［N］. 浙江日报，2003 – 11 – 11.

一是要用工匠精神抓好环境建设，强化环境育人。校园环境由承载校园历史、精神和文化的各种物质载体构成，是学校整个教育工作的重要组成部分，具有全方位、多层次、立体化的育人功能。完善的基础设施、优雅的学习环境、浓郁的今风古韵，会对学生产生一种熏陶、感染、激励和牵引的作用；环境固化为一种文化形态后，蕴含着学校的精神文化和共同价值观，可以促使学生产生价值认同感和归属感，形成爱校乐学的向心力和凝聚力；高品位的校园环境，往往显示出一种艺术文化的魅力，特别是自然景观，一草一木、一水一石，都能带给学生美的享受和精神上的愉悦。总之，良好的校园环境能够寓精神激励于潜移默化之中，产生"润物细无声"的浸润效应。

用工匠精神打造校园环境。首先要讲究净化。整洁雅静的环境本身就是一种暗示与引领，就是一种无声的教育，"破窗效应"恰恰从相反的角度证明了环境对人的行为的教化作用。其次要讲究绿化。要运用景观生态学的理念打造校园环境，通过草坪绿地、乔灌树木、花坛喷泉、假山池塘等复层绿化以及各种色彩的和谐搭配，为学生提供休憩观赏与活动娱乐的场所。再次要讲究美化。要把审美教育作用融入环境建设，用带有文化艺术品位的景观景点营造富有特色的审美空间，让学校成为花园与公园一体、绿化与美化兼容的园林式校园。最后要讲究文化。这是校园环境的内核与灵魂。在净化、绿化、美化的基础上，更要注重打造承载学校历史与人文底蕴的文化标识，特别是要把校训、校徽、校标和先进的企业文化理念等元素融入环境建设，实现从物质层面向精神层面的升华。通过赋予静态的物质以教化的美学联想与哲理思考，达到使用功能、审美功能与教育功能的和谐统一。

二是要用工匠精神抓好队伍建设，践行言传身教。培养学生的工匠精神，关键是打造一支"工匠之师"，落脚点是干部教工以身作则、言传身教。具体说来涉及四个方面：首先，一个干部就是一面旗帜。职业院校的各级领导干部在治校理政中，要处处坚持更高标准、更严要求、更高标杆，切实增强"四个意识"，坚定"四个自信"，做到"两个维护"，在改革发展中特别是在攻坚克难的关键时刻，走在前列、干在实处、当好表率。其次，各层管理人员要树立"规范、细节、质量、科学"的工作理念，凡事都要讲尽职尽责，尽心尽力，一丝不苟；讲求在细节上下功夫，并将其贯穿于管理工作的各个环节和全过程，追求极限极致和完善完美；讲究规范化、高效率，养成动循矩法、雷厉风行的作风；讲究科学理性，既埋头实干，又会干巧干，坚决反对蛮干乱来。再次，任课教师要坚持教书育人，把以德立身、以德立学、以德立教落在实处，努力做一个善于塑造学生品格、品行、品位的"大先生"；要坚持言传身教，自觉践行"学高为师，身正为范"，处处为人师表，用自己的真才实学和人格魅力在传道授业解惑中启发学生、引导学生、感染学生。最后，后勤人员要积极践行服务育人理念，着力提高工作能力及服务水平，以严谨的工作作风、优质的细节服务和良好的精神面貌，为学生的学习、生活提供高质量的服务保障。通过全校全员凝聚育人合力，实现工匠精神的全方位、全过程渗透和培育，积极引领学生工匠精神的养成。

三是要用工匠精神抓好文化建设，实施以文化人。职业教育不能只重视专业知识和技术技能的传授，还必须重视文化的润泽与涵养。文化是看重分析、判断、良心、质量、真理、善恶、标准、规范的，其终极目标指向的是培养学生做一个高素质全面发展的人。而工匠精神是职业文化的核心和灵魂，所以，我们的职业教育必须将工匠精神融入校园文化体系建设。工匠精神培育的实质是以文化人，文化育人的特点在于"润物细无声"般的浸润与渗透。职业院校在校园文化建设中，要坚持以工匠精神培育为切入点，围绕立德树人主线开展内容丰富、形式多样的校园活动，特别是要将企业文化和工匠精神融入以文化人，在教育教学中尊重与推崇职业精神，提倡与坚持规范操守，用工匠精神指引学生人生追求的价值取向，领悟"劳动光荣、技能宝贵、创造伟大"的深刻内涵，陶冶爱岗敬业、精益求精、砥砺奋进、追求卓越的职业品格，从而达到躬行践履、知行合一，实现从专业知识、技术技能到职业素养、职业精神的高度融合和不断升华，努力成长为一个技艺精湛、具有现代工匠精神的专门人才。

四是要用工匠精神抓好主渠道建设，创新课程系统。职业教育要实现"大国工匠"的培育目标，必须构建起与之相应的课程体系，这是主渠道。首先要加强思想政治工作，整体优化思政课建设，同时积极探索"课程思政"有效途径，扎实实施教学改革，推进"教材体系""教学体系"向"信仰体系"转化，把"铸魂工程"融入教学全过程，落实落细。其次是按照培养"知识型、技能型、创新型"优秀职场人才的目标定位，依据其可持续发展的能力和素质要求，进一步完善面向职场的课程体系，大体应当包括三种类型，即专业课程、通识教育课程和创新创业课程。这三类课程不是简单的机械叠加，而是要实现充分的有机融合，也就是要保持目标同向、达到内容互补、实现相互渗透。专业课程一般可分为三个层面，即基础通用课程、专业平台课程和岗位导向课程。专业课程建设要坚持以工匠精神培育为导向，以技术技能培养为主线，通过学生的发展聚焦、能力递进、素质贯通，实现从宽口径职业领域到专门化就业岗位的系统培养。通识教育课程旨在克服单纯专业教育的局限性，引导学生广泛涉猎不同知识领域，达到文理兼修、交叉选课，促进人文素质与科学素质的交融，促进学生的人格健全、身心和谐、心智丰盈、全面发展。创新创业课程要着眼全覆盖、成体系，从双创基础课，到专业融入课，再到实践实战课，依次递进、有机衔接，同时既要重视挖掘已有专业课程的创新创业内涵，更要加强对建设更多与数字化时代相适应的创新创业金课的谋划，不断强化学生创新精神、创新人格和创新创业素质的培养。最后是优化人文课程建设，加强学生人文素质的培养，通过帮助学生完善知识结构，引导他们了解历史、认识社会、体悟人生，不断提升人文情怀和道德素养，塑造美好的心灵和品格。

# 五、混合所有制办学篇

职业院校股份制混合所有制办学，是职业教育重大实践探索和理论创新。衡水职业技术学院交通运输学院作为河北省政府确定的河北省职业院校股份制混合所有制办学试点单位，笔者亲自领导和推动了试点工作的开展。笔者还在实践探索的基础上进行了理论思考，主持了河北省教育科学"十三五"规划重点课题"高职院校混合所有制办学路径研究"，并出版专著，本篇收录了笔者在混合所有制办学方面撰写的理论文章。

# 职业院校混合所有制办学的实践路径与政策建议[*]

## ——基于衡水职业技术学院混合所有制办学的改革实践

《国家职业教育改革实施方案》提出："支持和规范社会力量兴办职业教育培训，鼓励发展股份制、混合所有制等职业院校和各类职业培训机构。"近年来，衡水职业技术学院（以下简称衡职院）主动把握政策机遇，以创办混合所有制二级学院交通运输学院为主引擎和驱动力，应对挑战，积极探索，改革创新，破解困局，被确定为河北省首批职业院校股份制混合所有制办学试点单位。

# 一、寻路：为什么要实施混合所有制办学模式改革

## （一）面临现实困境

衡职院是一所市属公办高职院校，选择和确立混合所有制改革的目标和路径，是外部环境和内部条件使然。

从外部环境来看，衡水地处黑龙港流域连片贫困带，长期以来，经济社会发展在河北省处于相对落后状态，2018 年度河北省 11 地市国内生产总值（GDP）总量排名中，衡水列第 9 位，财政收入排名列第 10 位，有部分经济指标排在末位。因此，市属院校发展缺乏雄厚财力支持和强大物力支撑。

就内部条件而言，衡职院前身为创办于 1923 年的河北冀县师范学校，2001 年改制升格。虽然有历史、有传承、有发展，但也面临教育教学资源紧缺、体制机制不活、办学活力不足等多重压力。特别是在国家大力推进职业教育高质量发展的大背景下，一些制约学校发展的深层次问题越来越凸显。一是先天性不足致使发展空

---

* 李增军，麻士琦. 职业院校混合所有制办学的实践路径与政策建议——基于衡水职业技术学院混合所有制办学的改革实践［J］. 中国发展观察，2019（20）.

本文被"学习强国"公众号转发。

间受限。学校最初按 2000 名在校生规划设计，校园占地 160 余亩，迄今周围再无寸土扩展余地，长期处于资源紧张窘况。且教师数量与专业结构也越来越不适应学校发展的需要。二是产教融合停留在浅层次，主要表现为专业建设与产业需求对接不密切，学校供给侧与企业需求侧存在错位或脱节，校企合作水平较低，没有真正把产教融合渗透入人才培养全过程。三是办学活力不足。现代学校制度尚不健全，办学体制机制不能适应产教融合发展需要，学校发展缺乏内生动力。

## （二）创新发展理念

如何突破办学瓶颈，走出一条跨越发展之路呢？衡职院党政班子认为，必须以创新思维、改革思路和超常举措突破传统思想观念的束缚和藩篱，并形成如下共识：一是必须在融入地方经济社会发展中找出路，紧盯地方发展需求，对接地方产业升级，借力地方政府资源；二是必须在深化产教融合中找出路，提升校企合作水平，搞好专业共建，改革人才培养模式；三是必须在引入市场机制中找出路，借力社会资本，加强战略合作，推进体制机制转型。

在这一办学思想的牵引下，衡职院在办学实践中逐渐形成了具有自身特色的发展理念和模式。其主要内容包括：一是确立"扬长补短"新理念，即找准改革的主攻方向和突破口，有的放矢、精准发力、凝练特色，把长板打造得更长，把短板提升和补齐，以深化体制机制改革推动转型，实现高起点上的新发展。二是提出"融入地方"新思路，即坚持校区建在园区内、专业办在产业上、办学活在机制上。三是实施"一体多翼"新战略，即在推进校本部强内涵、提质量的同时，加强政校企合作，利用政府资源和社会资源，在校区发展上进行多点布局，打造衡水交通运输学院（武邑）、衡水工匠学院（桃城区）和衡水马术学院（安平）三个二级学院。四是构建"一校两制"新机制，即大力推进办学体制机制改革，校本部保持公办性质，努力做特做强，同时积极引进社会资本，共建二级学院，实行混合所有制办学。五是坚持"五个坚定不移"新路径，即坚定不移地加强校企合作、实施现代学徒制、推进集团化办学、开展创新创业、探索开放办学。

## （三）实施寻路探索

基于上述办学理念和模式，衡职院坚持混合所有制办学方向，积极面向市场抓改革，努力构建有融合力、生命力的校企紧密合作、产教深度融合机制。

一是引企入校，推行业岗对接制。衡职院坚持"不为所有，但求所用"原则，积极运用市场机制和办法引企入校，开展订单式培养。目前 6 个系的 31 个专业都有对应的合作办学企业，校企双方共同制定招生方案和培养方案，实现了招生即招工、入学即就业，确保了人才培养"规格"与企业岗位"口径"相一致。

二是共建专业，实施项目管理制。衡职院实行以项目为导向的教学方式和公司化管理模式，企业全程参与招生、管理、课程开发、质量监控、毕业生就业以及相关事项决策；自主安排硬件投入和设备配置；专业核心课程由企业选择教学模式，企业技术人员讲授；学生管理实行主辅制，由企方班主任和校方辅导员共同负责学生工作。

三是深化融合，探索集团办学制。衡职院围绕创新产教融合机制，积极推进政校企合作，促进教学链、人才链与产业链、创新链紧密对接。2016年，与衡水市交通局、武邑县政府共同创建了企业法人型的衡武交通运输职教集团。在建立健全集团内部治理结构和运行机制、提升内部聚集能力、促进集团成员之间深度合作和协同发展的基础上，围绕产权制度改革和利益共享机制建设进行了积极而有益的尝试。

通过上述实践探索，为推进混合所有制办学模式改革积累了经验、创造了条件，进一步明确了体制机制改革的发展方向和实践路径。

## 二、破题：扫除混合所有制办学模式改革的羁绊

实践新的发展理念和模式，关键在于推进混合所有制改革，实现办学体制机制上的实质性突破。

### （一）痛点和难点：传统观念桎梏和体制机制障碍

实施混合所有制改革，面临一系列现实问题需要破解。从共性和个性两方面考量，有"四个痛点"和"三个难点"。

共性方面的四个痛点是：

一是理论上说不清。如混改后办学属性如何？注册登记为企业法人、机关事业法人，还是社会团体法人呢？营利性法人和非营利性法人如何界定？一系列问题亟待理论研究上的突破和明晰。

二是法律上无规定。现行《中华人民共和国教育法》（以下简称《教育法》）、《中华人民共和国高等教育法》（以下简称《高等教育法》）、《中华人民共和国职业教育法》（以下简称《职业教育法》）以及《中华人民共和国民办教育促进法》（以下简称《民办教育促进法》）等，对"发展股份制、混合所有制职业院校"都没有作任何明确界定和规范表述，甚至有些条款已然对推进改革形成限制和束缚。

三是政策上不衔接。如改制后校企产权如何界定？公办院校的领导干部特别是主要负责人能否在董事会担任领导职务？学校能否继续在办学用地、生均拨款、人员编制等方面享有公办院校的相关待遇？一些现实问题困扰着改革的深化和发展。

四是思想上有顾虑。政府顾虑国有资产会不会流失，教育的公益性能否保障；学校顾虑有无政治风险，办学自主权能否保证；企业顾虑投资能否回报并获得收益，能否获得办学话语权等。因而导致各方瞻前顾后、等待观望。

个性方面的三个难点是：

一是资金缺口巨大。衡职院规划创办的三个二级学院均为新建校区，每个办学点都需要数亿元的资金投入。例如，建设中的衡水交通运输学院占地近 300 亩，建筑面积 10 万余平方米，总投资 3 亿多元。筹集如此巨额建设资金，需要开辟多元融资渠道，扫清社会资本进入的障碍。

二是引企入教困难。衡职院为推动混合所有制办学，曾多方寻找合作伙伴，而且最初有几家颇具实力的企业表现出强烈的兴趣，但终因缺乏利益保障而退却。推进混合所有制改革，需要在制度设计和改革举措上出新招、出实招，方能吸引社会力量投入办学。

三是政策保障缺位。在推进三个二级学院建设中，项目建设用地、办学自主权保障、内部治理结构、办学收益分配、干部人事管理等一系列问题，都缺乏政策和制度层面的支持与保障，需要健全和完善相应的制度体系。

## （二）借力政策东风：省政府出台《试点方案》推进混改发展

2019 年 2 月，河北省政府出台《职业院校开展股份制混合所有制办学试点方案》（以下简称《试点方案》），为深化职业教育体制机制改革带来历史性机遇。《试点方案》具有以下五大亮点。

一是明确试点任务。鼓励有条件的公办职业院校和社会力量共同以资金、土地、设施、装备、人才、知识、技术、管理等有形资产和无形资产为办学投资要素，合作开展股份制、混合所有制职业院校或二级学院试点。明确了校企双主体地位。

二是厘清关键问题。强化问题导向，对办学权益保障、产权变革路径、治理模式构建、收益分配办法、人事管理制度等，提出了可操作的规定和举措。

三是制定支持政策。内容涉及扩大和保障办学自主权、给予建设资金支持、按比例享受生均拨款、实施税收优惠、核定事业编制等。

四是加强部门协同。河北省政府专门成立了"河北省职业院校股份制混合所有制办学试点工作领导小组"，协同发改、教育、民政、财政、人社等相关部门建立健全工作协调机制，负责遴选审核办学试点，协调解决工作推进中的重大问题。

五是鼓励试点院校首创精神。建立健全容错纠错机制，鼓励试点院校向创新要动力，敢试敢闯，提升办学活力，发挥先行先试、带头示范作用，积极打造一批具有广泛影响力的河北品牌。《试点方案》的出台为河北职业院校推进体制机制改革提供了重要依据和遵循原则。

### （三）实施关键突破：营造混合所有制办学创新生态

衡职院以《试点方案》为依据，坚持从实际出发，围绕实现办学体制机制新突破进行了积极实践。

一是建立股份制，搭建新型融资平台，集聚公私两类资本。在探索和实践中，学校依托自身的有形资产和无形资产，同时借力政府的政策支持，以股权式融资方式撬动社会资本对二级学院的投入，形成了学校、政府和企业的多元投资机制。

二是创新合作制，推进政校企深度合作，化解资源不足难题。按照依法、自愿、有偿的原则，政府在用地和政策上予以支持，企业在资金和设备上加大投入，学校在办学资质和资源上予以保障，构建起了三者之间的新型合作模式。

三是实行公司制，健全法人治理结构，完善现代学校制度。在办学体制机制上，坚持党的全面领导，建立健全董事会、院行政、监事会"三位一体"的治理结构，形成了决策权、执行权和监督权相对独立、相互协调和有效制衡的运行机制。

以上问题的破解，为构建有发展力、生命力的混合所有制办学模式奠定了基础。

# 三、模式：打造具有内生动力的混合所有制二级学院

衡职院确定的基本路径是：突出特色，聚力创新，积极构建资金投入多元化、治理结构法人化、治理机制市场化、学校制度现代化"四化一体"的办学模式，充分彰显办学体制机制改革的探索性、创新性和突破性。下面以省级股份制混合所有制办学试点衡水职业技术学院交通运输学院为例，作简要分析和介绍。

### （一）明确办学发展定位

一是办学性质定位。衡职院和衡水市交通局、武邑县政府与社会资本方合作，共同创办营利性的混合所有制二级学院。

二是办学目标定位。衡水交通运输学院建成后，可满足4000名全日制在校生的教育教学及生产性实训，并可面向社会提供多元专业化服务。

三是专业发展定位。立足衡水、面向京津冀等地区，打造公路、铁道、航空等运输类专业群，以及其他适应区域新兴产业、支柱产业、优势产业发展需求的特色专业。

四是办学功能定位。通过打造生产性公共实训基地，搭建集产学研训结合、大学生创新创业、1+X证书、职业资格技能培训与鉴定、对外技术服务、"双师型"师资培训等多功能于一体的服务平台，推动开放共享，服务区域经济社会发展。

### （二）建立多元股权制度

一是股东构成。构建和打造"1+1+N"多元股东结构，其中第一个"1"为衡职院和衡水市交通局、武邑县政府；第二个"1"为社会资本方；"N"为若干校企合作单位。

二是清产核资。合作各方共同委托具有评估资质的中介机构依法进行资产评估，根据评估结果作出产权界定，合理确定出资额，并作为出资及办学收益分配的依据。

三是明晰股权。各投资方的股权比例为：衡职院以资金、设备、无形资产等方式出资入股，占股约55%；衡水市交通局以资金、无形资产等方式出资入股，占股约5%；武邑县政府以资金及土地使用权作价出资入股，占股约10%；社会资本方出资3亿元，其中1亿元作为入股资本，占股约30%，其余2亿元为融资代建资金。从而形成了基于"产权、股份和收益"的稳固且深度的新型合作关系和命运共同体。

### （三）构建内谐治理模式

一是制定运行规则。规则包括交通运输学院《章程》《党总支议事规则》《董事会议事规则》《监事会议事规则》《院务会议事规则》《教职工代表大会工作规程》《内部质量保证体系》等，健全完善制度体系。

二是优化治理结构。成立交通运输学院党总支，设委员7人，其中书记1人，副书记1人。成立董事会和监事会，董事会成员9人，其中董事长1人、副董事长2人；监事会成员3人，其中主席1人。组建行政领导班子，院长1人、副院长4人。建立内设机构，设党政办公室、党群工作部、教学管理工作部、财务后勤工作部、学生工作部、对外合作部6个部门。

三是健全激励机制。明确交通运输学院的项目收益，包括学费、培训费、生产经营性收入等，作为经营性收入主要用于学院建设、股份分红和教师绩效奖励。

通过推动法人治理结构的改革和优化，实现了交通运输学院办学主体的实质性"蝶变"。

# 四、期待：国家层面的顶层设计

关于职业院校股份制混合所有制办学改革，经历了从 2014 年《国务院关于加快发展现代职业教育的决定》提出"探索发展"到 2019 年《国家职业教育改革实施方案》明确"鼓励发展"的历史过程，但国家层面的相关安排依然限于原则性的表述，均未就实施政策及落地措施作出具体规定和要求。河北省虽然出台了《职业院校开展股份制混合所有制办学试点方案》，提出给予组合式政策支持，但受上位法规和政策的限制，在执行过程中仍然感到困难重重。从国家层面出台有关法规和政策，已是当务之急，为此，提出如下建议。

一是强化理论供给与支撑。引导教育界、产业界、学术界解放思想，更新观念，加强职业教育股份制混合所有制理论研究，从源头上解决理论供给不足的问题，为法律、政策、制度等顶层设计奠定坚实的学理基础。

二是完善法律法规体系。建议在国家层面出台相关法律法规，在办学的法律地位、机制属性及管理体制等方面作出明确界定，为股份制混合所有制办学提供法理依据和切实保障。

三是加大政策支持力度。财政方面，明确地方财政对新建股份制混合所有制院校给予建设资金支持和一定过渡期内的运营补贴要求，并允许其按股权比例享受公办院校生均拨款政策。税收方面，落实社会力量兴办教育的现行优惠政策，并出台支持股份制混合所有制办学的税收优惠。金融方面，引导和支持金融机构创新服务模式，开发适合股份制混合所有制办学项目特点的多元融资品种。土地方面，允许其享受公办院校的用地政策或制定更为灵活的政策措施等。同时大力改善和优化社会资本投入职业教育的政策环境。

四是扩大办学自主权。着眼于增强股份制混合所有制院校的办学活力，在专业课程设置、师资选聘、人员编制、绩效管理、薪酬发放、机构设置、招生及收费等方面，允许其拥有更大的自主权，并积极构建从中职、高职到应用技术类的本科、研究生的人才培养上升通道。

五是创新管理体制机制。股份制混合所有制院校实行党委领导下的董事会管理模式。公办院校党政领导干部可在其中兼任领导职务或进入董事会。对校企产权明确政策界限和操作程序，明确收益分配方式，以调动社会资本参与混合所有制办学的积极性。

# 混合所有制办学需要厘清的几个问题<sup>*</sup>

在国家鼓励发展职业院校混合所有制办学的大背景下，地方政府和高职院校的积极性空前高涨，发展势头方兴未艾。然而，在理论、制度和政策的层面，高职院校混合所有制办学有一些问题亟待进一步厘清。

## 一、类型之争：公办还是民办

办学类型的确定是高职院校混合所有制办学的基本问题，它决定学校的性质界定、法律适用和政策规定。

目前，高职院校的办学类型有两类，即公办学校和民办学校。公办学校由政府或政府所属单位以国有资本或集体资本投资举办，民办学校由企业、社会组织或个人以非公有资本投资举办。那么，既有公有资本又有非公有资本的混合所有制高职院校应该属于什么办学类型呢？这个问题无论是在理论上还是在实践中，都有不同的意见和争论。笔者认为，在混合所有制高职院校办学类型的定位上，要跳出"非公即民"的线性思维，把它作为一个独立的办学类型来思考。公投公办，我们称之为公办学校；民投民办，我们称之为民办学校；多元主体共投共办的高职院校，我们可以称之为共办学校。这样，高职院校的办学类型就有了三种形态，即公办学校、民办学校和共办学校。

从法律适用和政策规定来看，公办学校有《教育法》《高等教育法》《职业教育法》等法律法规来规范，同时，公办学校也比民办学校有更大的政策资源空间。民办学校除受教育类法律法规制约外，还有《民办教育促进法》专门来规范，同时，民办学校比公办学校有更大的机制优势。混合所有制的共办学校，目前尚无专门的

* 李增军. 混合所有制办学需要厘清的几个问题［J］. 人民周刊，2020（20）.

法律来规范，笔者建议可以参照《民办教育促进法》来规范，同时按照有利于发展的原则，混合所有制高职院校应当既享受公办学校的政策优惠，又发挥民办学校的机制优势。

## 二、属性之惑：营利性还是非营利性

法人属性的选择是高职院校混合所有制办学的根本问题，它决定学校的设立模式以及权利和义务的法律边界。

《中华人民共和国民法总则》（以下简称《民法总则》）把法人分为营利法人和非营利法人两种类型，并明确"营利法人包括有限责任公司、股份有限公司和其他企业法人等""非营利法人包括事业单位、社会团体、基金会、社会服务机构等"。《民办教育促进法》指出："民办学校的举办者可以自主选择设立非营利性或者营利性民办学校。"根据这两部法律，公办高职学校要登记为非营利性事业单位法人，民办高职院校可以选择设立为营利性学校也可以选择设立为非营利性学校。

在现行法律框架下，混合所有制高职院校在法人设立上，要遵照《民法总则》的规定、参照《民办教育促进法》的有关条款来确定。学校举办者可以自主选择为营利性或者非营利性，如果设立为非营利性法人，举办者不能取得办学收益，学校的办学结余必须全部用于办学，但会得到更多的政府支持和政策资源；如果设立为营利性法人，举办者可以取得办学收益，学校的办学结余依照有关规定处理，但由于有公有资本的参与，营利性法人的设立会有更多的法律障碍和政策风险。

从法律规定和办学实践出发，混合所有制高职院校可以选择设立为两类法人和三种登记方式。一类是设立为营利法人，登记为企业法人；另一类是设立为非营利法人，登记为事业单位法人或者社会法人（民办非企业）。虽然学校有选择空间，但举办者要权衡利弊、综合考虑。

## 三、治理之道：教育规律与市场逻辑

治理体系的建构是高职院校混合所有制办学的核心问题，它决定学校的运行模式和治理目标的实现。

按照《高等教育法》的规定，公办高职院校的治理结构实行党委领导下的校长负责制，校长是法定代表人；按照《民办教育促进法》的规定，民办高职院校的治理结构实行董事会或理事会领导下的校长负责制，董事长、理事长或校长为法定代表人。混合所有制高职院校由公有资本和非公有资本共同举办，既不能简单套用公办学校的治理模式，也不能完全照搬民办学校的治理模式，到底实行什么样的法人治理结构，在法律上没有规定，在实践中是个难题。

混合所有制高职院校既然兼有公有和非公有两种资本，那么在治理结构的设计上，就应当发挥公办和民办两种优势，遵循教育规律和市场机制两种逻辑。从教育规律来看，混合所有制高职院校作为中国的高等学校，必须扎根中国大地办教育，必须坚持党的全面领导，必须坚持社会主义办学方向。同时，高职院校混合所有制办学又是市场经济条件下的新事物，应当坚持市场导向，提升办学活力。从理论上来看，实施对混合所有制高职院校治理的权力来源也是两个方面：一是政府作为出资人赋予学校的办学权和管理权；二是投资主体多元带来的所有权和经营权的分离并由此形成的学校法人财产权。

在办学实践中，混合所有制高职院校的治理结构形成了多种模式，也暴露出不少问题，特别是校党委、董事会、行政团队以及监事会的关系难以理顺，这和各个学校的举办者身份不同及资本结构有很大关系，也是现在混合所有制办学法律法规不配套的必然结果。当然，让所有混合所有制高职院校运用一个治理模式既不现实也没有必要，但作为出资者与决策者、执行者之间监督与约束关系的制度安排，融合高校和公司两种治理优势，笔者认为，混合所有制高职院校的治理结构应该构建四个系统，即领导和权力系统（校党委、股东会）、决策和指挥系统（董事会或理事会）、执行和管理系统（校长领衔的行政团队，包括校务委员会、学术委员会）、民主和监督系统（监事会、纪委、职代会、工会）。在此原则下，应当根据学校法人属性和股权结构，构建因校而异、各具特色的治理体系。

## 四、初心之问：教育的公益性与资本的逐利性

一个不可回避的问题是，高职院校混合所有制办学如何处理好教育的公益性和资本的逐利性的关系。

习近平总书记指出，培养什么人，是教育的首要问题。[①] 这一重要论述深刻揭

---

① 习近平：坚持中国特色社会主义教育发展道路 培养德智体美劳全面发展的社会主义建设者和接班人 [N]．人民日报，2018－09－11（01）．

示了教育的本质，也展示了教育的初心，即教育是培养人的活动。教育的本质决定了教育的公益性，即教育以满足公共利益为最大目标，不论是公办院校，还是民办院校，或者是混合所有制院校，在这个问题上应该是一致的。

逐利性是资本的"天性"，也是资本的"初心"。资本进入教育领域，产业资本和教育资本的融合，或者产业资本向教育资本的转化，并没有改变资本逐利性的本质。

如何把教育的公益性和资本的逐利性有机统一起来，是混合所有制高职院校持续健康发展必须处理好的问题。服务公共利益、承担社会责任、培养有用人才，要成为混合所有制高职院校首要的价值追求。同时，要建立非公资本的回报制度，特别是对非营利学校应该从法律上解决非公资本的回报、流动和退出机制。只有这样，高职院校混合所有制改革才能行稳致远。

# 五、发展之困：方向明确与制度缺失

职业教育改革有两个重要方向：一个是深化产教融合、校企合作；另一个是由以政府举办为主向政府统筹管理、社会多元办学的格局转变。高职院校混合所有制办学，无论是对产教融合还是社会多元办学，无疑都是最有效的实现形式。国务院文件也经历了从"探索发展"到"鼓励发展"的历史过程，发展职业院校混合所有制办学的方向是明确的。

然而，在高职院校混合所有制办学实践中却面临着制度缺失的严重困境。首先是理论上的困惑，在一些重要问题上说不清、有争议；其次是法理上的尴尬，存在无法可依、无章可循；最后是政策上的模糊，存在互相"顶牛"、不衔接、不配套。

当务之急是加强顶层设计，强化制度建设，使高职院校混合所有制办学有理有据、有章可循、有法可依。要健全法律法规体系，对现行《职业教育法》《民办教育促进法》等进行修订，出台混合所有制办学条例等新的法规或条例。要完善配套政策体系，各级都要出台混合所有制办学的扶持政策，在资金、土地、办学自主权等方面予以支持。在政策法规尚未理顺的情况下，要按照鼓励发展的原则，多开绿灯、少设红灯，在发展中规范、在规范中发展。

# 高职院校混合所有制办学探析[*]

高职院校混合所有制办学已经成为职业教育理论研究的热点之一。本文聚焦高职院校混合所有制办学瓶颈破解和路径选择，展开系统而深入的理论和政策研究，并提出相应对策建议。

## 一、高职院校混合所有制办学的背景

1. 理论溯源：党对马克思主义所有制理论的创新发展。所有制问题是马克思主义理论的一个基本问题。马克思主义认为，人类的生存和发展离不开物质生产，任何物质生产都是在一定的生产关系中进行的。人们在生产过程中与自然界发生关联的同时，相互之间也形成一定的生产关系。其中，生产资料所有制居于主导地位，发挥着决定性作用，构成全部生产关系的基础。人类的社会实践表明，在任何社会历史阶段，社会生产都是为生产资料所有者服务的，生产资料所有制决定着生产的目的，决定着生产关系的性质，也决定了这个社会的性质。马克思、恩格斯正是基于对所有制问题的深刻洞察，在《共产党宣言》中提出了共产主义运动的基本问题是所有制问题的科学论断。

自党的十一届三中全会以来，我党坚持马克思主义中国化，基于社会主义初级阶段的客观分析，积极推动中国特色社会主义所有制理论创新，其核心是对公有制经济、非公有制经济和混合所有制经济及其三者相互关系的科学认识和丰富发展。党的十五大指出，以公有制为主体、多种所有制经济共同发展的所有制制度是社会主义基本经济制度的重要组成部分；党的十六大提出，除必须由国家独资经营的极

———————————

  * 李增军，李建广，张露颖．高职院校混合所有制办学探析［J］．教育与职业，2021（24）．
  本文系李增军主持的河北省教育科学研究"十三五"规划重点资助课题"高职院校混合所有制办学路径研究"的研究成果。

少数企业外，应当积极推行股份制，发展混合所有制经济。进入新时代，以习近平同志为核心的党中央创造性地发展了中国特色社会主义所有制理论。党的十八届三中全会通过的《中共中央关于全面深化改革若干重大问题的决定》明确指出，"国有资本、集体资本、非公有资本等交叉持股、相互融合的混合所有制经济，是基本经济制度的重要实现形式"；党的十九大报告进一步提出"深化国有企业改革，发展混合所有制经济，培育具有全球竞争力的世界一流企业"的目标要求。实践越来越证明，发展中的混合所有制经济已经成为我国社会主义市场经济的重要组成部分。

2. 现实之需：破解高职院校创新发展的深层问题。第一，创新办学体制，增强发展活力之需。自改革开放以来，我国职业教育取得快速发展，特别是高职教育已占据高等教育的半壁江山，成为我国现代教育体系中的一个重要部分，但是，由于传统办学体制机制的影响，办学主体单一、管理行政化、产教脱节等问题越来越突出，导致形成发展中的三大瓶颈，即投入不足、体制不活、内生动力不强。实施混合所有制办学，一是通过产权主体多元化，打破原有单一的所有制形式，构建多元投入机制，可以吸引社会资本投入高职教育，从根本上改变一切依赖政府的惯性模式；二是通过构建分权制衡的治理模式，推动办学体制创新，建立多元兼容、优势互补、富有效率的运行机制，从而运用市场手段激活高职院校的内生动力，把学校打造成具有活力的市场竞争主体；三是混合所有制高职院校作为一种新型的教育组织形态，在服务发展上具有更为鲜明的指向性，它以产权的混合方式推动高职院校深度融入经济社会发展，紧密对接经济社会需求提供高质量的教育产品，不断提升办学适应性。

第二，促进校企合作，深化产教融合之需。校企合作、产教融合是职业教育的类型特色，也是职业教育的发展方向。从目前总体实践效果来看，高职院校的校企合作依然停留在浅层次，产教融合还处于低水平。究其根源，在现行办学体制下，企业的办学主体地位尚未真正落实，致使职业院校与企业之间关系松散，合作效能低下。实施高职院校混合所有制办学，构建教育资本与产业资本的"共办模式"，依法明确企业的办学主体地位，有利于促进学校与企业建立基于责任、义务和利益的契约关系，在一个"命运共同体"内，整合产教双方的诉求，实现根本利益上的相通共赢、办学行为上的同频共振，从而达到真正意义上的深度合作与融合。

第三，转变办学格局，实现发展转型之需。没有职业教育的现代化，就没有教育的现代化。而推动职业教育从主要由政府举办向社会多元办学的制度性转变，是构建现代职业教育体系、促进职业教育迈向现代化的重要途径。基于此，《国家职业教育改革实施方案》明确提出，经过5～10年时间，职业教育基本完成由政府举办为主向政府统筹管理、社会多元办学的格局转变。要实现这一目标，关键在于抓住"利益"和"资本"两个纽带，以股份制、混合所有制改革为抓手，创新职业院校的组织形式和运行机制。推动高职院校办学体制改革，突破单一公有制的框架，可以吸引各种形式的社会资本按照利益共赢、风险共担的原则实质性参与投资办学，实现不同所有制经济主体"共投共办"，从而形成一种全新的所有制结构及治理模式。这样不仅会推动职业教育的办学格局之变，也有利于打造高职院校的类型特色，提升办学适应性。

3. 顶层设计：为高职院校混合所有制办学注入强劲动力。第一，提出探索发展股份制混合所有制职业院校。2014年6月，《国务院关于加快发展现代职业教育的决定》首次将"股份制、混合所有制职业院校"的提法写入政府文件，标志着"混合所有制""股份制"两个概念从经济学领域引入职业教育，也标志着一些地方职业院校混合所有制办学的探索实践得到正式认可。第二，制定"组合式"政策措施引导激励。2017年12月，《国务院办公厅关于深化产教融合的若干意见》提出拓宽企业参与途径，鼓励有条件的地区探索推进职业学校股份制、混合所有制改革，明确要求通过完善政策体系，综合运用投资、财税、用地、金融等手段，在各个层面和方面支持职业教育体制机制创新。第三，推动混合所有制办学进入发展新阶段。2019年1月，《国家职业教育改革实施方案》明确提出"鼓励发展股份制、混合所有制等职业院校和各类职业培训机构"。从提倡"探索发展"到明确"鼓励发展"，表明职业院校混合所有制办学从试验试点开始进入示范推广的新阶段。

## 二、高职院校混合所有制办学面临的现实困境

目前，在国家发展职业教育政策的引导下，一些地方政府正在积极推动职业教育混合所有制改革，职业院校、社会资本也都表现出空前热情。然而，在实践推进中，高职院校混合所有制办学依然面临理论、政策和法律等方面的多重困境。

1. 理论创新供给滞后。混合所有制高职院校是一种新型的教育组织形态，有关研究还处于探索阶段，特别是其中的一系列基本问题，如法人分类、产权界定、治理体系构建、收益分配规范、资本进入与退出机制建立等，无论是在理论界，还是在教育界、企业界，仍然存在这样或那样的分歧。理论供给的不足致使人们存在思想认识上的偏差、疑惑和顾虑，成为加快实践探索步伐的障碍。思想认识上的模糊不清，亟待理论上的创新突破给予解惑。

2. 制度体系尚待健全。首先表现在有关职业教育混合所有制办学的法律法规依然缺位。其次是虽然国家已经明确了发展职业教育混合所有制办学的大政方针，但操作层面的政策措施仍属空白。最后从全国的情况来看，大多数地方政府还没有出台关于发展职业教育混合所有制办学的实施意见或方案，即使已经出台的，在执行过程中也面临多重阻力。以上种种因素导致高职院校混合所有制办学因缺乏法律法规的依据和具体政策的支持而难以实现有效持续开展。

3. 改革发展动力不足。从参与举办混合所有制高职院校主体的角度来看，第一，公办高职院校存有顾虑。由于相关容错纠错机制尚不健全，许多公办院校面对混合所有制改革，担心会造成国有资产流失，因而缺乏"闯和创"的主动性。此外，还顾虑改革后可能会受到一些政策限制，丧失在生均拨款、项目申报、融资成本、土地划拨等方面原有的优势。第二，民营企业瞻前顾后。民营企业对参股公办高职院校抱有很大希望，以期能够获取新的发展空间和更多的市场资源，但又有两种担心，一是混合后的资本回报难以如愿，二是不能正常参与学校决策，缺乏话语权，致使自身利益受损，因此处于纠结徘徊之中。第三，地方政府犹豫不决。高职院校混合所有制改革作为一种前所未有的实践探索，存在产生一定风险的可能性，因此，一些地方政府担心改革会引发一些不稳定问题，使其被问责、追责，便形成了"有了意见等办法、有了办法等细则、有了细则等案例"的观望状态。

4. 面临多重现实阻力。在高职院校混合所有制办学实践中，还会遇到其他一些现实问题。第一，公办高职院校对非国有资本的吸引力受到一定限制。高职院校实施混合所有制办学，根本任务在于立德树人，公益性是其主要特点。而非国有资本则先天具有逐利性，其对经济利益的追求必然会受到教育公益性原则的制约。第二，校企双方欲达成实质性合作，面临多种利益纠葛的羁绊。由于公办高职院校与民办企业分属两种不同性质的主体，两者可能会因办学理念、投资决策及比例、学校管理权、收益分配方式和发展目标等方面的差异而产生利益矛盾或意见分歧，甚至形成相互掣肘，导致决策和管理效率的低下。第三，法人注册、资本回报、财政资金投入等问题在现有政策框架内难有实质性突破，成为混合所有制办学的瓶颈，不变通就难以破解，变通则有可能带来一定的风险。

## 三、推进高职院校混合所有制办学需要厘清的三个关键问题

在制约高职院校混合所有制办学的诸多问题中，最重要的是办学类型、法人属

性和治理体系，厘清这三个关键问题是高职院校混合所有制办学健康开展的基础和前提。

1. 关于办学类型：跳出"非公即民"，实施"多元共办"。我国高职院校的办学类型可分为公办学校和民办学校两大类别。由政府或政府所属单位以国有资本或集体资本投资举办的，我们称之为公办学校；由企业、社会组织或个人以非公有资本投资举办的，我们称之为民办学校。混合所有制高职院校作为一种既有公有资本又有非公有资本的新型教育组织形态，其办学类型应如何定位呢？从已有的办学实践来看，多数地方倾向于把它作为民办学校来看待。我们认为，在这个问题上应该跳出"非公即民"的线性思维，而将其视为一个有别于公办学校和民办学校、具有财产形态质的规定性的第三种办学类型，可以称其为"共办学校"。这样，高职院校的办学类型就有了三种基本形态，即公办学校、民办学校和共办学校。

从法律适用和政策规定来看，公办高校有《教育法》《高等教育法》《职业教育法》等法律法规来规范。相对民办高校，公办高校具有更大的政策空间和更多的资源优势。民办高校除受上述教育法律法规制约外，同时还有《民办教育促进法》专门来规范。相对公办高校，民办高校具有更灵活的机制优势和更强的市场适应性。对于混合所有制性质的职业院校，目前国家尚未出台专门法律，其办学行为应当遵循《职业教育法》《高等教育法》和《民办教育促进法》等有关法律法规的规定。

2. 关于法人属性：设立"两类法人"，实行"三种登记"。2021年1月1日正式实施的《中华人民共和国民法典》"总则"将法人分为三种类型，即营利法人、非营利法人和特别法人，并明确了营利法人和非营利法人的基本形式。2021年4月7日颁布的《中华人民共和国民办教育促进法实施条例》第七条规定，"实施职业教育的公办学校可以吸引企业的资本、技术、管理等要素，举办或者参与举办实施职业教育的营利性民办学校"。参照上述有关规定，举办混合所有制高职院校可以选择设立两类法人和三种登记方式。一类设立为营利法人，登记方式为企业法人；另一类设立为非营利法人，登记方式为事业单位法人或者社团法人（民办非企业）。学校虽然具有自由选择的权利和空间，但由于每种类型和登记方式各自具有不同的优势和劣势，所以举办者需要权衡利弊、综合考量而后行。

3. 关于治理体系：遵循"两种逻辑"，构建"四个系统"。从我国的办学实践来看，公办高校和民办高校实行的是两种不同的领导体制，其治理体系也各具特点。混合所有制高职院校由公有资本和非公有资本共同举办，是一种特殊的组织形态，由此决定了在办学体制机制上，既不能简单套用公办学校的治理模式，也不能完全照搬民办学校的治理模式，而应从学校的出资者、决策者和执行者之间监督与约束关系的内在要求出发，注重发挥公办学校和民办学校两种优势，遵循教育规律和市场机制两种逻辑，进行制度创新和安排。我们认为，混合所有制高职院校应在坚持党的全面领导的前提下，建立由四个系统构成的治理结构，以实现各相关方的相互支撑和相互制衡。所谓四个系统，即领导和权力系统（校党委、股东会）、决策和指挥系统（董事会或理事会）、执行和管理系统（校长领衔的行政团队，包括校务委员会、学术委员会）、民主和监督系统（监事会、校纪委、职代会、工会）。混合所有制改革院校可以基于自身的法人属性和股权结构，探索和构建符合校情、独具特色的治理体系。

## 四、关于高职院校混合所有制办学改革的几点建议

1. 强化理论创新支撑，完善法律法规体系。第一，各级党委、政府及宣传、法制、教育等部门应积极引导和鼓励学术界、教育界、产业界等进一步解放思想、更新观念，持续推进职业教育混合所有制改革的研究与创新，在办学形式、产权结构、治理模式、运行机制、利益与成本分担机制、资本增值与退出机制等方面形成科学而具有实践意义的理论体系，从源头上解决理论供给不足的问题，为法律完善、政策制定、制度建设等顶层设计奠定坚实的学理基础。同时，坚持舆情的正确导向，大力破除"非公即民"的二元思维桎梏，在全社会营造有利于职业教育混合所有制改革的良好环境。

第二，为规范高职院校混合所有制办学，并促进其长期健康发展，建议出台职业教育混合所有制办学条例，对"混合所有制学校"从概念到实践内容、从办学形式到治理机制等作出法理上的界定，明确混合所有制高职院校的设立及行政审批等规范性要求，强化混合所有制办学的法律供给和制度保障。

2. 加大政策支持力度，形成推动发展合力。第一，国家层面。出台职业教育股份制混合所有制办学的专门文件，根据《国家职业教育改革实施方案》关于"鼓励发展股份制、混合所有制等职业院校和各类职业培训机构"的目标要求，全面细化包括"金融＋财政＋土地＋信用"等在内的组合式激励措施，形成既有明确统一要求又便于操作实施的政策供给，并以有效监管措施推动地方政府落实落地。

第二，地方政府层面。在国家相关法律法规和配套政策出台之前，省级人民政府可根据《国家职业教育改革实施方案》《中华人民共和国民办教育促进法实施条例》等，系统梳理现行教育法规和政策中可适用于混合所有制办学的内容，并在加

以集成的基础上制定推进高职院校混合所有制办学的暂行办法，提出具有省域特点的实施方案。应特别明确以下鼓励和支持的具体措施：（1）财政方面。省市两级财政对新建混合所有制高职院校给予建设资金支持和一定过渡期内的运营补贴，并允许其在过渡期内全部或按股权比例享受公办院校生均拨款政策。（2）税收方面。积极落实社会力量举办教育的税收优惠政策，并研究出台支持混合所有制办学的专门税收机制。（3）金融方面。贯彻落实国家相关金融方针政策，在各类产业扶持资金或基金中切块安排用于发展职业教育，并结合实际明确支持混合所有制高职院校建设所占比例或份额，同时引导和支持金融机构创新服务模式。（4）土地方面。混合所有制高职院校的用地可按公办学校同等政策给予土地划拨支持，或制定和采取其他更为灵活的政策措施。符合划拨用地目录的，可通过划拨方式供地，鼓励参与企业以出让、租赁等方式取得土地。（5）办学自主权。在专业设置、招生计划、师资选聘、人员编制、绩效管理、薪酬发放、机构设置、招生与收费等方面赋予混合所有制高职院校更大的自主权，增强学校内生动力。

3. 深化管理体制改革，调动各方积极因素。混合所有制高职院校应实行党委领导下的董事会（或理事会）管理模式。允许公办院校的党政领导干部在其举办的混合所有制二级学院中兼任领导职务或进入董事会（理事会）。对公办院校管理人员在混合所有制学校担任领导职务的人员，按照党管干部的原则，明确组织干部级别，以稳定管理干部队伍。建立健全董事会（或理事会）、校务会和监事会相互独立、相互支撑的运行机制，保持教育的社会公益性，保障教育教学质量持续提升。明确混合所有制高职院校的产权界定规范和操作程序，以及收费管理机制、收益分配方式等。允许国有控股的混合所有制院校盈利，以保证各方资产的保值和增值，促进投入多元化，充分调动社会资本参与职业教育办学的积极性。

## ［参考文献］

［1］陈子季. 增强职业技术教育适应性，开拓高质量发展新格局［J］. 教育家，2021（1）.

［2］李增军. 混合所有制办学需要厘清的几个问题［J］. 人民周刊，2020（20）.

［3］李增军，麻士琦. 职业院校混合所有制办学的实践路径与政策建议［J］. 中国发展观察，2019（20）.

［4］李增军. 职业教育混合所有制办学的问题和对策［J］. 中国教工，2019

（4）.

[5] 刘泉红，王丹．我国混合所有制经济的发展历程与展望 [J]．经济纵横，2018（12）.

[6] 张啸宇．公办高职院校混合所有制改革的法律困境与立法建议 [J]．教育发展研究，2017（11）.

# 职业教育混合所有制办学的问题和对策<sup>*</sup>

党的十九大报告中指出，完善职业教育和培训体系，深化产教融合、校企合作。2019 年 2 月 13 日，国务院印发的《国家职业教育改革实施方案》指出，支持和规范社会力量兴办职业教育培训，鼓励发展股份制、混合所有制等职业院校和各类职业培训机构。同年 3 月 5 日，《政府工作报告》提出，改革完善高职院校考试招生办法，鼓励更多应届高中毕业生和退役军人、下岗职工、农民工等报考，今年大规模扩招 100 万人。一系列信号传递出职业教育即将迎来改革与发展的难得机遇。混合所有制办学作为职业教育体制机制改革的重要形式，已被提上重要议事日程。

## 一、混合所有制是全面深化改革的重要内容

"混合所有制"作为一个具有特定内涵的术语应用于职业教育领域，是在 2014 年出台的《国务院关于加快发展现代职业教育的决定》中首次被提出。但是，从 21 世纪初开始一些地方就开始了职业教育混合所有制改革的探索和尝试。从实践形态来看，按办学层次进入方式划分，目前混合所有制办学呈现出两种模式：一种是学校层面的整体混合，公有资本和民营资本以股份制形式创办职业院校。例如，广西理工职业技术学院是于 2006 年批准成立的，由广西理工职业学校和广西左江水泥厂两家公办机构以及广西信尔房地产投资有限公司、南宁驰晨信息科技有限责任公司等四家民营资本联合建立的高等职业院校。山东海事职业学院是于 2011 年由潍坊市政府投入 536 万元财政资金撬动三家民营企业 3.6 亿元社会资本联合举办的高等

＊ 李增军. 职业教育混合所有制办学的问题和对策［J］. 中国教工，2019（4）.
本文发表于中央党校理论网。

职业院校。① 另一种是公办职业院校二级单位的部分混合，即引入民营资本建立混合所有制二级学院。例如，陕西职业技术学院鼎利学院，就是以计算机科学系为基础，与珠海鼎利集团合作成立的混合所有制二级学院。

混合所有制办学为什么率先在职业教育领域突破？或者说，混合所有制办学对职业教育改革发展有何重要意义？我们认为，混合所有制办学适应职业教育特点，符合职业教育发展方向，能够推动职业教育体制机制创新，其重要意义体现在以下几个方面。

一是推进职业教育产教深度融合、校企深层合作。产教融合、校企合作是职业教育的发展方向，是办好职业教育的关键所在。近年来，虽然国家大力提倡和推动，但无论是从融合的深度还是广度上，都有很大的差距。职业院校服务产业发展的能力不够，企业参与合作办学的动力不足，校企合作多数停留在与教育中介机构的联合招生，学校和企业缺乏战略层面的合作。社会资本和职业院校实行股份制、混合所有制办学，进行产权层面的明晰和重构，有利于推进人才培养目标、专业设置、课程内容、教学过程与产业升级、行业标准、企业需求的紧密对接，实现校企深层合作、产教深度融合，从而提高人才培养质量，提升对产业发展的服务能力。

二是推进职业教育多元主体办学，凝聚职业教育发展合力。自改革开放以来，我国已经建立起规模庞大的职业教育体系，然而发展不平衡、不充分的问题仍十分突出，还不能适应区域经济发展和产业转型的需要，不能满足人民群众对职业教育高质量发展的需求。职业教育区域发展不平衡，一些经济相对落后地区职业教育发展相对滞后，社会力量参与举办职业教育，能够有效缓解财政资金投入不足的问题。同时，校政合作、校企合作的各方以利益为先导和纽带，积极推进学校共建、资源共享，也有利于扩大资本所有方、利益攸关方、行政管理方"利益最大公约数"，合力推动职业教育蓬勃发展。

三是推进职业院校治理结构升级，加快现代学校管理制度的构建。现代治理体系的支撑源自权力主体的多元化、权力性质的协商性、权力来源的契约性和权力运行的平行性。混合所有制的办学模式以明晰产权为基础，深度契合现代治理体系的客观要求和规律，能够有效弥补外部市场机制缺位的不足，形成更加科学、规范、自主、高效的管理运营机制，有利于构建"产权明晰、多方参与、科学决策、民主管理和运行高效"的现代学校制度。

---

① 山东政务信息（2018 年第 39 期）［EB/OL］. 山东省人民政府网，http：//www. shandong. gov. cn/art/2018/4/14/art_118717_340112. html，2018 – 04 – 14.

# 二、混合所有制办学的发展困境

混合所有制办学虽然已经被纳入国家层面职业教育发展的顶层设计，但发展情况并不理想。从混合所有制办学实践来看，基本上都处于探索试验阶段，还没有形成可复制、可推广的成功的案例和成熟完善的发展模式。究其原因，既有理论上的滞后，也有政策法规上的不配套，以及由此带来的思想上的顾虑和体制机制上的障碍。

一是理论上说不清。混合所有制办学属性如何，目前尚无明确界定。已有的试点把它作为民办教育来对待，但"民办"显然概括不了它的本质特征，非公即民思维不能适应新的教育形态。混合所有制办学是什么法人——企业法人？机关事业法人？社会团体法人？是营利性法人还是非营利性法人？概念上的模糊亟待理论上的突破和明晰。

二是法律上无规定。我国《教育法》《高等教育法》《职业教育法》《民办教育促进法》等有关教育方面的法律，对"发展股份制、混合所有制职业院校"，都没有任何界定和表述，有的法律条文甚至对混合所有制办学形成限制和束缚。

三是政策上不衔接。学校和企业的产权如何界定？公办学校的领导能否在混合所有制学校担任职务？能否继续享有生均拨款、人员编制等公办院校的相关待遇？一系列政策问题困扰混合所有制办学的实践探索。

四是思想上有顾虑。政府的顾虑是，国有资产会不会流失，教育的公益性能否保障；学校的顾虑是，有没有政治风险，办学的自主权能否保证；企业的顾虑是，投资能不能得到回报，有没有话语权。思想的顾虑会拖行动的后腿。

# 三、推进混合所有制办学健康发展

推动职业教育混合所有制办学的健康发展，要结合办学实践中遇到的困难和问题，建议采取如下对策。

一是要进一步解放思想。要破除"非公即民"的二元思维桎梏，在全社会营造有利于发展职业教育混合所有制的舆论环境。

二是要完善法律法规和政策体系。建议从国家层面制定相关法规和政策性文件，在办学的法律地位、机制属性及管理体制等方面作出明确界定，为之提供法律保障和政策依据，推动理论上的突破和体制机制创新。

三是加大配套政策支持力度。在财政政策方面，地方财政对新建混合所有制院校应当给予建设资金支持和一定过渡期内的运营补贴，混合所有制院校可按股权比例享受公办院校生均拨款政策。在税收政策方面，积极落实社会力量兴办教育的税收优惠政策，并研究出台支持混合所有制办学的专门税收机制。在金融政策方面，建立职业教育发展基金或在产业扶持资金中切块用于职业教育，同时引导和支持金融机构创新服务模式，开发适合混合所有制办学项目特点的多元融资品种。在人事政策方面，继续按生师比标准为混合所有制院校核定事业编制，支持学校实施更加有效的人事绩效政策。在土地政策方面，混合所有制办学项目用地可享受公办院校的用地政策，也可制定和采取更灵活的政策，符合划拨用地目录的，可通过划拨方式供地，鼓励参与企业以出让、租赁方式取得土地。

四是给予教育行政管理层面的支持。在专业课程设置、师资选聘、工资发放、人员编制、机构设置、学费收取等方面，混合所有制学校可以拥有更大的自主权。在招生计划方面给予倾斜，招生录取方式可以试行注册入学。鼓励和支持混合所有制院校探索构建从中职、高职到应用技术类的本科、研究生的技术技能型人才培养上升通道。

五是要创新管理体制机制。混合所有制院校要实行党委领导下的董事会管理模式。允许公办学校党政领导干部在举办的混合所有制二级学院中兼任领导职务或进入董事会。对公办院校管理人员在混合所有制学校担任领导职务的，按照党管干部的原则，明确干部级别，以稳定管理队伍。要建立董事会、院务会和监事会相互独立、相互支撑的机制，以保证教学的质量和教育的公益性。对混合所有制学校的产权界定明确政策界限和操作程序，探索新的收费管理机制，明确收益分配方式，以调动社会资本举办职业教育的积极性。

# 高职院校混合所有制二级学院制度
# 体系建设的理论和实践<sup>*</sup>

职业院校股份制混合所有制办学，在经历了从"探索发展"到"鼓励发展"的政策引导之后，再次迎来法律上的支持和保障。新修订的《职业教育法》明确指出：支持社会力量依法参与联合办学，举办多种形式的职业学校、职业培训机构。从近年来混合所有制办学实践来看，举办混合所有制二级学院，已经成为高职院校探索股份制混合所有制办学模式的主要实现形态。但如何建立混合所有制二级学院的制度体系和治理机制，以确保其规范运转和健康发展，仍然是理论研究上的空白和办学实践上的盲区。基于此，本文结合先期理论研究和试点实践探索，聚焦高职院校混合所有制二级学院制度创新问题，展开论述探讨。

## 一、构建高职院校混合所有制二级学院制度体系的实践意义

### （一）建立健全高职院校混合所有制二级学院制度体系是实现多元跨界、深化产教融合的本质要求

职业教育是与经济社会发展直接对接，也是联系最为紧密的教育类型。作为一种独立的教育类型，职业教育必然要依托产业，并为产业发展和就业服务，这就要求职业教育必须有企业和社会的参与，由此形成了"多元跨界"这一主要特征。这个基因决定了产教融合、校企合作是职业教育的生命线，是其改革与发展的基本方向，也成为职业院校办学的基本模式。所以，高职院校举办混合所有制二级学院，必须遵循技术技能人才培养和服务发展的跨界性规律，扎实构建指向产教深度融合，以校企合作、

＊ 本文系李增军主持的河北省教育科学研究"十三五"规划重点资助课题"高职院校混合所有制办学路径研究"的研究成果。

协同育人为重心的制度体系，以规范、完善、高效的治理机制吸引企业和社会力量参与办学，打造校企命运共同体，并通过制度的有力支撑和切实保障，有效整合产业与教育的双重需求，推动产教融合深入办学治校全过程，不断实现办学适应性的提升。

## （二）建立健全高职院校混合所有制二级学院制度体系是变革治理机制、增强办学活力的内在要求

高职院校建立混合所有制二级学院，要涉及三个基本层面的改革：一是在资本结构层面，形成股权架构上不同性质所有制主体的结合；二是在治理结构层面，形成多种所有制取长补短、有效制衡的融合；三是在制度建设层面，形成健全规范、系统完备的体系。其中，资本混合是关键，治理融合是核心，制度体系是保障。经济领域混合所有制改革的实践表明，产权层面的资本混合较易，治理层面的主体融合则难，推进混合所有制改革决不能停留在"一混了之"，而应当把"转机制""促融合"作为重点，坚持"以混促改"，推进"以混深混"，落脚在建立和形成科学合理、有效制衡的治理结构。借鉴经济领域混合所有制改革的成功经验，建立混合所有制二级学院，应当在科学设计资本股权架构的基础上，围绕构建定位清晰、权责对等、运转协调、制衡有效的治理结构，加强具体配套制度建设，把制度体系建设与完善治理结构、提升治理能力结合起来，用健全、规范的制度体系塑造不同利益主体的和谐关系，从而实现办学效率最优化、效益最大化。

## （三）建立健全高职院校混合所有制二级学院制度体系是规范资本健康发展、坚持教育公益性原则的客观要求

马克思在《资本论》中揭示了资本的二重性：一方面，资本具有带动各类生产要素集聚配置的属性；另一方面，资本的本质在于追求利润最大化，实现不断增值，这是资本的基本属性，不会因社会因素的差异而发生根本性的变化。在社会主义市场经济条件下，由于公有权力的存在，资本受到了监督和约束，但其逐利的本性并不会改变，对其若不加以引导和规范，它的权力就会逾越红线，偏离正常发展的轨道。所以，正确认识和把握资本的特性以及资本主体的行为规律，对高职院校实施混合所有制改革至关重要。高职院校引入社会资本举办混合所有制二级学院，理应对资本的营利性给予考虑，满足出资人合理的投资回报需求，如此，才能吸引社会资本的参与，为学校发展注入新的动力。但同时也要警惕资本在逐利本性的驱动下，进行敛财造势、触碰教育公益性价值原则这条红线的可能。因此，必须构建健全完善的制度体系，形成有效规范的治理机制，以正确引导和规范资本健康发展，有效

发挥其集聚办学资源、服务立德树人的重要作用。

### （四）建立健全高职院校混合所有制二级学院制度体系是理顺学校和二级学院关系、实现协同发展的重要保障

高职院校与产业资本、社会资本联合举办的混合所有制二级学院，是一种具有特殊性质的二级教育教学机构和办学单位。作为一种新型的教育组织形态，其产权结构、治理模式、运行机制等，较之传统高校办学体制下的二级教学单位，发生了根本性的变化。一言以蔽之，前者作为高职院校的组成部分，其存在完全"依附"于学校；后者虽因法人属性的缺位，暂不具备独立法人资格，但由于特殊的产权结构，使其获得了相对的办学"独立性"，这也正是其体制机制优势的根源所在。因此，需要我们正确认识混合所有制二级学院的特质和办学规律，正确处理混合所有制二级学院与举办学校的关系，在此基础上，进行混合所有制二级学院治理架构的设计，建立健全制度规范体系，构建形成高职院校与混合所有制二级学院之间协同治理、协同发展机制，使混合所有制二级学院新模式、新机制成为高职院校深化改革的新引擎、新动能。

## 二、构建高职院校混合所有制二级学院制度体系应遵循五重逻辑

### （一）坚持党的领导

习近平总书记强调，加强党对教育工作的全面领导，是办好教育的根本保证。[①]推进高职院校混合所有制改革，探索构建混合所有制二级学院制度体系，是职业教育办学体制机制的一场深刻变革，同样必须始终坚持党的领导。要在学校党委的统一领导下，制定方案、协调各方、组织推进；要把加强和完善混合所有制二级学院党的领导制度放在首位，通过一整套规范化、常态化、创新性的制度安排，确保党的领导落实到学院治理的各个方面和每一个重要环节，保持党的领导这一中国特色社会主义大学最鲜亮的政治底色。

### （二）坚持产教融合

职业教育的本质表现为，它源于产业、依托产业，并以适应产业、赋能产业为

---

① 习近平：坚持中国特色社会主义教育发展道路 培养德智体美劳全面发展的社会主义建设者和接班人[N]．人民日报，2018－09－11（01）．

立身之命；它是产业发展的重要支撑和社会民生的重要基础，以融合和实现产业与教育的双重需求作为其生存发展的社会价值；它在人才培养中遵循"职业技术生成"的规律，以校企联姻、跨界合作的双元结构形式，实施协同育人等。由此决定了职业教育在办学模式、专业建设、课程教学、教材开发、实训基地建设等各个方面的制度设计，均须符合产教融合的内在规定性，呈现产教融合、校企合作的特点。因此，建立高职院校混合所有制二级学院制度体系，须遵循这一基本规律，基于产教融合理念进行制度设计，将学校教育、就业制度与企业生产、用人制度紧密结合，充分发挥混合所有制体制机制的优势，构建形成校中有企、企中有校、融合发展、人才共育的制度化、常态化的办学模式和人才培养模式。

### （三）坚持法人治理

现代企业法人制度的核心是所有权与经营管理权的相互制衡。实践证明，实现权力制衡的有效形式，是建立形成一定的组织和体系，也即公司法人治理结构。这就告诉我们，建立健全混合所有制二级学院法人治理结构，是其优化资源配置、提高运行效率的重要制度建设。但就目前总体情况来看，高职院校混合所有制二级学院的机构设置还不完整，所有权归股东会、决策权归董事会、执行权归院长层、监督权归监事会的治理结构体系尚未形成，权责不清、约束不力、缺乏制衡等问题依然突出，因而在一定程度上制约了改革走向深入。因此，推进高职院校混合所有制二级学院制度建设，需要围绕完善法人治理结构而展开，经过利益的博弈形成科学规范、运行有效的治理体系。在此过程中，重在把握好三个关键环节：一是坚持党的领导，厘清党组织和法人治理结构的职责界面，切实发挥好党组织"把方向、管大局、保落实"的重要作用。二是科学制定学院章程，确立"三会"（股东会、董事会、监事会）及院长层之间的权责边界，通过健全股东会、董事会等制度，为实行"权利与责任对等"的有效管理提供制度保障。三是加大配套改革力度，搞活治理机制。借鉴公司职业经理人制度，探索董事会按市场化方式选聘院级管理人员，并对其实行市场化薪酬分配办法；建立中长期激励机制以及与其对应的约束机制；推进劳动、人事、分配三项制度改革，建立形成管理人员能上能下、教职员工能进能出的人才流动机制等。

### （四）坚持系统思维

无论是一个部门，还是一个单位，其制度的存在都呈现为一个相互关联的复杂系统。首先，任何制度都是由不同要素构成的，这些要素作为制度建设的要件，并非是一种孤立的存在，而是相互依存、环环相扣，形成一个密切关联的整体；其次，不同制度之间在内容上有机衔接、相互支持，构成了一个完整的规则系统，指向和服务共同的总体目标。由此可见，制度体系即对制度整体性的分析和把握，其建设过程就是运用系统论进行具体制度设置并形成联动机制的过程。在这个过程中，不仅需要从制度要素建设入手，形成结构明晰、重点突出的框架，犹应注重各制度之间的联结互动。基于制度建设的这种规律性，我们在构建高职院校混合所有制二级学院制度体系的实践探索中，应坚持系统观念，站位法人治理结构的高度，进行全局性谋划、整体性推进，努力克服制度建设中的碎片化、片面化现象。具体而言，一方面，在进行制度要素设计时，要统筹谋划各个方面、各个层次、各个要素，确保关键要素和环节的到位，形成制度要素的配套和完整；另一方面，在制度体系创构中，要注重密切制度之间的协调，使之实现相互衔接、相互支撑、良性互动，确保制度建设的系统性和有效性。

### （五）坚持依法合规

构建高职院校混合所有制二级学院制度体系，在遵循制度建设一般规律的同时，还应注重突出其合法合规性，使出台的每一项规章制度都符合有关法律法规及现行政策。为此，在制度内容方面，要准确把握混合所有制改革的重点事项和关键问题，在资产评估、股权确定、资本运作、法人治理结构等方面，严格按照《民法典》《公司法》①《教育法》《职业教育法》等法律规定和政策要求，既大胆积极探索，又坚守法治红线，项项做到于法有据。在制定程序方面，在框架设计、调研起草、会签审议、法律审查等关键环节上，要严格把控，依法依规履行民主参与、专家论证、风险评估、合法性审查等程序。在方式方法方面，要坚持集体研究决策，根据不同制度的性质和内容，或由学校党委会研究，或由董事会议定，或提交教职工代表大会（或工会会员大会）审议通过。

## 三、高职院校混合所有制二级学院制度体系的内容框架

一般来说，制度体系是指一个具体的组织中，其成员共同遵守的规定和准则的总称，它是该组织从事某种社会活动的体制保障。从其结构来看，在整个体系中，有一种制度是最基本的、决定其他制度的制度，或者说是其他所有制度得以形成和

---

① 《民法典》即《中华人民共和国民法典》，《公司法》即《中华人民共和国公司法》。

存在的基础，这个制度被称为"元制度"。由其决定和派生出的其他各种制度，纵向形成制度的层级系统，横向则在同一层级形成不同制度的并列关系。

根据制度体系的结构规律，结合高职院校混合所有制二级学院的治理特点，我们尝试按照根本制度、基本制度、重要制度和具体制度的逻辑结构，对高职院校混合所有制二级学院制度体系的内容框架进行设计安排，依次简述如下。

### （一）根本制度建设：制定学院章程

章程是高职院校混合所有制二级学院的院内基本法，具有"元制度"的基本属性，是学院规章制度中的根本制度，是依法治校、依规办学的总章程。

我国《高等教育法》第二十七条明确提出，"章程"是高等学校设立的必备文件；《公司法》第十一条规定，"设立公司必须依法制定公司章程。公司章程对公司、股东、董事、监事、高级管理人员具有约束力"。依据《高等教育法》和《公司法》等有关法律法规，制定高职院校混合所有制二级学院的章程，应当载明下列基本事项：学院名称和地址；办学类型、业务范围和指导思想；股东的姓名或者名称，注册资本，股东的出资方式、出资额、出资时间和股权比例；学院领导与管理体制机制；党组织、股东会、董事会、院行政、监事会等的产生办法、职权范围和议事规则；劳动、人事和分配制度等。另外还应特别明确以下内容：股东会的议事方式、表决权行使和表决程序；董事长、副董事长的产生办法、董事构成和任期；董事会的议事方式和表决程序；监事会中的教职工代表比例、监事会的议事方式和表决程序；股权转让的条件及程序；相当于企业高级管理人员的规定范围等重要事项。

科学制定高职院校混合所有制二级学院章程，是每一个股东和学院管理者需要认真思考并严肃对待的重要问题。应当在充分依据有关法律政策的同时，立足于自身的混合所有制特点和个性化需求进行精心设计，如果采取拿来主义的态度，以其他公司或学校的章程为模版简单套用，既不可取，也可能会埋下风险隐患。

### （二）基本制度建设：构建健全完善的党建工作制度、边界清晰的多元产权制度和有效制衡的法人治理制度

1. 构建健全完善的党建工作制度。将党的领导融入学院治理，是探索高职院校混合所有制二级学院改革实践的必然选择。应基于发挥党组织的政治核心作用和规范党组织、股东会、董事会和院长层的权责关系，积极推进党的建设与学院改革发展同频共振、深度融合，努力将党的政治优势、组织优势转化为学院的治理效能、发展优势。

一是将党建工作要求写入学院章程。在章程设制中，应单列"党组织"章节，

明确党组织的设置、职责权限、运行机制、工作保障等具体内容，通过确立党组织在学院治理结构中的法定地位，为不断加强党的建设奠定坚实的制度基础。

二是实行"双向进入、交叉任职"的领导体制。建立混合所有制二级学院党组织班子成员与董事会、院长层成员"双向进入、交叉任职"的体制机制，在组织架构上将党的领导和学院治理统一起来，确保党组织在学院治理体系中的重要地位。

三是设立前置程序，构建权责明晰、运转顺畅的决策体系。建立混合所有制二级学院党组织参与学校决策机制，按照"先党内，后党外"的程序，在党内形成一致意见后，再提交学院董事会或校长层进行决策，个别重大问题还应事前征求隶属院校党委的意见。制定党组织、股东会、董事会、院长办公会决策权限管理办法及有关事项清单，切实解决好"为什么前置""怎么前置""前置什么"等关键问题。出现股东会、董事会或院长层审议意见与党组织前置研究意见不一致的情况时，应在进一步完善相应方案并报党组织会议重新通过后，再度履行股东会、董事会或院长层的审议程序。另外，还应建立决策前党组织与股东会、董事会和院长办公会磋商制度，加强沟通协商，力求重大决策问题在会前达成共识。

四是加强基层组织建设。围绕学校办学的实际需要，不断加强和改进党组织活动，把党组织的工作着力点放到加强基层党的建设和提高党员政治业务素质上，为党组织发挥政治核心作用提供坚强的思想保证和组织保证。

2. 构建边界清晰的多元产权制度。产权制度是既定产权关系和产权规则相结合而形成的，且能对产权关系实行有效组合、调节和保护的制度安排。建立健全边界清晰的多元产权制度，既是政府制度供给的重要内容，也是高职院校推进混合所有制二级学院建设的内在需要。就高职院校自身而言，基于现代产权制度所涉及的归属清晰、权责明确、保护严格、流转顺畅等主要内容，围绕混合所有制二级学院的产权可作如下制度性安排。

一是确立股份结构。明晰产权边界，并将其制度化，是高职院校推行混合所有制二级学院办学的基本前提。从产权形式来看，除了资本之外，还包括技术、知识、设施、设备、场地和管理等要素。基于这些复杂情况，对不同形式的产权，可采取不同的技术途径进行操作。能够达成共识的，产权主体之间可采取磋商的方式解决；难以达成共识的，应聘请第三方专业评估机构作出资产评估。在此基础上，明确各产权主体所拥有的资产价值，形成明确的产权界定和股份架构。

二是订立产权契约。即在明晰产权边界的基础上，各产权主体共同签订产权协议，对有关事项进行约定。通过建立产权契约，使混合所有制二级学院投资主体之间形成基于法律基础的权责关系，从而将既定的产权关系纳入法律的保护之下。

三是健全保护机制。结合高职院校混合所有制二级学院办学实际，其产权保护起码关涉两个重要方面。收益权方面：尊重资本运动的基本规律，明确产权主体的投资收益权，也即在政策许可范围内，学校在获得一定办学积累的情形下，可使非公有资本投资者获得合法合理的资本增量，以吸引和激发其参与办学的积极性与创造力。转让权方面：允许投资者在不影响学校正常教育教学秩序、不损害学校国有资产的前提下，享有对所持股权的转让权利，也就是说，在法律许可范围内，投资者可以自行转让其产权，并在终止前进行财产清算。

四是引入金股制度。金股制度原本是企业领域内一种特定的产权制度安排，它的基本特点是，金股作为公司内部一种特殊的股份（通常只有一股），其权益主要体现在否决权。高职院校在探索构建混合所有制二级学院产权制度的实践中，可视具体情况，借鉴金股制度的运作方式，以此赋予公办职业院校作为股权方在董事会决策中的重要权利，以有效制衡和保障学校的办学方向，保护国有资产不被侵害，在学校改革发展中切实发挥主导作用和关键作用。

3. 构建有效制衡的法人治理制度。基于股东会统领、董事会决策、校长层执行、监事会监督的法人治理结构，建立健全高职院校混合所有制二级学院法人治理制度，是充分发挥各机构的功能和作用、推动学院改革行稳致远的重要保障。

一是建立健全股东会及相关制度。制定股东会议事规则，对股东的权利和义务作出明晰规定，以制度的形式理顺股东与学院及董事会、监事会的关系，确保股东严格按照《公司法》和学院章程，遵循议事规则行使权力、履行义务，通过委派董事、监事，实施对学院教育教学活动的影响和监督。

二是建立健全董事会及相关制度。第一，制定董事会议事规则，规范董事会的议事方式和决策程序。第二，根据办学规模，按照股权比例和权责对等、有效制衡的原则设置董事会成员职数，并合理分配董事席位，切实保障民营股东的话语权。第三，参照《公司法》第四十四条"两个以上的国有企业或者两个以上的其他国有投资主体投资设立的有限责任公司，其董事会成员中应当有公司职工代表"的规定，在董事中安排教职工代表的席位，其产生通过教代会或教职工大会等民主选举的方式和程序，从而构建一种多元化、代表性强的董事会结构。

三是建立健全监事会及相关制度。第一，制定监事会议事规则，明确其主要任务和议事方式、表决程序、忠实履责的规范要求，保障监事会依法独立行使监督权。第二，在监事会的结构安排上，应基于产权结构的实际状况，兼顾各类所有制代表及投资主体设立监事席位，通过采取相互制衡策略，确保监事会内部成员与力量的均衡。第三，根据《公司法》第五十一条规定，在监事成员中安排教职工代表的席位，且教职工代表的比例不少于1/3，其产生通过教代会或教职工大会等民主选举的方式和程序。

四是探索实行独立董事制度。在企业领域，独立董事、独立监事制度之所以受到特别的重视，主要原因在于他们具有的科学、客观、公正的独立判断能力和行为。鉴于高职院校混合所有制二级学院在其发展的初期阶段，规模一般不会很大，可在董事会中安排一定数量的独立董事，以强化对内部董事及院长层的约束和监督，优化董事会的结构和存在质量，从而克服可能形成的"内部人控制"现象，保护中小股东及利益相关者的利益，增强学院和谐发展、可持续发展的能力。在条件成熟时，再行安排独立监事。

## （三）重要制度建设：推动"1＋3＋1"制度改革，建立健全激励约束和长效动力机制

"1"即引入企业领域职业经理人制度。对于学院院长等高层管理的中坚人才，结合办学需要和岗位特点，合理安排市场化选聘比例，由董事会明确选人用人标准，按市场化的方式进行选聘。探索实行任期制和契约化管理，明确其责任、权利和义务，严格目标考核，依据市场化分配原则决定其薪酬，并采取灵活方式尝试中长期激励机制，调动和发挥院长作为混合所有制改革的制度企业家的能动作用。通过建立约束和激励机制，促使管理者的专业化优势转化为学院的发展优势。

"3"即推动劳动、人事、分配制度改革。深化劳动、人事、分配制度改革，是产权多元属性的内在要求，也是实现各相关利益主体激励效应的关键所在。劳动方面：依法规范各类用工管理，积极构建和谐劳动关系。采取老人老办法、新人新办法，在平稳过渡中，扎实实施以合同管理为核心、以岗位管理为基础的市场化用工制度，建立健全能上能下、能进能出的合理流动机制。人事方面：推行管理人员、教师和员工分级分类管理，选派与选聘相结合的制度，除高职院校选派的部分人员外，对其他人员实行市场化公开招聘、竞争上岗制度，拓宽选人用人视野和渠道。分配方面：探索构建激励与约束并行、效率与公平兼顾、既适应市场规律又符合学校校情的分配机制。推行全员工作绩效考核，以业绩为导向，科学评价不同岗位领导干部和教职员工的能力与贡献，在此基础上，实行与选任方式相匹配、业绩贡献相挂钩的差异化薪酬分配办法，合理划分收入分配档次和档差，严格实施奖惩。

"1"即建立校企文化融合发展机制。建立混合所有制二级学院，不仅是国有资本与非国有资本的混合，同时还会涉及校企两种不同文化的融合。相较而言，全面、系统、规范是学校文化的主要特征，灵活、高效、创新则是民营企业文化的优势所在。混合所有制二级学院在建设和发展中，应注重推动高职文化和企业文化扬长避

短、融合发展，打造混合所有制院校文化的新形态。正视因多元产权资本嵌入造成的文化差异，在推动多元文化融合发展上下功夫、建机制，努力形成以育人为本、市场观念、工匠精神、质量意识、品牌理念为基本内涵的发展共识，促进多元文化在办学实践中实现协调、融合和升华，既为破解治理困境提供方向性指引，同时为学院实现内涵式发展提供长效内生动力。

### （四）具体制度建设：构建系统完备、科学有效的规则规范，促进内涵建设和高质量发展

在高职院校混合所有制二级学院制度体系的框架内容中，除上述几方面制度外，当然还包括集中体现高职教育作为类型教育基本特征的教育教学方面的内容，如专业群与产业群的融合发展制度、工学结合的教学组织制度、校企合作的协同育人制度、校企互聘的双师培养制度等。此外，还要包括一系列针对学校治理和教育教学各个具体环节、业务、岗位而制定的具体制度，这些"制度细胞"作为整个体系的结构与功能的最基本单位，其意义和作用决不能小视，但因篇幅所限，不再一一展开论述。

## 四、结束语

高职院校混合所有制二级学院制度体系建设是一个持续深化、不断提升、趋向优化的过程。这既源于目前高职院校混合所有制改革尚处于"鼓励发展"阶段、国家关于职业教育混合所有制改革有关法规政策的研制和完善还处在推进之中的现实，也源于制度体系本身客观存在的复杂性、开放性和动态性。制度体系作为不同制度单元之间和同一制度单元内部不同要素之间的关联性，及其与社会环境相互作用而形成的系统，就其内在结构来看，明确的边界范围使之具有相对立性；就其外部关系来看，它的形成和存在直接或间接受到国家法律法规、政策规章的影响和制约，并与经济社会发展的环境状况相关联。基于制度体系的规律性，我们在推进高职院校混合所有制二级学院制度科学化建设的实践中，须密切关注经济社会发展的深刻变革和国家有关法律法规及政策体系建设的最新成果，密切关注和吸收高职院校混合所有制二级学院改革实践的鲜活经验，准确把脉职业教育混合所有制改革的发展趋势，围绕法人治理结构优化推进制度体系不断趋于完善，以制度创新赋予混合所有制办学蓬勃生机与内生活力，使新体制新机制的优势得到生动彰显。

# 六、人工智能与就业结构篇

技术进步对就业的冲击是个世纪难题，笔者长期关注人工智能对就业结构的影响以及在此背景下职业教育的适应性问题，主持了河北省社会科学发展研究课题"人工智能发展与劳动力人口供需矛盾研究"，并撰写了一批研究成果。笔者还策划了"向老祖宗要答案"系列文章，通过研究挖掘马克思关于"劳动的变换"理论、"机器排挤工人"理论、职业教育思想等，深入分析人工智能时代的劳动就业问题和职业教育改革发展。本篇收录了笔者相关研究成果。

# 马克思的劳动的变换理论及其当代意义<sup>*</sup>

## 一、引言

劳动的变换理论是马克思劳动发展理论的"硬核"。

在人类漫长的历史中，劳动的变换伴随着生产力的发展极其缓慢地进行着，直到资本主义生产方式发展到机器大工业阶段才成为普遍现象，成为"不可克服的自然规律"。

劳动的发展史包括劳动的变换的历史。

劳动发展史是理解全部社会史的基础和锁钥。恩格斯在《路德维希·费尔巴哈和德国古典哲学的终结》一文中肯定了一个面向工人阶级的并得到工人阶级同情的"新派别"，正是这个新派别"在劳动发展史中找到了理解全部社会史的锁钥"。

本文旨在通过回顾工场手工业以来资本主义生产方式的历史沿革，揭示机器大工业阶段工人劳动变换的缘起、阐明大工业的本性怎样决定了劳动的变换、马克思为什么说劳动的变换是一个"不可克服的自然规律""普遍规律"以及劳动的变换规律的内涵等问题，并论述人工智能视域下劳动的变换理论的现实意义。

## 二、劳动的变换规律的简述

### （一）劳动的变换是个迟到的历史现象

从一般意义上来讲，人的劳动、劳动方式和职能的改变，是随着生产技术的创

\* 李增军，卢嘉瑞. 马克思的劳动的变换理论及其当代意义［J］. 海派经济学，2021（1）.

本文系李增军主持的 2020 年度河北省社会科学发展研究课题"人工智能发展与劳动力人口供需矛盾研究"的研究成果。

新和劳动资料的进步、产业的分工和发展、社会文明程度的提高而发生的。但是，这个改变在人类历史的一个相当长的阶段并没有发生。从旧石器时代到新石器时代，在长达几百万年的时间里，人类使用的劳动工具一直极其简陋，劳动的方式方法也极其简单，没有什么大的变化。即使到了9世纪或10世纪，农民开始用马拉犁耕田，劳动方式也没有多大进步。中世纪晚期，欧洲进入一个转型时期，农村建立了租地农场，手工业出现集中的手工工场。在集中的手工工场，如绸厂、布厂、磨坊、油坊、木器厂等，工人成为完全出卖劳动力的雇佣劳动者。直到18世纪40年代资本主义工业革命开始，手工工场一直是工业生产组织的基本形式，其特点是以手工劳动为基础，逐渐实行了生产过程的分工，生产规模扩大了。这种分工一方面提高了社会劳动生产力，另一方面却"把工人变成畸形物"，成为"局部工人"，渐渐丧失了生产整个产品的独立操作能力。他们虽然成了某些岗位的熟练工人，但却无法培养出适应脚步日益逼近的技术革命、机器大工业和不断加剧的部门竞争所需要的劳动的变换和职能的更动的能力，因而对于工人来说，这就"生死攸关"了。

只是到了资本主义工业化的早期阶段，资本主义生产方式完成了从工场手工业向机器大工业的过渡，在技术革命带动下，机器生产逐步取代手工劳动，大规模工厂化生产取代工场手工业生产，工人的劳动变换和职能变换才得以提速。但无论怎样变换，都不是最后的形式、最后的结果——因为决定这种变换的是大工业，大工业的技术基础是发展着的变化着的。

### （二）劳动的变换规律的内涵

马克思在《资本论》和《剩余价值理论》，恩格斯在《马克思"资本论"第一卷提纲》《共产主义原理》《反杜林论》等多部著作中，都论述或谈及工人的劳动的变换问题。如前所述，劳动的变换理论是马克思劳动发展理论的"硬核"，劳动的变换规律是劳动的变换理论的核心。在《资本论》中，马克思不仅把劳动的变换看作是"不可克服的自然规律"，而且认为承认劳动的变换，从而承认工人尽可能多方面的发展是"社会生产的普遍规律"这一点，是工人"生死攸关的问题"。马克思为什么把劳动的变换规律及其实现看得如此严重？这个规律是怎样产生的？这个规律的内涵和实现机理是什么？在当今人工智能视域下，劳动的变换规律有什么现实意义？这些问题需要我们作进一步深入的探讨。

劳动的变换规律是马克思在《资本论》中提出的，依据他的有关论述，我们可以把这一规律的基本内容概括如下：工人的劳动的变换是指工人劳动的方式、形式、内容的变化以及职能的更动和流动；劳动的变换是由大工业的本性决定的，其结果是造成工人的职能过剩和劳动力过剩，这一结果又迫使工人不得不全面发展以适应不断变动的劳动需求，而全面发展的工人还会代替处于后备状态的工人和只有局部职能的工人，导致工人阶级的不断牺牲和劳动力的无限度的浪费。

这个规律是马克思对资本主义机器大工业阶段工人阶级命运的深刻概括。从这一规律的内容和逻辑关系可以得出如下结论：在资本主义制度下，劳动的变换规律是加在工人阶级身上的双重灾难，是大工业给工人阶级带来的"灾难"。

# 三、劳动的变换是资本主义生产方式发展到大工业阶段的必然现象

马克思认为"劳动的变换"是"自然规律""普遍规律"。他说，"如果说劳动的变换现在只是作为不可克服的自然规律，并且带着自然规律在任何地方遇到障碍时都有的那种盲目破坏作用而为自己开辟道路，那么，大工业又通过它的灾难本身使下面这一点成为生死攸关的问题：承认劳动的变换，从而承认工人尽可能多方面的发展是社会生产的普遍规律，并且使各种关系适应于这个规律的正常实现"①。马克思发现的这一规律，在当代具有极其重要的现实意义。而"大工业的本性决定了劳动的变换"②，所以，研究马克思是如何发现这一规律、为什么说大工业的本性决定了劳动的变换、大工业的发展趋势及这一规律的当代意义，必须从研究资本主义工业生产形式（资本主义生产方式）的历史沿革入手。

马克思把资本主义生产方式的发展划分为三个阶段，即协作、分工和工场手工业、机器和大工业，并在《资本论》第一卷第十一、十二、十三章中作了详尽的论述。这三个阶段的起点是 15 世纪。恩格斯在为《资本论》第一卷撰写的书评中指出，"作者在那里用完全新的唯物主义的自然历史的方法考察了经济关系"，对"各个不同的相互接续的工业生产形式——在这里是协作、分工及狭义的工场手工业，以至机器、大工业和与它相适应的社会联系和关系"，作了"详细的、非常内行的论证"③。马克思所使用的"资本主义生产方式"和恩格斯所使用的"工业生产形式"是同义的概念。

所谓协作，就是"许多人在同一生产过程中，或在不同的但相互联系的生产过

---

①② 马克思. 资本论（第 1 卷）[M]. 北京：人民出版社，1975.
③ 中共中央马克思恩格斯列宁斯大林著作编译局. 马克思恩格斯全集（第 16 卷）[M]. 北京：人民出版社，1964.

程中，有计划地一起协同劳动"①。

随着市场需求的不断扩大，雇佣工人必须在一定期限内提供大量完成的商品，于是劳动有了分工，工人的专业技能有了提高，劳动效率也明显改善。

工场手工业引进了分工，发展了分工，从此，各种操作不再由同一个手工业者按照时间的先后顺序完成，而是把每一种操作分配给一个手工业者，全部操作由分工协作的工人同时进行。这样，商品从一个要完成许多种操作的独立的手工业工人的个人产品，变成了不断地只完成同一种局部操作的各个手工业工人的联合体的社会产品，从而实现了手工业工人的"个人产品"向机器工人的"社会产品"的转变。②这是奠基的转变。这种转变虽然提高了劳动效率，但也显现了工人劳动技能的专业化、固化的弊端——无法满足机器和大工业时代需要工人全面发展以适应劳动的变换的要求。

马克思和恩格斯关于资本主义生产方式发展的工场手工业阶段的时间界定是一致的。马克思说，真正的工场手工业时期"大约从 16 世纪中叶到 18 世纪末叶"③。这就是说资本主义生产方式的发展在 18 世纪末叶从工场手工业进入机器和大工业阶段；而随着 1848 年欧洲革命的爆发，工场手工业才为真正的大工业所代替。

马克思指出，"在工场手工业生产和机器生产之间一开始就存在着本质的区别"④。厘清这两个时期的本质区别，有助于我们深刻理解马克思的劳动的变换理论的历史意义和现实意义。

工场手工业和机器大工业的本质区别主要是：

第一，使用的劳动资料不同。工场手工业使用的是简单的工具。而机器大工业使用的是有着传动机构的自动的机器体系。工人在不同时期使用的劳动资料不同，就决定了他们劳动方式的不同。

第二，劳动方式、劳动过程不同。在工场手工业中，单个的或成组的工人必须用自己的手工工具来完成每一个特殊的局部过程，每一种操作都成了工人的专门职能，因而工人也成了"片面的局部工人"，始终从事同一种职能。而在机器大工业生产中，整个产品的生产过程是按其本身的性质分解为各个生产阶段，每个局部过程如何完成和各个局部过程如何结合的问题，"由力学、化学等在技术上的应用来解决"⑤。这样，工人终生固定从事某种局部职能的技术基础就被消除了。

第三，技术基础不同。大工业发展到一定阶段，必然在技术上同工场手工业发生冲突。庞大的自动的机器体系的生产，是工场手工业的制造业所不能胜任的，大

---

① ② ③ ④ ⑤　马克思. 资本论（第 1 卷）［M］. 北京：人民出版社，1975.

工业掌握了它特有的生产资料，即机器本身，才实现了用机器生产机器。

第四，生产的技术基础的改变不断地引发社会内部分工的改变和产业的更迭，使工人的劳动的变换成为常态。在以科技发展为动力、机器生产力发展为物质基础的大工业阶段，科学发挥了强大的引领作用，技术成为解决实践中难题的锁钥；在科学、技术相互促进、相互成就的繁荣氛围中，风云际会，一批又一批科技精英在钢铁冶金、机械制造、交通运输、电力、石油、化工、通信等多个领域的不断创新发明，促使新的产业迭起，奏响了大工业时代蓬勃发展、气势恢宏的交响乐。在这样的背景下，工人的劳动的复杂程度越来越高，学习和接受培训的压力越来越大，加之部门之间竞争的加剧和社会生产的无政府状态，工人阶级队伍出现高失业率和高流动性现象，工人的劳动的变换成为"不可克服的自然规律"①。

# 四、大工业的本性是劳动的变换的决定性因素

## （一）大工业的本性和特点

机器大工业是指用机器代替手工工具，用机械化劳动代替手工劳动的资本主义工业。

从大工业的本性来看，它具有以下特点。

第一，发达的机器体系是大工业特有的生产资料。恩格斯指出，从 18 世纪中叶起，机器就成了工业用来摇撼旧世界基础的三个伟大杠杆之一，② 由此做好了向大工业过渡的准备。同工场手工业不同，在工场手工业中以劳动为起点，而在机器大工业中却以劳动资料为起点。发达的机器体系是大工业特有的劳动资料；而大工业只有拥有这种劳动资料，才能满足制造大型机械设备的需要，即用机器来生产机器。

第二，生产力以前所未有的速度和规模迅速发展起来。自蒸汽和新的工具机把工场手工业变成现代大工业以来，资本主义生产进入"狂飙"时期。在科技进步的大力推动下，生产力获得空前发展。从第一次工业革命开始，科技发明迭有创新，极大地提高了劳动生产率。1735 年淮亚特宣布发明纺纱机后，科技发明进入"高发期"，相继产生利用水力的纺纱机、织布机，利用蒸汽压力的蒸汽机、机床等。进

---

① 马克思. 资本论（第 1 卷）[M]. 北京：人民出版社，1975.

② 中共中央马克思恩格斯列宁斯大林著作编译局. 马克思恩格斯全集（第 2 卷）[M]. 北京：人民出版社，1957.

入 19 世纪，新的发明更是层出不穷，法拉第发电机的发明标志着人类从蒸汽时代进入电力时代。电的利用、化学合成、无线电通讯、内燃机及汽车等众多发明，深刻地改变着人类的社会生产和社会生活。而被恩格斯称为自然科学中彻底动摇了形而上学自然观的三大发现，即能量转化、细胞学说和进化论，是科技进步中的又一亮点。科学技术是促进社会生产发展和人类生活进步的第一动力。马克思指出："大工业把巨大的自然力和自然科学并入生产过程，必然大大提高劳动生产率，这一点是一目了然的"①，而正因为劳动生产率得以大大提高，才使得"资产阶级在它的不到一百年的阶级统治中所创造的生产力，比过去一切世代创造的全部生产力还要多、还要大"②。

第三，每天变革着分工的基础，使工人陷入毁灭的境地。大工业的基础是用机器来生产机器，因而才得以建立起与之相适应的技术基础。机器是技术的载体，技术基础的革命性源于机器、机器体系的革命性。技术的应用是转化发明的需要，是将科学的发现、发明转化为实际需要的需要。撇开需要不谈，技术的应用决定分工，技术的革命决定分工的变革。换言之，机器的应用决定分工，机器的革命决定分工的变革。马克思说，"机器生产同工场手工业相比使社会分工获得无比广阔的发展，因为它使它所占领的行业的生产力得到无比巨大的增加"③。恩格斯也肯定地指出，"在英国，机器发明之后分工才有了巨大进步，这一点无须再来提醒"④。

关于大工业使用机器给工人阶级带来的某些严重的后果，工人陷入被"毁灭"的境况，马克思以讽刺的口吻概括为三个"美妙的结果"：一是把工人阶级的相当一部分，妇女和男人，变成了被奴役的仆人；二是工人阶级必须忍受失业和跨域转移的痛苦；三是加深工人和资产阶级之间经济、社会和政治的鸿沟。马克思说，"这就是劳动生产力的发展将给工人带来的十分美妙的前景和非常令人羡慕的结果"⑤。

第四，自由竞争恶化了资本主义基本矛盾，造成社会财富的最大浪费。竞争就是追逐利润的竞赛。资本家是资本的人格化，不择手段地追求利润最大化是他的本性，由此决定了资本家之间竞争的常态化。自由竞争越是加剧，资本主义基本矛盾即生产社会化与资本主义生产资料私有制之间的矛盾就愈加恶化，经济危机就不可避免。

---

①③　马克思. 资本论（第1卷）［M］. 北京：人民出版社，1975.

②　中共中央马克思恩格斯列宁斯大林著作编译局. 马克思恩格斯选集（第1卷）［M］. 北京：人民出版社，1972.

④　中共中央马克思恩格斯列宁斯大林著作编译局. 马克思恩格斯全集（第4卷）［M］. 北京：人民出版社，1958.

⑤　马克思. 剩余价值理论（第2册）［M］. 北京：人民出版社，1975.

第五，建成新的世界市场。由于机器大工业助长了资本追逐利润冲动的膨胀，科学技术的不断发展以及由此而产生的资本和劳动力的不断排挤，迫使企业必须经常扩大规模、开拓市场，不仅要占领更多的国内市场，还要建立新的世界市场，扩大世界贸易，"世界贸易是大工业的必备条件"① "世界市场是资本主义生产方式的基础和生活条件"②。国外市场的开拓填补了资本主义大工业蓬勃发展的欲壑，达到了"摧毁国外市场的手工业产品，迫使这些市场变成它的原料产地"的目的。即使远在东方的古老的中国也未能逃出厄运：输入性的国际竞争和野蛮的侵略摧毁了中国的手工业，并演绎了一段半殖民地半封建社会的历史。恩格斯早就预见到这一点。他在 1847 年 10 月撰写的《共产主义原理》中断言，"今天英国发明的新机器，一年以后就会夺去中国成百万工人的饭碗"③。

## （二）大工业的本性决定了劳动的变换

劳动的变换是指工人劳动的方式、形式、内容的变化以及职能的更动和流动。一般而言，劳动是变换着的，劳动资料的变化规定着劳动形式的变化；劳动资料越先进，劳动对象使用价值越高级，劳动的形式越高级。马克思指出，劳动过程的每个一定的历史形式，都会进一步发展这个过程的物质基础和社会形式。这个一定的历史形式达到一定的成熟阶段就会被抛弃，并让位给较高级的形式。④科技进步是劳动形式每一次更迭的第一引擎。

19 世纪中叶，真正的资本主义大工业取代了工场手工业，马克思所说的工人的"劳动的变换"才以"换班"的形式起步。然而，机器生产不需要像工场手工业那样，使同一些工人始终从事同一种职能，从而把这种分工固定下来，而是从机器出发，不断更换人员，把工人（包括儿童和少年）从这个车间调到那个车间，或从这个工厂调到那个工厂。这就是当时的工厂主都要双手抓住不放的"换班制度"⑤。

虽然"换班"还不完全是实际上的"劳动的变换"，但与之的距离也只有一步之遥了。

19 世纪中叶以后，科学在大工业中的地位越来越高，发挥的作用越来越大，渐渐成为大工业生产的一个组成部分，所有工业的发展都已经离不开科学了，科学成

---

①③ 中共中央马克思恩格斯列宁斯大林著作编译局. 马克思恩格斯全集（第 4 卷）［M］. 北京：人民出版社，1958.

②④ 马克思. 资本论（第 3 卷）［M］. 北京：人民出版社，1975.

⑤ 马克思. 资本论（第 1 卷）［M］. 北京：人民出版社，1975.

为重大发明的先导。例如，在冶金技术方面，发明了许多新的工艺方法，得以从低品位的铁矿中炼出高级钢；由于利用了电并发明了主要使用石油产品为燃料的内燃机，动力工业被彻底改革了；物理学家的研究为无线电的发明和信息革命提供了理论支持；地质学家为石油和其他矿物勘探作出了重要贡献；化学家发明了从原油中提炼出汽油、煤油以及轻、重润滑油的种种方法，他们还深度挖掘了物的使用价值，发现了许多物的新的有用属性，例如，从煤炭干馏时生成的煤焦油中发现了多种衍生物，其中包括数百种染料和大量的其他副产品如阿司匹林、炸药、糖精等。从上述可见，在以机器为主的大工业时代，科技发明相当活跃，由此引发的技术基础的革命性如同良田沃土，不断培育、丰富和扩大新的产业并按下了新的行业突起的快进键。技术革命、产业发展和部门竞争是社会分工革命的本源，是生产过程创新、工人劳动的变换和流动的根本动力。据此马克思尖锐指出，"现代工业从来不把某一生产过程的现存形式看成和当作最后的形式。因此，现代工业的技术基础是革命的，而所有以往的生产方式的技术基础本质上是保守的"[①]。马克思并且断言，"现代工业通过机器、化学过程和其他方法，使工人的职能和劳动过程的社会结合不断地随着生产的技术基础发生变革。这样，它也同样不断地使社会内部的分工发生革命，不断地把大量资本和大批工人从一个生产部门投到另一个生产部门。因此，大工业的本性决定了劳动的变换、职能的更动和工人的全面流动性"[②]。

在阐述马克思的劳动的变换理论的当代意义之前，我们有必要进一步探讨马克思关于"大工业的本性决定了劳动的变换、职能的更动和工人的全面流动性"这一论断的深刻内涵。

工人的劳动的变换是资本狂热地追求利润的需要。资本主义生产的直接目的和决定性动机是追求剩余价值。为达到这一目的，资本家会不顾一切地扩大和加重对雇佣工人的剥削，会创造"狂热的生产速度和巨大的生产规模、经常把大量资本和工人由一个生产领域投入另一个生产领域"[③]。不同的生产领域有着不同的生产内容，工人的劳动方式、方法和职能也因之不同；对工人而言，因不同部门间的跨域转移而发生的劳动的变换是迫不得已的、是必须的。

工人的劳动的变换受制于机器，机器的状况制约工人的劳动的变换。机器对工人劳动的变换的影响和作用机理是这样的。

一方面，自由竞争和社会的生产的无政府状态促进和迫使每个工业资本家改进或使用新的机器，进而要求工人学习并掌握使用新机器新工具的技能，劳动的变换

---

①②③　马克思. 资本论（第1卷）[M]. 北京：人民出版社，1975.

顺理成章。

资本主义竞争是资本家之间你死我活的争斗。他们摆脱竞争厄运的正大光明的途径是采用新技术，改进或使用新机器。资本家尽管可以把这方面的投入转嫁到工人身上，甚至有可能把超额利润的梦幻变成现实，但也不是情愿的。恩格斯一语破的，"社会的生产无政府状态的推动力，使大工业中的机器无限改进的可能性变成一种迫使每个工业资本家在遭受毁灭的威胁下不断改进自己的机器的强制性法令"[①]。

另一方面，"自由竞争必然会大大促进新机器的发明，那时机器每天都要排挤掉比现在更多的工人"[②]。这是因为新机器的发明和使用，会以两种形式排挤工人：第一种形式，因新机器的采用大大提高了劳动资料使用效率和劳动生产率，一部分工人显得多余被解雇。第二种形式，由新的分工引起的劳动的变换使一部分工人成了落伍者。

工人主动地实现劳动的变换是自我救赎。资本主义劳动生产力的发展既依赖于工人的技能和能力，也依赖于"每天都在更新的物质工具"[③]。"物质工具"即机器，机器既是资本主义大工业的起点，又是资本主义大工业发展的"硬件"。不断发明出来的新机器决定分工变革的经常性和劳动复杂程度的不断提高，造成一部分工人失业或迫不得已地跨域转移。这要求工人紧紧追随新知识新技术，改变自我，提升自我，以确保工作的可持续性；同时，根据分工、专业、岗位的当下需要和对发展趋势力所能及的把握，改善自己的劳动方式、方法、职能和劳动内容，顺势而为。这是工人应对失业或转移的逆境的最佳选项。

# 五、劳动的变换理论的当代意义

马克思的劳动和劳动发展理论博大精深，如前述及，劳动的变换理论是它的"硬核"。这一理论是在 19 世纪中叶真正的机器大工业时代来临时提出来的。在阐述这一理论时，马克思一针见血地揭露了劳动的变换给工人阶级造成的"灾难性"后果；同时，他又给工人指明了活路，这就是工人要努力成为能够"适应于不断变动的劳动需求"的"全面发展的个人"。成为"全面发展的个人"不只是马克思对英国工人阶级的企望，也是对未来共产主义社会劳动者塑身标准的颇有科学性的预见。

① 中共中央马克思恩格斯列宁斯大林著作编译局. 马克思恩格斯选集（第 3 卷）[M]. 北京：人民出版社，1972.
② 中共中央马克思恩格斯列宁斯大林著作编译局. 马克思恩格斯全集（第 4 卷）[M]. 北京：人民出版社，1958.
③ 马克思. 剩余价值理论（第 3 册）[M]. 北京：人民出版社，1975.

然而，马克思很清楚，在资本主义社会，工人阶级是被统治、被剥削的阶级，他们注定要从事艰苦的劳动和过着悲惨的生活，劳动和劳动的变换都是被迫的。因而，不可能有更多机会通过职能本身或者工艺学校、农业学校、职业学校受到全面的应有的教育，以成为"全面发展的个人"。在他看来，只有在"社会的每一成员不仅有可能参加生产，而且有可能参加社会财富的分配和管理，并通过有计划地组织全部生产，使社会生产力及其所制成的产品增长到能够保证每个人的一切合理的需要日益得到满足的程度"①，理论和实践的教育在学校中占据应有的位置，这个目标才能真正实现。而这正是"工人阶级在不可避免地夺取政权之后"的事情。如今，社会主义中国正在逐步地把马克思的夙愿变成现实。

我们正生活在第四次工业革命时代中，人工智能和智能化既是这个时代人类智慧和科技发展创新的成果，又是推动这个时代科学技术发展和经济、政治、军事、教育、文化及意识形态发展的重要引擎。仅从劳动和劳动的变换而言，人工智能和智能化必将对社会的这些领域对劳动者的数量需求、质量需求、结构需求和劳动者自身产生重大而深远的影响。事实上，这种影响已经产生，并且同人工智能的发展和智能化的推进如影随形。所以，在这个新时代的大背景下研究马克思的劳动的变换理论，就更显示出它的非常意义：不仅具有普遍的时代意义，而且具有深远的历史意义。

首先，劳动的变换理论具有超越时代的历史意义。马克思从揭示机器大工业的本性入手，提出了劳动的变换及其规律。"大工业的本性决定了劳动的变换"。

马克思以辩证的思维分析了资本主义大工业的双重性：一方面，生产的技术基础和分工的变革，决定了工人的劳动的变换、职能的更动和全面流动性；另一方面，也造成了工人的职能和劳动力过剩，破坏了工人生活的安宁、稳定和保障。马克思指出，这个矛盾正是"通过工人阶级的不断牺牲、劳动力的无限度的浪费以及社会无政府状态的洗劫而放纵地表现出来。这是消极的方面"②。这个"消极方面"的后果是一个"生死攸关的问题"。马克思忠告工人，出路就在于"适应于不断变换的劳动需求""全面发展"。这对于经受过同资产阶级斗争洗礼的工人阶级而言，马克思指出的这一方向，不啻具有当下意义，更是具有前瞻性的至理名言。

从世界和一国范围来看，机器大工业在经历第一、第二、第三次工业革命之后，在第四次工业革命中绽放出更加绚丽的色彩。科技发展日新月异，引起劳动变换的技术基础更加活跃；行业骤变，生死交替；分工的细分裂变有如梦幻，随时催生出

---

① 中共中央马克思恩格斯列宁斯大林著作编译局.马克思恩格斯选集（第3卷）[M].北京：人民出版社，1972.

② 马克思.资本论（第1卷）[M].北京：人民出版社，1975.

新的行业以及新的劳动方式、方法、职能和劳动者的流动。以通信产业的电话为例，先是有线，后是无线，从固定电话到传呼机，再到移动电话，及至现今的多功能智能电话……看似产品的升级换代之速，有时甚至始料不及，背后却是科学技术的发展、机器体系的进步和部分劳动者的失业以及"充电"后的劳动者、变换后的劳动的跟进。对于这个逻辑，大工业时代是这样，智能时代也没有改变，X 时代会依然如此。

在企业内部，机器体系发生了巨大的变化，传送机和工作机的运行，正在越来越大的范围由人工智能和机器人操控。并且，人工智能和机器人以其精准、高效、安全、拟人化的服务，越来越低的比较成本的优势，在多产业、多行业、多领域、多岗位大行其道，"智能排挤工人"是不争的事实，甚至这种"排挤"在某些发达地区如江苏、广东、浙江，在某些领域，会愈演愈烈，由此对社会的就业、就业需求结构和供给结构的影响是不言而喻的。

总之，马克思的劳动的变换理论及其规律，作为原理，具有普遍的永恒的意义。在这一理论和规律面前，我们的任务只有一个：学习、消化、运用。

其次，劳动的变换理论是探索和理解马克思经济理论中全部劳动范畴和劳动发展理论的"通衢"。在今天，无论是从理论上或是实践上来看，"劳动"都是一个极普遍的现象，一个极普通的概念。然而，在马克思恩格斯所处的时代，承认劳动在人类社会发展史上的地位和作用，揭露雇佣工人的剩余劳动是资本家无偿攫取的剩余价值的源泉，如冒天下之大不韪。尽管如此，马克思恩格斯一生高扬战斗的旗帜，坚持用自己的学识为工人阶级服务。他们在多篇著作和讲话中充分肯定和强调了劳动的伟大的历史作用，理直气壮地树立了劳动的"权威"。

早在 1845～1846 年马克思恩格斯合作的《德意志意识形态》这部著作中，他们就以共产主义者的姿态提出了人类生存、人类历史的"第一个前提"，这个前提就是"生产满足这些需要的资料，即生产物质生活本身"①。这是他们一生中坚持的历史唯物主义劳动观的起点。

1878 年，恩格斯第一次把马克思的劳动观提升到历史唯物主义的内核和理论基础的高度，第一次提到了马克思的两个"重要发现"：一个是人们首先必须劳动，另一个则是"彻底弄清了资本和劳动的关系，换句话说，就是揭露了在现代社会内，在现存资本主义生产方式下资本家对工人的剥削是怎样进行的"②，即发现了剩

---

① 中共中央马克思恩格斯列宁斯大林著作编译局. 马克思恩格斯选集（第1卷）[M]. 北京：人民出版社，1972.
② 中共中央马克思恩格斯列宁斯大林著作编译局. 马克思恩格斯选集（第3卷）[M]. 北京：人民出版社，1972.

余价值。

1883 年 3 月 14 日，恩格斯的亲密战友马克思逝世。3 月 17 日，在马克思的葬礼上，恩格斯发表了简短的讲话，再一次高度评价了马克思的两个"重要发现"，指出，"一生中能有这样两个发现，该是很够了"①。

那么，马克思恩格斯为什么如此看重劳动、强调劳动的必要性呢？其原因除了劳动本身关系到民族，关系到整个人类生活，是人类的第一必需外，还因为劳动的重要性历来为繁茂芜杂的意识形态所掩盖，被唯心主义者和普鲁士专制主义者披上了遮掩物。而马克思恩格斯的目的就在于掀去这些遮掩，恢复劳动"在历史上应有的权威"。更为重要的是，只有维护劳动的权威，才能彻底揭露剩余价值的来源和资本家剥削工人的秘密，唤醒工人阶级为争取自身的解放而斗争。

古往今来，在人类漫长的历史上，劳动从方式、形式、内容到职能，一直都是极其缓慢地变化着的。进入机器大工业时代以后，这种变化才按下了快进键。

劳动是基础，劳动的变换是发展，是贯穿于资本主义社会工人劳动史的一根主线。

如果说劳动和自然界一起是财富的源泉，那么，劳动的变换则是财富增加的主要源泉。因为促使劳动变换的动力是科技发展和机器体系的进步，它们是第一生产力，是永不枯竭的财富源泉。而劳动者的每一次劳动的变换（不管是被迫的或是自觉的），都是对知识的丰富和技能的提高的检验和实践，作为创造财富的主体，这一过程凸显了劳动和劳动者的权威。

在马克思卷帙浩繁的《资本论》中，劳动理论这座"富矿"展现出一个宏大的理论体系。在这里，马克思提出了一系列劳动范畴和超越时代的劳动理论。通过对机器大工业时代劳动的变换的缘起、发展、后果、未来和劳动的变换与职业教育及人的全面发展的深入研究，就可以管中窥豹，逐步认知马克思的劳动理论体系；深刻理解马克思主义的历史唯物主义；清醒认识资本主义与生俱来的贪婪疯狂的本性；奋斗争取马克思所描绘的在共产主义社会，无穷无尽的生产能力将为大众造福，劳动会很快减少到最低限度并成为一种享受的理想境界。

再次，劳动的变换理论是马克思奉献给工人阶级，教导工人淬砺、全面发展以适应劳动变换要求的教程。马克思倾毕生精力，在穷困潦倒中研究写作了鸿篇巨制《资本论》。《资本论》第一卷出版不久，恩格斯即以满腔热忱给予极高评价。他在为"民主周报"写作的书评中指出，"自地球上有资本家和工人以来，没有一本书

---

① 中共中央马克思恩格斯列宁斯大林著作编译局. 马克思恩格斯选集（第 3 卷）[M]. 北京：人民出版社，1972.

像我们面前这本书那样，对于工人具有如此重要的意义"①。马克思逝世不久，《资本论》第一卷德文版第三版出版。1886 年 11 月，此时离 1867 年《资本论》第一卷德文版出版已过去近二十年，《资本论》第一卷英文版即将出版。恩格斯高兴地看到，马克思的理论不仅在德国和瑞士，而且在法国、荷兰、比利时、美国、意大利、西班牙和英国，在各地，都对社会主义运动产生着巨大的影响。有鉴于此，恩格斯在英文版序言中断言，"《资本论》在大陆上常常被称为'工人阶级的圣经'。任何一个熟悉工人运动的人都不会否认：本书所做的结论日益成为伟大的工人阶级运动的基本原则……各地的工人阶级都越来越把这些结论看成是对自己的状况和自己的期望所作的最真切的表述"②。与《资本论》中的其他理论一样，马克思的劳动的变换理论对于工人阶级同样具有重要意义。

要清醒认识自进入机器大工业时代以来劳动的变换是常态，承认劳动的变换和工人的多方面发展是社会生产的普遍规律。工人只有做到多方面的发展，才能顺应这种形势。随着科学技术的不断发展和创新发明的不断出现，工人的劳动的变换的频率会增加，劳动的历史形式随时会被新的形式所取代。因而工人应该认识到"有改变活动的必要"，主动适应，多多关注新事物、新趋势，刻苦学习新知识、新技能，未雨绸缪，争取在求职过程中抓住好的就业机会，在职场上谋到更好的职位。

要积极参与知识和技能的学习与竞争，厚植个人发展潜力。为应对劳动的变换的要求，工人除了通过职能本身发展自己的劳动熟练程度，还可以随着资本主义科学和国民教育的进步、普及，学习到更多的知识和技能。但是这样一来，却增加了工人的供给，加剧了他们之间的竞争，使劳动力贬值。正如马克思所说，"他们的劳动能力提高了，但是他们的工资下降了"③。在这种"二律背反"的现象中，赢家还是资本家阶级，而工人的境遇会更加困难。这是资本主义制度造成的必然结果。工人的出路只能是努力做到出类拔萃、技高一筹。

最后，劳动的变换理论是机器大工业进入智能化时代分析研究工人阶级前途命运的思想武器。2011 年德国在汉诺威工业展上第一次提出工业 4.0 概念，以人工智能技术为代表的第四次科技革命登上历史舞台。从历史上来看，每一次科技革命的发生，都伴随着生产方式的深刻变革。蒸汽机的发明，使机器逐步取代了人力；电

① 中共中央马克思恩格斯列宁斯大林著作编译局. 马克思恩格斯全集（第 16 卷）[M]. 北京：人民出版社，1964.

② 马克思. 资本论（第 1 卷）[M]. 北京：人民出版社，1975.

③ 马克思. 资本论（第 3 卷）[M]. 北京：人民出版社，1975.

气时代的到来，使流水线作业成为主要生产方式；信息技术的发展，推动了生产过程的高度自动化。人工智能的发展，也必将带来经济社会的深刻变革，将在越来越大的范围大显身手，越来越多的职业、工种、岗位将被自动化所取代。正如世界经济论坛创始人兼执行主席克劳斯·施瓦布所说，"许多工种已经实现自动化，尤其是那些需要机械重复、精准操作的体力工作。许多其他工种也会逐步实现自动化，因为计算能力在快速增强。即便是像律师、金融分析师、医生、记者、会计师、保险承保人、图书管理员等各种不同的职业，也可能部分或全部实现自动化，而且这一天会比大多数人的预期来得早"①。以色列历史学家尤瓦尔·赫拉利的观点则更悲观一些。他说，"21 世纪经济学最重要的问题，可能就是多余的人能有什么功用。一旦拥有高度智能而本身没有意识的算法接受几乎一切工作，而且能比有意识的人类做得更好时，人类还能做什么"，② 他还说，"19 世纪，工业革命创造出庞大的都市无产阶级"，21 世纪，新的科技革命将创造出"无用阶级"，"我们可能看到的是一个全新而庞大的阶级：这一群人没有任何经济、政治或艺术价值，对社会的繁荣、力量和荣耀也没有任何贡献"③。

在我们看来，这些学者看到的只是现象，没有看到现象背后的本质及根源，陷入历史虚无主义的泥沼。马克思认为，机器排挤工人现象是机器大工业发展的必然结果。他指出，"劳动资料一作为机器出现，立刻就成了工人本身的竞争者。通过机器进行的资本的自行增殖，同生存条件被机器破坏的工人的人数成正比"④。工人的劳动的变换，也正是机器排挤工人后的无奈选择。这种情况在当代资本主义国家依然存在。这是资本主义生产方式的必然产物。

在资本主义生产关系下，资本主义基本矛盾带来的资本与劳动的对立，是机器排挤工人的根源。人工智能是生产工具，属于生产资料范畴，从价值形态看属于不变资本，本身并不创造剩余价值。在资本本性驱动下，人工智能强化了对工人阶级的剥削和排斥，即一方面创造了更高的剩余价值率；另一方面又制造了大量过剩的劳动人口。所以，在资本主义条件下的"机器换人"，主要目的是追求剩余价值，它带来的是劳动异化和对工人阶级更为深重的剥削。

在社会主义生产关系下，公有制为主体，劳动者创造的剩余产品主要归劳动者共同占有，人工智能发展带来的"机器换人"更多地表现为解放劳动的积极意义。人工智能的发展促进了人们生产方式和生活方式的深刻变革，减少了整个社会的必

---

① 克劳斯·施瓦布. 第四次工业革命：转型的力量 [M]. 李菁，译. 北京：中信出版社，2016.
②③ 尤瓦尔·赫拉利. 未来简史：从智人到神人 [M]. 林俊宏，译. 北京：中信出版社，2017.
④ 马克思. 资本论（第 1 卷）[M]. 北京：人民出版社，1975.

要劳动时间，极大地解放了生产力，使人们拥有了更多的闲暇时间和自由时间，为个性解放、人的自由发展和全面发展提供了条件。同时，人工智能引起的劳动的变换，往往使劳动的方式、形式、内容和职能发生巨大变化，客观上要求人们不断学习新知识，掌握新技能。各级政府也在顺应人工智能发展的时代要求，大力创造充分就业的机会，努力构建面向全民的职业教育体系，为工人队伍的全面发展创造条件。

# ［参考文献］

［1］克劳斯·施瓦布．第四次工业革命：转型的力量［M］．李菁，译．北京：中信出版集团，2016.

［2］马克思．资本论（第 1 卷）［M］．北京：人民出版社，1975a.

［3］马克思．资本论（第 3 卷）［M］．北京：人民出版社，1975b.

［4］马克思．剩余价值理论（第 2 册）［M］．北京：人民出版社，1975a.

［5］马克思．剩余价值理论（第 3 册）［M］．北京：人民出版社，1975a.

［6］尤瓦尔·郝拉利．未来简史：从智人到神人［M］．林俊宏，译．北京：中信出版集团，2017.

［7］中共中央马克思恩格斯列宁斯大林著作编译局．马克思恩格斯全集（第 2 卷）［M］．北京：人民出版社，1957.

［8］中共中央马克思恩格斯列宁斯大林著作编译局．马克思恩格斯全集（第 4 卷）［M］．北京：人民出版社，1958.

［9］中共中央马克思恩格斯列宁斯大林著作编译局．马克思恩格斯全集（第 16 卷）［M］．北京：人民出版社，1964.

［10］中共中央马克思恩格斯列宁斯大林著作编译局．马克思恩格斯选集（第 1 卷）［M］．北京：人民出版社，1972.

［11］中共中央马克思恩格斯列宁斯大林著作编译局．马克思恩格斯选集（第 3 卷）［M］．北京：人民出版社，1972.

# 马克思恩格斯"机器排挤工人"
# 理论及其当代价值*

在资本主义工业化的早期阶段，资本主义生产方式完成了从工场手工业向机器大工业的过渡，在技术革命带动下，机器取代人力，被机器排挤的工人失业，制造了过剩的劳动人口。

19世纪40年代伊始，恩格斯用长达半个世纪的时间，主要以当代最发达的英国为例，研究了资本主义经济制度、政治制度和资本主义生产的一系列规律，其中"机器排挤工人""生产后备军形成"是他最为关注的问题之一。继1845年出版《英国工人阶级状况》，到1885年6月，恩格斯又先后在《爱北斐的演说》《共产主义原理》《英国的10小时工作法案》《社会主义从空想到科学的发展》《一八四五年和一八八五年的英国》等著作中，"非常认真地研究过"英国工人的状况、苦难和斗争，明确指出工人阶级和资本家阶级的利益是不可调和的，揭示了机器排挤工人、产业后备军形成的必然性、必要性和制度依赖性，对资本主义和资产阶级提出了义正词严的控诉，指明了工人阶级斗争的方向。

马克思在1843年10月开始研究政治经济学，此后用了40年时间完成了鸿篇巨制《资本论》。1848年2月，马克思和恩格斯发表了《共产党宣言》。他们指出，随着机器的不断改良，现代工业愈发达，男工就愈受到女工和童工的排挤，工人的生活地位愈没有保障。据此，他们教导无产者必须摧毁保护和保障私有财产的一切，"才能取得社会生产力"。1867年马克思出版《资本论》第一卷，在论述机器和大工业的发展时，马克思揭露了大工业的本性如何排斥和吸引工人、决定工人的职能过剩和劳动力过剩进而劳动变换的迫切性，揭示了资本主义制度下机器排挤工人的阶级根源和社会根源。

———————————

﹡ 李增军，卢嘉瑞. 马克思恩格斯"机器排挤工人"理论及其当代价值［J］. 政治经济学研究，2022（3）.

本文被中国社科院经济研究所公众号转发。

进入 21 世纪，随着劳动力成本的不断提高、技术的不断进步，产业界从精控生产、提高劳动效率、降低成本出发，积极采用人工智能技术，与先进制造技术深度融合，不断扩大应用场景和岗位，掀起了机器人代替人的热潮，给劳动者就业带来挑战。从机器排挤工人到机器人代替人这种跨越时代的发展趋势对经济社会的发展将产生什么样的影响？我们应该怎样应对这种挑战？马克思恩格斯的"机器排挤工人"理论为回答这些迫切需要回答的现实问题提供了世界观、方法论指引和理论基础。

# 一、"机器排挤工人"的必然性和必要性

从资本主义工场手工业到机器大工业时代，"机器排挤工人"出现过两次浪潮，排挤与反抗排挤的斗争延续了几百年。

第一次，在资本主义工场手工业时期，自然力、机器的应用排挤手工劳动、手工劳动工人，失业者把仇恨发泄在机器上，持续了长达二百多年的暴力斗争。马克思对此有所记录：17 世纪反对一种织带子和花边的机器的工人暴动几乎席卷了整个欧洲；17 世纪 30 年代，一家风力锯木场毁于平民的暴行；1758 年，埃弗雷特制造了第一台水利剪毛机，但却被 10 万名失业者焚毁了；19 世纪最初十五年，英国工场手工业区发生了对机器的大规模破坏（特别是由于蒸汽织机的应用）……①恩格斯认为，工人之所以用暴力反抗机器，是因为在一些行业如棉纺织业中，机器"对手工劳动的排挤以及分工都达到了高度的发展"②，大批工人失业，变成机器的附属品，工资低下，生活没有保障。当"工人已经毫不能容忍按照资本主义方式应用机器"时，用暴力捣毁机器便成为一种最原始、最简单的反抗。马克思指出："工人破坏机器和普遍反对采用机器，这是对资本主义生产所发展起来的生产方式和生产资料的首次宣战。"③ 但是他并不赞同工人的做法，认为"工人要学会把机器和机器的资本主义应用区别开来，从而学会把自己的攻击从物质生产资料本身转向物质生产资料的社会使用形式"④，明白机器并不是造成他们失业贫困的根源，机器的资本主义应用（社会使用形式）即资本家把机器当作工具或手段才是导致工人失业或接受更为残酷的压榨和剥削的元凶。

①④　马克思.资本论（第1卷）［M］.北京：人民出版社，1975.

②　中共中央马克思恩格斯列宁斯大林著作编译局.马克思恩格斯全集（第2卷）［M］.北京：人民出版社，1957.

③　中共中央马克思恩格斯列宁斯大林著作编译局.马克思恩格斯全集（第47卷）［M］.北京：人民出版社，1979.

第二次，机器大工业排挤工人。从 18 世纪最后 30 年起，西欧各主要资本主义国家先后通过工业革命，从工场手工业加速过渡到机器大工业。在棉纺织业的带动和刺激下，其他轻工业部门紧紧跟上，轻工业部门的机器发明和广泛应用又推动了重工业和加工制造业的技术革新以及交通业的飞跃发展。到 19 世纪 30~40 年代，英国产业革命基本完成，此后，法国、美国也相继完成了工业革命，标志着资本主义机器大工业已居于统治地位，雇佣劳动制度根深蒂固。随着机器的广泛应用，它在消灭工人"工作日的一切道德界限和自然界限"而让工人"沦为牲口"的同时，还把大量工人排挤出生产过程，形成庞大的产业后备军。这个时期工人的斗争不只是要求提高工资，甚至要求有更多的民主权利，有浓厚的政治色彩。为此，他们采取的主要斗争形式就不再是捣毁机器，而是起义、集会、游行、请愿。最有代表性的是法国、英国、德国等发动的著名的三大工人运动，最终虽然失败，但也对资本主义制度形成了猛烈冲击。

资本主义制度下"机器排挤工人"制造过剩人口有其必然性和必要性。

首先，追求超额剩余价值的内在冲动制造过剩人口。唯利是图、贪得无厌是资本家的本性。为了提高对工人的剥削程度，他们总是不惜采取一切手段和方法，而采用机器无疑是不二选择。他们明白："机器从一开始，在增加人身剥削材料，即扩大资本固有的剥削领域的同时，也提高了剥削程度。"① 只有依靠机器大幅度提高劳动生产力，"减少一定资本所使用的工人人数，才能产生这样的结果"②。马克思还说，使用机器的方式正是在于"把一定量的工人当成剩余劳动的生产上过剩的人而抛弃和除掉"③。恩格斯还指出，无论是新的行业采用机械力和机器，还是原来就采用机器的行业扩充和改善机器，都会排挤越来越多的工人，而排挤的速度比吸收和雇佣这些被排挤的工人的速度快得多。④ 追求超额剩余价值—使用机器—排挤工人，这是资本主义制度导致机器排挤工人的第一个逻辑。

其次，资本家之间竞争的外在压力催生过剩人口。竞争是资本家之间关系的常态，是阶级社会的永恒现象。竞争的目的是争夺各自在市场上的地位，而这种地位同产品的便宜程度成正比，这正是资本家之间争夺的动力。"自由竞争必然会大大促进新机器的发明"⑤，强化资本家竞争的手段。为了降低产品的个别价值，提高产

---

① ② 马克思. 资本论（第 1 卷）［M］. 北京：人民出版社，1975.

③ 中共中央马克思恩格斯列宁斯大林著作编译局. 马克思恩格斯全集（第 47 卷）［M］. 北京：人民出版社，1979.

④ 中共中央马克思恩格斯列宁斯大林著作编译局. 马克思恩格斯全集（第 19 卷）［M］. 北京：人民出版社，1963.

⑤ 中共中央马克思恩格斯列宁斯大林著作编译局. 马克思恩格斯全集（第 4 卷）［M］. 北京：人民出版社，1958.

品的竞争力，资本家会"双管齐下"：一方面，不惜一切代价发明机器、改良机器，创新生产方法；另一方面，在劳动力的使用上突破生理界限和道德界限，极力把工资压低，使工人陷入"慢性贫困"。正如马克思所说，他们除了"竞相采用代替劳动力的改良机器和新的生产方法以外，每次都出现这样的时刻：为了追求商品便宜，强制地把工资压低到劳动力价值以下"①。资本家竞争—发明和改良机器—催生过剩人口，这是资本主义制度导致机器排挤工人的第二个逻辑。

最后，工业周期性循环需要储备过剩人口。资本主义社会在进入机器大工业时期以后，工业便陷入"永久的循环""转换"。每一次循环需要经历几个时期，周而复始。马克思就此写道，工业的生命按照中常活跃、繁荣、生产过剩、危机、停滞这几个时期的顺序而不断地转换。② 这就是工业经济危机周期经历的几个阶段。他还说，由于工业循环的这种周期变换，机器生产使工人在就业上并从而在生活上遭遇的无保障和不稳定状态，已成为正常的现象。③1825 年，英国爆发了第一次全国范围的经济危机。在恩格斯于 1844 年写作的《英国工人阶级状况》一书中他提供的情况是"这个永久的循环"（危机），"通常是每五六年就重新开始一次"④。但后来出现了两个变化：一是英国的经济危机迅速波及美国以及欧洲；二是危机轮回发生的周期延长了。到恩格斯于 1880 年写作《社会主义从空想到科学的发展》时，"危机""十年一次"了。为什么会出现这种变化？根本的原因是资本主义制度，即剥削雇佣劳动的制度，这个制度不是英国独有的，而是普及欧美各国，形成从经济制度、政治制度到意识形态的完整的资本主义制度体系和大世界市场体系。所以，一旦危机漫卷，其他国家也在劫难逃。此外，还有两个方面的原因：一方面，科技进步，机器改进，新机器发明层出不穷。恩格斯说："这种改进由于竞争而变成每个厂主必须遵守的强制性法令，同时就使工人遭到不断的解雇：产生了产业后备军。"⑤ 另一方面，无政府状态下生产的无限扩张和工人消费需求的严重不足。恩格斯还指出："这两方面造成了生产力的空前发展、供过于求、生产过剩、市场盈溢、十年一次的危机、恶性循环；这里是生产资料和产品过剩，那里是没有工作和没有生活资料的工人过剩。"⑥

---

① 马克思. 资本论（第 1 卷）［M］. 北京：人民出版社，1958.
②③ 中共中央马克思恩格斯列宁斯大林著作编译局. 马克思恩格斯全集（第 23 卷）［M］. 北京：人民出版社，1972.
④ 中共中央马克思恩格斯列宁斯大林著作编译局. 马克思恩格斯全集（第 2 卷）［M］. 北京：人民出版社，1957.
⑤⑥ 恩格斯. 社会主义从空想到科学的发展//马克思恩格斯全集（第 19 卷）［M］. 北京：人民出版社，2006.

被排挤的工人或者说产业后备军的存在对于资本家而言，对于维系资本主义工业循环而言，至关重要。在工业循环的周期性变换中，在生产过剩和危机阶段，工人被排挤失业，成为"过剩人口"，陷入贫困，生活没有保障。在度过停滞进入活跃、繁荣阶段时，社会需求日益旺盛，资本家大量增加投资，积极更新固定资本、创建新的企业，生产规模不断扩大，对劳动力的需求也日渐增多，大量工人回流到生产岗位，社会生活呈现一片繁荣景气状态。由此可见，"产业后备军"名副其实，它如同一个蓄水池，在工业循环的危机时期"吸水"，把失业的工人吸纳进来；进入活跃、繁荣阶段它再"放水"，将失业待工的劳动力输送到恢复了元气、充满活力的生产企业。对此，恩格斯作出总结："英国工业在任何时候，除短促的最繁荣的时期外，都一定要有失业的工人后备军，以便在最活跃的几个月内有可能生产市场上所需要的大批商品。"① 工业周期性循环—固定资本更新—启用过剩人口，这是资本主义制度导致机器排挤工人的第三个逻辑。

资本主义大工业采用机器发展劳动生产力，对于工人阶级造成的严重后果，马克思以讽刺的口吻概括为三个"美妙的结果""美妙的前景"：第一，把工人阶级的相当一部分，妇女和男人，变成了被奴役的仆人，而把另一部分受机器排挤的工人抛向街头，濒于死亡；第二，工人阶级必须忍受失业和跨生产领域转移的痛苦，但是雇佣劳动决不会因此而终止；第三，加深工人阶级和高踞于他们之上的资本家阶级之间的经济、社会和政治的鸿沟。马克思说："这就是劳动生产力的发展将给工人带来的十分美妙的前景和非常令人羡慕的结果。"②

# 二、机器排挤工人与吸收工人"并行不悖"

如今，学术界在讨论机器人排挤劳动者的现象时，自然要参考和联系马克思的"机器排挤工人"理论。然而人们忽略了两个问题：第一，不只是马克思，而且恩格斯在《英国工人阶级状况》《共产主义原理》等著作和文章中，对"机器排挤工人"也多有论述；第二，马克思、恩格斯并没有仅限于以同情和愤怒的眼光揭露机器排挤、抛弃工人的罪恶事实，而是指明："就业工人人数的相对减少和绝对增加是并行不悖的。"③ 工厂非但能把被驱逐的工人吸收进来，而且还把新的人员吸收进

---

① 中共中央马克思恩格斯列宁斯大林著作编译局. 马克思恩格斯全集（第2卷）[M]. 北京：人民出版社，1957.

② 马克思. 剩余价值理论（第2册）[M]. 北京：人民出版社，1975.

③ 马克思. 资本论（第1卷）[M]. 北京：人民出版社，1975.

来，这就是所谓让人感到"厌恶的定理"："即使已经建立在机器生产的基础上的工厂，经过一定的发展时期，经过或长或短的'过渡时期'，也会让比它当初抛向街头的更多的工人进厂受苦！"①

马克思、恩格斯用四五十年的时间研究资本主义生产方式发生、发展和必然灭亡的规律，他们一直关心工人阶级的命运，用自己的理论指引工人阶级同资本家阶级斗争、谋求自身解放的道路。在他们的著作中，不仅以大量的篇幅揭露资本家用机器排挤工人造成的悲惨后果；同时也指明，大工业的建立，科学技术的迅猛发展，使社会生产力的发展呈加速性，需要大量新增加的劳动人口。他们在《共产党宣言》中指出："资产阶级在它的不到一百年的阶级统治中所创造的生产力，比过去一切世代创造的全部生产力还要多，还要大。自然力的征服，机器的采用，化学在工业和农业中的应用，轮船的行驶，铁路的通行，电报的使用，整个整个大陆的开垦，河川的通航，仿佛用法术从地下呼唤出来的大量人口，过去哪一个世纪能够料想到有这样的生产力潜伏在社会劳动里呢？"② 正是由于生产力日新月异地增长，加速了新老工业的交替、产业领域的扩大和世界市场的开拓，为工人的再就业创造了条件。

在资本主义生产方式的历史初期，每一个资本家都从骨子里确立了"致富欲和贪欲作为绝对的统治地位"的坚定信念。所以，在资本主义生产方式存在和发展的过程中，他们需要不断地积累资本，不断地扩大再生产。即使资本有机构成不断提高，资本对劳动力的需求在个别部门和企业会相对减少，甚至绝对地减少，乃至于引发游行抗议，"但同时，为了造成生产力的这种相对增加，必须使用更多数量的工人"。③ 对于工人阶级而言，这就有了灵活劳动变换、依靠自身努力和发展寻求就业的机会。

第一，给应用机器的劳动部门提供生产资料的那些部门生产的扩大会增加就业工人数量。马克思指出："虽然机器在应用它的劳动部门必然排挤工人，但是它能引起其他劳动部门就业的增加。"④ 由于使用机器提高了效率、扩大了产量，势必造成"给这个工业部门提供生产资料的那些部门的生产首先会增加"⑤，这就使工人的数量也会因此而增加。

①④⑤　马克思. 资本论（第 1 卷）[M]. 北京：人民出版社，1975.

②　中共中央马克思恩格斯列宁斯大林著作编译局. 马克思恩格斯选集（第 1 卷）[M]. 北京：人民出版社，1972.

③　中共中央马克思恩格斯列宁斯大林著作编译局. 马克思恩格斯全集（第 47 卷）[M]. 北京：人民出版社，1979.

第二，资本主义大工业的特性往往会以爆发式助推生产资料生产的发展，从而创造较多就业机会。恩格斯在《马克思〈资本论〉第一卷提纲》中说："大工业有巨大的弹性，它能突然地跳跃式地扩展到高度发展阶段。"① 在这个阶段，工厂有极强的投入产出能力，资本家积极更新固定资本，新机器制造部门需要增加"用机器生产机器"的工人；原材料等大宗商品需求旺盛，产业关联度增强，产能强劲，"只有原料和销售市场才是它的限制"②，这个时期工人就业形势乐观。

第三，社会分工的发展和社会生产部门的多样化能提供许多新的就业机会。马克思说，机器生产"使社会分工获得无比广阔的发展"，"社会生产部门也越来越多样化"。③机器生产大大提高了劳动生产率，满足并给分工发展提供了广阔空间；分工的发展又促进了社会生产力的巨大增加和社会生产部门的多样化，专业分工细了，生产部门多了，工人就业市场也随之扩大。

第四，新的世界市场的建立需要增加新的劳动。大工业把世界各国人民互相联系起来，把各国的小市场联合成为一个世界市场。正是因为有了世界市场，才使商品生产和贸易突破国家界限，发展成为世界生产和贸易。从此，全球性的劳动和自然资源的利用，被一只无形的手调动，突破了文化和物质的藩篱，不仅消费品，而且生产资料都在相互交换，人类社会生活融通多彩。所以，世界市场的建立极为重要。正如马克思所指出的："对于资本主义生产来说，非常重要的是产品发展成为商品，而这同市场的扩大，同世界市场的建立，因而同对外贸易，有极为重要的联系。"④

连接各国建立世界市场的首要条件是运输。17～18世纪主要是航运。作为世界上第一个资产阶级国家，荷兰史上曾负盛名"海上马车夫"，其造船业、远洋航运和转口贸易，一度举世闻名。1825年英国第一条铁路通车。从此"海陆""两驾马车"在殖民活动的腥风血雨中扩大和繁荣了世界市场。马克思指出，随着这种世界市场关系的发展，运输业对劳动的需求增加了，而且运输业又分成许多新的下属部门。⑤运输业对新增的劳动需求不仅涉及造船、管理、搬运、船上劳务等部门，而且在远期才能见到收效的产品如运河、船坞、隧道、桥梁等的部门中的劳动，也"扩大"了。

第五，大工业的发展会给工人阶级在非生产劳动领域提供越来越多的劳动机会。从人类历史发展的逻辑来看，先有物质，物质资料生产劳动是第一位的；后有非物

---

① 中共中央马克思恩格斯列宁斯大林著作编译局. 马克思恩格斯全集（第16卷）[M]. 北京：人民出版社，1964.

②③⑤⑥ 马克思. 资本论（第1卷）[M]. 北京：人民出版社，1975.

④ 马克思. 剩余价值理论（第2册）[M]. 北京：人民出版社，1975.

质，非物质资料生产劳动是第二位的。但是，生产力愈是发展，物质资料愈是丰富，社会对非生产劳动及其产品的需求愈大，这是一个规律。这个规律的深刻意蕴先在于工人阶级中将会有越来越多的人参与非生产劳动。马克思指出，大工业领域内生产力的极度提高，以及随之而来的所有其他生产部门对劳动力的剥削在内含和外延两方面的加强，使工人阶级中越来越大的部分有可能被用于非生产劳动。⑥另外还应该注意到，工人阶级中还将有越来越多的人参与更高层次的非生产劳动。

# 三、马克思恩格斯"机器排挤工人"理论的当代价值

马克思、恩格斯是全世界无产阶级和劳动人民的革命导师。他们关于"机器排挤工人"的理论无情地揭露了资本家对工人（包括妇女、儿童）惨无人道的迫害，深刻分析了从资本主义工场手工业到机器大工业，科学技术作为生产力发展的内生力量，它的发展是不可逆的，指明了工人反抗资本家阶级、谋求自身解放的正确道路。读懂这一理论的深刻意蕴，对于正确认识、稳妥处理当下和未来"机器人换人"这一愈演愈烈的社会问题，具有重要的理论和现实意义。

## （一）为正确认识当代"机器人换人"现象提供理论指导

1. "机器人换人"是科学的蓬勃发展和技术的不断创新的必然结果。从自然力、机器的简单应用排挤手工劳动工人，到机器大工业培育着一支随时可供支配的产业后备军，到1956年世界上第一台机器人面世，再到21世纪以来机器人在制造业、港口运输业、建筑业等行业大行其道，大批工人失业，"人机矛盾"愈演愈烈，"机定胜人"在某些方面已成定局。这其中有一个必然的逻辑。

马克思说过："所有发达的机器都由三个本质上不同的部分组成：发动机，传动机构，工具机或工作机。发动机是整个机构的动力。"① 他还说，这种机器体系"是机器生产的最发达的形态"②。1735年约翰·淮亚特宣布他发明的纺纱机是"不用手指纺纱"的机器，如果把这台纺纱机看作是机器史上第一台机器的话，那么时至今日，机器的历史也不足三百年。马克思告诉人们，"当工作机不需要人的帮助就能完成加工原料所必须的一切运动，而只需要人从旁照料时，我们就有了自动的机器体系"③。正是因为有了自动的机器体系，工作机再不需要人的帮助就可以完成

---

①②③　马克思. 资本论（第1卷）[M]. 北京：人民出版社，1975.

加工原料的任务；而一个自动的机器体系又可以同时推动许多工作机，所以才导致大批工人失业，形成庞大的产业后备军。

虽然二三百年前机器无法与今天林林总总、高端无比的机器相比，但是，它们毕竟"一脉相承"、赓续至今。从机器的最初研发到如今机器的天下，机器的面目、机器的复杂程度无论发生了怎样的变化，但都秉持三个"未变"。

第一，机器的主架构未变。一般而言，当今的机器与二三百年前的机器并无实质上的不同，作为自动化的机器体系，依然是发动机、传动机构和工作机三位一体、协同运行。即使是结构极其复杂的机器人，也不过是具有生物功能的实际空间运行机器，它可以代替人类完成许多难以进行的劳作，执行许多艰巨复杂的任务，并且它可以胜任的工作还是一个"无穷大"，会远远超出人们的想象。

诚然，经过六十多年的发展，当代的机器人已在许多领域登堂入室，大显身手。从大的方面来说，国际机器人联盟将机器人分为工业机器人和服务机器人。工业机器人是指应用于物质资料生产过程的机器人；服务机器人是指除工业机器人以外，用于非制造业并服务于人类的各种机器人。从用途上来划分，主要包括工业机器人、农业机器人、医用机器人、家用机器人、空间机器人、教育教学机器人、服务型机器人、建筑机器人、排险救灾机器人、军用机器人、监督管理机器人、娱乐机器人等。尽管种类很多，但一般是由执行机构、驱动装置、检测装置、控制系统组成。驱动装置发出指令，借助动力元件，驱使执行装置运行，再由检测装置和控制系统进行调整，以确保机器人按指令行动。

第二，机器同工人的竞争关系未变。机器同工人的关系，一开始就是竞争关系。马克思说，"劳动资料一作为机器出现，立刻就成了工人本身的竞争者""工人阶级的一部分就这样被机器变成了过剩的人口"。[①] 世界上第一台机器人从"出生"那一天起，也注定了其和人类的竞争关系。它们一路走来，队伍不断壮大，势如破竹；它们神通广大，摆出无所不能的架势；它们越来越聪明，在云计算、大数据、人工智能等新一代信息技术全面赋能产业的条件下，不断丰富感知智能并逐步走向认知智能；它们越来越"人"化了，和人的"感情"越来越近；它们的替代性越来越强，原本是工人们从事的大量重复性操作的生产环节和岗位，却被它们替代，甚至已经涉足或者正在尝试进入更多领域；它们离人类越来越近，最初，它们是珍稀"动物"，是人们的至宠至爱，后来它们大批量替代工人，迫使工人永远告别他们曾经为之奋斗的岗位，再后来工厂变成了无人工厂，成了它们的天下。

---

① 马克思. 资本论（第1卷）［M］. 北京：人民出版社，1975.

第三，机器作为劳动资料的性质未变。在生产力的要素中，人是其中起决定性作用的要素。在生产力要素的劳动资料中，机器是其基本的构成。劳动资料的发展是社会生产力发展的结果，它不仅标志着社会生产力发展的水平，也反映出一定社会历史时代的生产关系及其性质。马克思指出："各种经济时代的区别，不在于生产什么，而在于怎样生产，用什么劳动资料生产。劳动资料不仅是人类劳动力发展的测量器，而且是劳动借以进行的社会关系的指示器。"① 机器体系作为基本的劳动资料，其标志意义和所体现的社会关系的意蕴是明确的。在人与生产力其他要素的关系，包括与机器的关系中，人起决定性作用；从马克思恩格斯时代机器体系的动力装置、传动装置到工作机，到当今时代的高度自动化机器体系，人作为生产力要素起决定性作用的地位不会改变。把握了这个马克思主义基本原理，就能够把握智能时代、把握机器人。

上述涉及机器人作为的描述不是耸人听闻，而是不争的事实，是我们必须接受的事实。马克思恩格斯时代的机器排挤工人和当今的机器人排挤劳动者，虽然都是排挤，但却刻有不同的时代印记。我们这个时代技术变革的每一项重大进步，都必然涉及大规模失业，将大量简单的重复性劳动、机械性工作从人类手中移出。这是一个必然的趋势。

但是，也不能过分夸大机器人替代人类的范围、规模和脚步，即不能过分夸大机器人的替代作用。人工智能（AI）时代依然是失业与就业并存；新的行业和就业岗位在等待有备而来的新型人才，失业者在艰难学习和奋斗中也会重新上岗。科技史证明，每一项重大的研究发明，在经历了关山难越、终成正果之后，都会催生新的行业和就业机会。马克思恩格斯时代如此，现在和将来亦然。一如马克思那句精粹的判断："问题和解决问题的手段同时产生。"在人类的历史长河中，在无所不能的人类面前，没有战胜不了的困难、解决不了的问题。换言之，一切新技术归根结底是由人类来发展和把控的，机器人未来的发展和应用（即使它有了"自主"意识）也是由人类选择和决定的。

2. "机器人换人"是企业追求利润最大化的必然要求。社会主义经济体制下，企业为生存、发展并承担社会责任而追求利润最大化，天经地义。在生产力诸要素中，根本性的起决定性作用的要素是人，是作为劳动者的人。既然如此，企业在追求利润时，是必须在用人与用"机器人"上进行一番考量的。以下以制造业、智慧物流和基础设施建设为例。

---

①② 马克思. 资本论（第1卷）［M］. 北京：人民出版社，1975.

首先，劳动力流动性缺失形成倒逼机制，企业用"机"良苦。最近，有一组数字令人咋舌：疫情期间两个月内新增骑手58万人，其中40%来自制造业工人。① 从趋势上来看，近年来，快递员、网约车司机、外卖配送员等从事互联网相关业务的劳动者人数逐年增加。美团外卖和饿了么2020年发布的官方数据显示，在美团外卖的400万名骑手中，40岁以下的骑手占比高达83.7%②；在饿了么的300万名骑手中，平均年龄31岁，"90后"占比约为47%③。而可以作为对照的是，国家统计局发布的《农民工监测报告》显示，2008～2018年，从事制造业的农民工平均年增长率为-2.84%。④ 数据清晰展示了劳动力在制造业与互联网服务业之间的转移。那么，引起劳动力在制造业与互联网服务业之间转移的动因是什么呢？毋庸讳言，是互联网服务业的比较利益，即比较高的报酬。在这种情况下，企业有条件，就得另辟蹊径，在"机器人"上做文章。

建筑机器人大军也蜂拥而至。据香港《南华早报》报道，机器人的使用正在将中国的建筑行业"从劳动密集型产业转变为以知识为基础的高科技产业"。人工智能已在中国的基础设施建设热潮中广泛使用，包括建成的世界第二大水电站——白鹤滩水电站的建设。中国已出现了一支规模小但迅速扩大的建筑机器人大军。四川大渡河上的双江口水电站项目也将机器人的使用提高到一个新的水平。在人工智能机器人的帮助下，中国将建成一座312米高的大坝，使用中国自己的北斗导航系统和5G通信技术。2020年，浙江交通部门首次批准将机器人用于道路维护。目前，大多数建筑机器人都是压路机，而在一些规划中的公路项目中，维护机器人将可以承担更广泛的任务，例如用沥青铺路等。

在可预见的未来的许多领域如农业、工业、交通运输业、教育、医院、军事某些岗位和操作等，机器人和AI替代人类都是必然的。但同时也会催生许多新的行业和就业机会，让更多人梦想成真。世界经济论坛和波士顿咨询公司的一项联合研究显示，到2026年，美国将创造出1240万个新工作岗位。机器人和AI应用的充分扩展本身就会创造新的就业机会。⑤ 尽管如此，人是机器人设计和制造机器人的主体，机器人的角色和作用永远是辅助人类工作。

其次，在劳动力人口结构失衡的大背景下，大力研发机器人也是一个重要契机。

---

① 盘和林. 莫用二元思维看待"制造业工人送外卖"[N]. 光明日报，2021-04-22.

② 美团研究院《2019年和2020年疫情期间美团骑手就业报告》.

③ 饿了么《蓝骑士发展与保障报告》.

④ 制造业招工遇冷、大批工厂难招人 劳动力都去哪了[EB/OL]. 人民政协网，https://www.rmzxb.com.cn/c/2021-04-19/2832287.shtml，2021-04-19.

⑤ 潘启雯. 在人工智能的时代，人类也依然闪耀[N]. 解放日报，2021-07-10.

我国的技能劳动者（技术工人）已超过 2 亿人，但技能劳动者占人口总量 26%，而高技能人才只有 5000 多万人。[①] 显然，劳动力人口大国的人才结构与人工智能时代的需求不匹配，同发达国家相比更显落后。于 2019 年 9 月 17 日发布在国家发改委官网上的《促进我国技术技能人才发展的对策建议》表明，发达国家技术技能人才占就业者的比重普遍在 40%～50%。[②]

以机器人的使用来弥补高技能人才是一种战略性选择，前景广阔。一方面，可解燃眉之急。无论是可能大面积替代的标准化、流程化程度较高的行业，或者是高危、高难、高精岗位上的需要，只要是机器人能做的，就让它上岗。另一方面，我国工业自动化水平相较发达国家仍有很大差距，工业机器人和服务机器人市场前景广阔，可大量采用。从全球来看，摩根士丹利的报告显示，目前全球机器人渗透率为 0.9%，机器人占劳动力市场比例为 1%；预计 2040 年，机器人渗透率将达到 7%～18%，机器人占劳动力市场比例将达到 8%～21%。2013 年以来，中国始终保持着全球最大的工业机器人市场这一地位。但以机器人使用密度（平均每万名制造业工人所使用的工业机器人数量）为标准，我国的机器人密度目前为 140 台/万人，远低于美国（217 台/万人）、德国（338 台/万人）、日本（327 台/万人）等发达国家。尽管较为落后，但发展潜力巨大，我国的机器人事业方兴未艾。按照 2020 年 7 月人社部中国就业培训技术指导中心联合阿里巴巴钉钉发布《新职业在线学习平台发展报告》预测，未来 5 年云计算工程技术人员、物联网安装调试员、无人机驾驶员、人工智能工程技术人员、工业机器人系统操作员等人才缺口近千万。人才稀缺是一个难得的机会，我们应擘画未来，迎头赶上，乘势助推实现人工智能和智能人才队伍建设高质量发展，造就高质量就业大好形势。

最后，现实的和潜在的机器人经济效益是促进经济增长的重要引擎。不可否认的是，某些机器人的投入和产出比尚不能体现正效益。由于研发成本、技术难题等因素，有的机器人的潜在经济效益还有待发挥。但更多的是，随着研发的深入和场景的不断拓展，机器人大显身手，在越来越多的领域彰显替代和独立的能力，带来可观的经济效益。佛山一家汽配企业早在 2019 年便投入两千多万元引进工业机器人，进行智能化生产线改造，收获了可观的回报。尤其是 2021 年疫情期间，部分外地员工一时难以复工，但由于生产线进行了智能化升级，人工依赖不高，企业业绩逆势上扬。2021 年董明珠也宣布，格力全产业链都实现智能化，过去一万人的工厂

① 王东明. 扎实推进产业工人队伍建设改革 [N]. 人民日报，2021 - 05 - 18.
② 李长安. "十四五"时期如何实现更加充分更高质量就业 [N]. 光明日报，2020 - 05 - 11.

现在只需 1000 人。① 2017 年 12 月 12 日，上海洋山深水港四期自动化码头开港试生产。这意味着上海建成全球最大的智能集装箱码头。全智能是洋山自动化码头最大亮点，码头几乎"空无一人"，一批批穿梭不停的职能"搬运工"成了码头的主力。2019 年 5 月我们在洋山港二期码头调研，工地负责人介绍，仅二期码头就节省搬运工 1400 多人。②

智慧物流让快速处理更高级、生活更便利。京东亚洲一号武汉物流园的最新一代智能控制系统，可以在 0.2 秒内，计算出 300 多个机器人运行的 680 亿条可行路径，并作出最佳选择。分拣智能搬运机器人系统"小红人"在智能大脑的调度下，无论多忙碌，都不会撞车、打架；要是遇上"堵车"，它会自动重新规划路线；如果没电，它会自动返回充电站充电。这种场景越来越多地出现在国内各类物流行业。在传感器及识别、大数据、人工智能、地理信息系统等多项先进技术的支撑下，智慧物流给物流行业和人们的生产生活带来了前所未有的改变。③ 当生产线实现智能升级，或是社会治理实现智能升级时，都能带来极大经济效益。比如，在武汉，传统生产线实现智能升级后，生产几乎无须人工干预，机械手自动焊接、组装，生产效率提升 30% 以上；在深圳，电力巡查智能升级后，原来 20 天才能完成的现场巡视工作，现在仅需 2 小时；在全国多地，华为助力城市智能升级后，实现了"数据多跑路，市民少跑腿"，让企业和群众到政府办事的效率显著提升。④

3. "机器人换人"是多国人工智能产业竞争的主战场。以人工智能为代表的新型信息技术蓬勃发展，人工智能机器人技术推广的势头强劲。各国以最大的热情、最高涨的积极性打造人工智能产业化基础，人工智能企业和机器人市场竞争激烈。2019 年，全球机器人市场规模达 294.1 亿美元。随着中国人口红利渐渐消失，机器人不仅在制造业上，而且还将在物流、建筑、娱乐、军事等领域取代人力。2020 年中国机器人市场规模已突破 100 亿美元，2016～2020 年的平均增长率达到 20.5%。⑤ 随着全球新一轮产业结构调整和迭代，机器人已经成为先进制造业中不可替代的重要装备和工具，代表了一个国家的制造业水平。世界各国都在争夺机器人使用的领先地位。我国的机器人市场仍然以外资品牌为主，民族工业品牌比较薄弱，应在规划、人才（培养和引进）、研发、安全几个环节迎头赶上，在不同的"赛道"上赶超。

① 相关信息来自董明珠于 2021 世界人工智能大会主题演讲。
② 相关信息由去佛山和上海洋山港实地调研的课题组提供。
③ 吴月辉. 智慧物流，让生产更高效生活更便利［N］. 人民日报，2021 - 07 - 12.
④ 吴砒. 以新思路育新机开新局［N］. 人民日报，2020 - 06 - 19.
⑤ 历年《中国机器人产业发展报告》。

# （二）为妥善解决"机器人换人"问题提供行动指南

1. 客观看待"机器人换人"现象。从马克思恩格斯"机器排挤工人"时代到当代"机器人换人"，再到未来更高度自动化在更大范围取代人类工作和生活，这都是生产力发展不可逆转的趋向。对这一基本历史事实和发展趋势的认识和把握，人们既不应该过分夸大，也没有必要过分担忧，应以此为契机勇立时代的潮头。要充分认识到以人工智能为标志的技术进步不仅是促进经济增长的重要引擎，也是社会进步的重要手段。智能机器人不仅能够替代劳动者就业，而且能够为劳动者创造更多更广泛的就业机会。技术性失业和结构性失业对于活跃在劳动大舞台上的劳动者来说，应该成为充满自信的成长性激励，在适应劳动变换的规律中，通过教育培训等方式来提升自己。

2. 适应劳动变换的规律，做人工智能时代的强者。"机器排挤工人"和"机器人换人"是同一命题在不同历史时代的两种表述，其经济学意义并无二致。劳动的变换决定了"机器排挤工人"或"机器人换人"。马克思在《资本论》《剩余价值理论》，恩格斯在《马克思〈资本论〉第一卷提纲》《共产主义原理》《反杜林论》等多部著作中，都论及工人的劳动的变换问题。劳动的变换理论是马克思劳动发展理论的硬核，劳动的变换规律是劳动的变换理论的核心。在《资本论》中，马克思不仅把劳动的变换看作是"不可克服的自然规律"，而且认为承认劳动的变换，从而承认工人尽可能多方面的发展是"社会生产的普遍规律"，这一点是工人"生死攸关的问题"[①]。马克思为什么把劳动的变换规律及其实现看得如此严重？在当今人工智能视域下，劳动的变换规律有什么现实意义？这些问题需要我们作进一步深入的探讨。

劳动的变换规律是马克思在《资本论》中提出的，我们认为其基本内容如下：工人的劳动的变换是指工人的劳动的方式、形式、内容的变化以及智能的更改和流动。劳动的变换是由大工业的本性决定的，其结果是造成工人的职能过剩和劳动力过剩，这一结果又迫使工人不得不全面发展以适应不断变动的劳动需求，而较全面发展的工人还会代替处于后备状态的工人和只有局部职能的工人，导致工人阶级的不断牺牲和劳动力的无限度浪费。这个规律是马克思对资本主义机器大工业阶段工

---

① 马克思. 资本论（第 1 卷）[M]. 北京：人民出版社，1975.

人阶级命运的深刻概括。从这一规律的内容和逻辑关系可以得出如下结论：在资本主义制度下，劳动的变化规律是加在工人阶级身上的双重"灾难"，是大工业给工人阶级带来的"灾难"。

在阐述这一理论时，马克思既一针见血地揭露了劳动的变换给工人阶级造成的"灾难性"后果；同时，他又给工人指明了活路，那就是工人要努力成为能够适应于不断变动的劳动需求的"全面发展的人"。成为"全面发展的人"不只是马克思对英国工人阶级的期望，也是对未来共产主义社会劳动者塑身标准的颇有科学性的预见。

劳动的变换理论是马克思奉献给工人阶级，教导工人淬砺、全面发展以适应劳动变换需求的教程。随着科学技术的不断发展和创新发明的不断出现，工人的劳动的变换的频率会一直活跃，劳动的历史形式随时会被新的形式所取代。因而工人应该认识到"有改变活动的必要"，主动适应，多多关注新事物、新趋势，刻苦学习新知识、新技能，积极参与知识和技能的学习和竞争，厚植个人发展潜力，未雨绸缪，争取在求职过程中抓住好的就业机会，在职场上谋得更好的职位。

在社会主义中国，国家权力机关对人民负责。劳动者创造的剩余产品主要归劳动者共同占有。人工智能发展带来的"机器人换人"更多地表现为解放劳动的积极意义。人工智能的发展促进了人们生产方式和生活方式的深刻变革，减少了整个社会的必要劳动时间，极大地解放了生产力，使人们拥有了更多的闲暇时间和自由时间，为全民族的个性解放、人的自由发展和全面发展提供了条件。同时，人工智能引起的劳动的变换，往往使劳动的方式、形式、内容和职能发生巨大变化，客观上要求人们不断学习新知识、掌握新技能。中国各级政府也在顺应人工智能发展的时代要求，大力创造充分的就业机会，努力构建面向全民的职业教育体系，为工人队伍的全面发展创造条件。

3. 齐抓共管，有序换岗，创建安全和谐的劳动局面。劳动是生活的存在，是生命的存在。失去劳动，哪怕只是短暂的，人们也会有焦虑感。在社会主义制度下，确保劳动者的劳动权利，妥善解决劳动就业问题，不仅是各级政府的责任，也是全社会面临的时代课题。马克思恩格斯的"机器排挤工人"理论，为回答这一时代课题提供了理论武器和行动指南。

当代的"机器人换人"现象有三个突出特点：一是突发性。机器人上岗，工人下岗，这是瞬间的事情，似乎一夜之间就来了。二是大批量。在一个企业，或者几十人，或者几百人，实行净淘汰、批量淘汰、一次性换岗，全部由机器人替代上岗。三是集中性。失业工人被机器人替换大多发生在经济发达地区、发达产业，如广东、江苏、浙江以及重庆、上海、佛山、杭州等地的制造业、智慧物流、港口码头、建筑业等。

针对这些特点，要坚持问题导向，综合施治。首先，要坚持政府主导，齐抓共管。劳动就业既是经济问题，也是社会问题，更是民生问题，是政府必须承担的责任。各级政府与政府相关职能部门、社会人力资源机构、企业，要齐抓共管、各司其职，建立一套行之有效的有序安排劳动就业以及下岗再就业的工作机制。其次，坚持市场引导，创造就业。我们正处在一个科技大发展时代，新产业新行业的崛起造就层出不穷的新职业、新岗位。要适应市场要求，细分劳动力市场，细分职业岗位，加强劳动者与新工作岗位的对接。最后，要加强职业培训，全面发展。针对工作岗位对劳动力素质不断提升的内在要求、要切实加强对劳动者的职业教育和职业培训。要建立面向人人，面向社会的全民终身教育体系，不断提高劳动者的就业技能和整体素质，促进人的自由发展和全面发展。

## [参考文献]

[1] 陈俊安. 建筑机器人大军来了 [N]. 报刊文摘，2021-07-7.

[2] 李长安. "十四五"时期如何实现更加充分更高质量就业 [N]. 光明日报，2021-05-11.

[3] 李增军，卢嘉瑞. 马克思的劳动的变换理论及其当代意义 [J]. 海派经济学，2021（1）.

[4] 马克思. 剩余价值理论（第2册）[M]. 北京：人民出版社，1975.

[5] 马克思. 资本论（第1卷）[M]. 北京：人民出版社，1975.

[6] 潘启雯. 在人工智能的时代，人类也依然闪耀 [N]. 解放日报，2021-07-10.

[7] 盘和林. 莫用二元思维看待"制造业工人送外卖" [N]. 光明日报，2021-04-22.

[8] 王东明. 扎实推进产业工人队伍建设改革 [N]. 人民日报，2021-05-18.

[9] 吴砥. 以新思路育新机开新局 [N]. 人民日报，2020-06-19.

[10] 吴月辉. 智慧物流，让生产更高效生活更便利 [N]. 人民日报，2021-07-12.

[11] 喻思南. 加紧谋划布局机器人产业 [N]. 人民日报，2022-03-17.

[12] 中共中央马克思恩格斯列宁斯大林著作编译局. 马克思恩格斯全集（第19卷）[M]. 北京：人民出版社，1963.

# 百余年来家务劳动的三次解放与启示<sup>*</sup>

千百年来，人类洗衣做饭打扫卫生，这些家务活都依赖于四肢的劳动，占用了较多时间。在机器大工业时代，情况发生了重大变化。化石能源和电的开发利用，使蒸汽动力和机器的运转逐渐摆脱了手工操作，也使家用电器的开发、普及和减轻工人的家务劳动负担成为可能。空想社会主义者欧文看到了这一点。

恩格斯在《反杜林论》中披露，在欧文看来，大工业已经起着最主要的作用，而且认为在家务劳动中也应该应用蒸汽机和机器。这确实是欧文的一个颇有远见的主张。他生活的时代正值英国工业革命的鼎盛时期，资本家追逐利润的贪婪到了无以复加的地步，工人和童工日工作十几个小时，不堪重负。在这样的背景下，如果实现欧文的这一主张，既有利于拓展蒸汽机和电气化的应用场景，也为减轻工人的家庭负担、增加自由时间提供一条有深远意义的路径。

1879年，爱迪生发明了白炽灯，开创了家庭用电时代；继而，美国电力工业的发展和欧美国家层出叠见的"黑科技"如电熨斗、电灶、电烤箱、房间空气调节机、电动洗衣机、压缩机式家用电冰箱、高压锅等，林林总总，为家用电器走进千家万户创造了条件，拉开了家用电器电气化时代的序幕，随后，"整体厨房"概念引入家庭。这是家务劳动从方式、方法、范围到内容的第一次解放。实践证明，普及家用电器是减轻家务劳动负担的不二选择。

电子计算机的发明和互联网的创建，是20世纪40年代以来人类进入信息社会的两大标志性事件。一批家用电子新产品和升级换代的传统家用电器相继问世，电子计算机、全自动洗衣机、微波炉、电磁炉、电饭煲、电压力锅、快烤式烤箱、家用搅拌机、洗碗消毒一体机、录音机、影碟机、摄录机、投影机等，琳琅满目。以电能为基础的新一代家用电子电器，不仅使人们的生活方式发生了巨大变化，让进一步减轻家务劳动有了更多选择，而且为家庭生活增添了轻松欢愉的氛围。此外，

---

* 李增军，卢嘉瑞．智能家居推动家务劳动的第三次解放［N］．经济参考报（理论版），2014－01－04.

网络赋能贸易、电子商务初露端倪，向后来的大规模、全方位网上贸易发展吹响了进军号。由此，家用电器电子化并为智能化打下基础，这是家务劳动的第二次解放。

20 世纪 60 年代中期，世界上第一台智能家居中控主机面世。这台具有信号意义的机器的诞生，开启了家务劳动智能化的新时代。继而，替代家务劳动的智能家居产品联翩而至，令人目不暇接。比尔·盖茨从 1990 年开始，花了七年时间建造了世界上第一座智能家居别墅。这座把人工智能、互联网、物联网、大数据等前沿科技融为一体、植入其中的科技别墅，这个被全世界誉为"最有智慧"的建筑物和"未来生活的典范"，堪称智能家居一体化发展进程中的一个标本。进入 21 世纪后，全球人工智能产业的发展进入"快车道"，智能家居硬件、各类智能家电、机器人保姆、智能洗衣机、扫地机器人等，挤爆国内外电子消费类产品展销会，也逐渐进入普通家庭。家用电器智能化的时代已经到来，人们从事家务劳动的时间将进一步减少，这是家务劳动的第三次解放。

享受改革开放的红利，我国城乡居民家庭仅用四十年的时间就走完了欧美国家普通家庭百余年的历程，家用电器已经基本普及。由 2022 年《中国统计年鉴》可知，截至 2021 年，城市居民每百户家庭拥有洗衣机 100.5 台、电冰箱 104 台、彩色电视机 120.3 台、空调 161.7 台、移动电话 253.6 台、计算机 63.2 台。农村居民家庭每百户拥有洗衣机 96.1 台、电冰箱 103.5 台、彩色电视机 116.3 台、空调 89 台、移动电话 266.6 台、计算机 24.6 台，与城市差距不大。显然，在我国，家用电器已经饱和或接近饱和，并开始步入家用电器智能化时代。与此同时，用于家务劳动的时间也随之减少。由《2018 年全国时间利用调查公报》可知，2018 年，国家统计局组织开展了第二次居民时间利用调查，与 2008 年第一次调查相比，十年间我国居民的时间结构发生了较大变化，其中，家务劳动时间为 1 小时 26 分钟，比 2008 年减少 17 分钟，占全天时间的比重为 6%，下降了 1.2 个百分点。家务劳动时间的减少减轻了劳动者的家务劳动负担，主要是由于城乡居民收入较大幅增加；家用电器的使用代替了大量家务劳动；人们的消费方式、观念、习惯的转变提高了家务劳动社会化水平，部分家务劳动向社会服务转移，在外用餐、旅游习以为常，外卖、预制菜、半成品食品大量增加。家务劳动时间的减少显示了民生福祉改善的新维度，反映了我国经济社会的发展和人民对消费现代化的向往、自信和不懈的脚步。

回顾百余年来人类从繁重的家务劳动中一步一步走向解放的历史，我们可以获得以下几点启示。

首先，从满足人民美好生活需要的高度来认识家务劳动解放的重要性。家庭是社会的细胞，与社会并存。有家庭生活，就必然有家务劳动，即便是家务劳动高度社会化，也不可能被全部取代。家庭是由情感纽带维系的社会单元，家有家的味道。家务劳动不仅有其必然性和必要性，还有浓厚的情趣性、愉悦感和成就感。家务劳动是家庭生活的重要组成部分。家务劳动的长度、烦冗和辛苦状况，是影响家庭是否和谐、幸福的一个重要因素，并通过家庭成员影响到社会。从微观上来讲，家庭是满足人民美好生活需要的落脚点。因此，借助智能家居产品优化家务劳动的方式、方法、范围和内容，减轻家务劳动负担，事关民生福祉，具有普遍意义。

其次，实现家务劳动彻底解放还要走很长的路。劳动者工作之余回归家庭，是为了休养生息、享受家庭生活、接续劳动力再生产，家务劳动是为此而必需的行为，但不是职业劳动的继续。因此，构建家务劳动便捷、轻松、欢愉的场景和氛围，实现家务劳动的彻底解放，便成为广大劳动者的共同企盼。然而，要达到这个理想目标，还必须满足两个条件：第一，家务劳动社会化部分让消费者满意，主要是社会服务机构健全且布局合理、设施优良、诚信经营、服务上乘，真正做到老有善养、幼有善育、购有善商、服务善美。从目前情况来看，与这些目标还有很大差距。第二，家务劳动智能化。完善的高度自动化的智能家居一体化是实现家务劳动智能化的终极条件。虽然越来越多的智能家居产品进入百姓家特别是年轻人家庭，改变了生活方式，减轻了家务负担，但从智能家居一体化的要求来看，还有很多技术要攻关，在整体设计、智能产品质量和统一标准、个性化、适配性以及体验中心建设等方面，还不尽如人意；况且，大多数家庭还停留在使用传统家用电器的水平上。我们从 2008 年到 2018 年，用了 10 年时间，也才使家务劳动时间减少了 17 分钟。有鉴于此，我国居民家庭实现智能家居一体化进而彻底从家务劳动中解放出来，不能设想一蹴而就，这也意味着智能家居产品市场极其广阔。

再次，提供更多更好智能家居产品，赋能创建美好生活。恩格斯把消费资料划分为生存资料、享受资料、发展和表现一切体力和智力所需的资料。当前，我国居民消费需求正向享受资料和发展资料转变，消费品加速迭代更新，消费结构升级进入快车道。供给创造消费，消费引导生产。企业应依托互联网、大数据、人工智能等新技术，了然消费者的心理期盼和购买诉求，顺应精细化、多样化、个性化、悦己化的消费的主流趋势，满足消费者对智能家居产品和智能家居一体化的高颜值、高品质、高时尚的需求，把家建设成为智慧、温馨、愉悦的港湾，乐享家务劳动的轻松和愉快。

最后，追求自由时间价值最大化。劳动者每日的时间包括两大部分：工作时间和业余时间。业余时间又包括满足生理需要的时间、家务劳动时间和自由时间。假如工作时间和生理时间固定，那么家务劳动时间缩短，自由时间必然增加。在科技不断进步、劳动生产率不断提高的条件下，工作时间、家务劳动时间缩短，自由时间增加是大势所趋。马克思把自由时间界定为"精神发展所必需的空间"①，是"用于娱乐和休息，从而为自由活动和发展开辟广阔天地"②的时间。业余时间很宝贵。爱因斯坦有一句名言：人的差异在于业余时间。适度安排娱乐、休息和自由活动时间是必要的，但精神发展所必需的时间更重要。精神发展就是智力的发展和提高，除向工作实践学习外，通过业余学习和总结，充实知识和经验，大有裨益。当今时代，科技发展日新月异，很多职场上的中青年在业余时间废寝忘食，刻苦钻研，追求有限时间价值最大化，这是一种令人尊崇的社会风尚。

① 中共中央马克思恩格斯列宁斯大林著作编译局. 马克思恩格斯全集（第47卷）[M]. 北京：人民出版社，1979.

② 中共中央马克思恩格斯列宁斯大林著作编译局. 马克思恩格斯全集（第26卷Ⅲ）[M]. 北京：人民出版社，1974.

# 人工智能的若干伦理问题*

习近平总书记在中央政治局就人工智能发展现状和趋势进行集体学习时指出，要整合多学科力量，加强人工智能相关法律、伦理、社会问题研究，建立健全保障人工智能健康发展的法律法规、制度体系、伦理道德。[①] 人工智能的发展深刻影响了世界经济、政治、社会和军事的变革，极大地推动人类的发展和进步。与此同时，人工智能给人类社会带来的伦理问题和安全问题也引起了世界各界的关注，霍金等科学家认为，人类需要敬畏人工智能的崛起，人工智能是人类生存的最大威胁，甚至可能导致人类灭亡。我们认为，问题未必有如此严重，但保持高度警惕、未雨绸缪是完全必要的。

当前，人工智能发展中人们已经看到和即将感受到的伦理问题至少涉及八个方面。

## 一、人工智能的岗位替代作用深刻影响着人类的就业安全

每一次技术革命的到来，都会给人类的就业带来冲击。凯恩斯曾经说过：一种新的疾病在折磨着我们，这种疾病是由技术进步导致的失业，即所谓"技术性的失业"。[②] 人工智能革命对人类就业的冲击，同历史上任何一次技术革命相比，范围更广、层次更深、影响更大。我们必须面对的事实是，人工智能已经、正在和将要在许多领域就业岗位上替代人类劳动。富士康因为人工智能的导入，已经有非常多的

---

* 李增军，李梦阳. 人工智能的若干伦理问题 [J]. 中国发展观察，2020 (1 - 2).

本文由"学习强国""中国智库"公众号转发。

① 习近平主持中共中央政治局第九次集体学习并讲话 [EB/OL]. 中国政府网，https：//www. gov. cn/xinwen/2018 - 10/31/content_5336251. htm，2018 - 10 - 31.

② Keynes J. M. . Economic Possibilities for our Grandchildren//Essays in Persuasion [M]. London：Macmillan，1930.

生产线和工厂实现了自动化，不需要人，甚至不需要开灯。仅在昆山工厂，富士康就减员 6 万员工。① 麻省理工学院发布研究报告称，1990～2007 年，美国有 36 万～67 万个工作岗位被机器人夺走，未来 10 年，还将有 350 万个岗位被人工智能替代。② 中国工程院院士邬贺铨表示，人工智能会部分取代现在的就业，49% 的劳动人口可能会被取代。③ 近年来，人工智能领域一大批科技成果集体亮相，诸如无人超市，微笑还能享受打折的优惠；微医健康通，使患者在家就能看名医；唇语识别，可以用眼睛听你说话；而一个小小的翻译蛋，即可替代翻译、扫除语言障碍；能算账的财务机器人；会哄娃娃的教育机器人。此外还有智慧法院（智能机器人导诉）、智慧泊车、智医助理、机器人撰写新闻稿、能击败人类棋手的 AlphaGo、骨科手术机器人等。人工智能不仅可以替代体力劳动，大量依靠脑力劳动的岗位也会被其取代，这将给人类就业问题带来极大的挑战。

## 二、数据泄露和信息泛滥导致对隐私权的侵犯

隐私权是指公民享有的私人生活安宁、私人空间安全与私人信息依法受到保护，不被他人非法侵扰、知悉、收集、利用和公开的一种人格权。建立在大数据和深度学习基础上的人工智能技术，需要海量数据来学习训练算法，带来了数据盗用、信息泄露和个人侵害的风险。从人们的数据轨迹中可以获取许多个人信息，这些信息如果被非法利用，将会构成对隐私权的侵犯。人们对智能工具的使用实际上是在为自己织一张网，移动支付、聊天软件、网络购物、智慧导航、智能手环、网络约车，把自己的行动、爱好、教育、财富，甚至健康状况都暴露无遗，对智能工具使用越多、频率越高，这张网织得越密越细，越无处可逃。这些数据和信息如果被不良商家掌握，会无休止地推销、电话骚扰，使人不堪其扰，严重影响私生活安宁；如果被犯罪分子或黑客掌握和利用，会对人的财产甚至生命构成威胁。此外，用于商业目的的无人机的广泛使用，无处不在的监控系统，在方便生活、保障安全的同时，其跟踪、收集、储存特定信息的功能也对公民隐私权构成极大威胁。

---

① 富士康昆山厂，用机器人取代员工减员六万 [J]. 国际品牌观察，2016（7）：92 - 93.
② 相关资料来自《机器人与工作：来自美国劳动市场的证据》。
③ 邬贺铨：2030 年人工智能将带来 7 万亿美元 GDP 增长贡献 [EB/OL]. 中国日报网，http：// cn. chinadaily. com. cn/a/201901/05/ws5c304649a3100a343d6f21c2. html，2019 - 01 - 05.

# 三、信息伪造和欺诈严重侵蚀社会诚信体系

人工智能具有强大的数据收集、分析以及信息生成能力，与之伴生的是虚假信息、欺诈信息大量充斥网络。互联网已经成为人们的主要信息来源，各类网站、自媒体、公众号、微博、微信群、朋友圈都是信息发布源，可以说是真假难辨，有虚假新闻，有虚假广告，有的貌似"鸡汤"实则"毒药"，有的"挂着羊头卖狗肉"。互联网传销、互联网金融诈骗、众筹诈骗、网络理财诈骗，手段隐蔽，技术含量高，涉众性强，各类互联网犯罪呈高发多发态势。随着人工智能技术的不断发展，很多东西都可以被仿造，包括我们自身。在乌镇举行的第五届世界互联网大会上，中国首个"人工智能主持人"横空出世，它模仿新华社主持人邱浩，无论是外形、声音、眼神，还是脸部动作、嘴唇动作，"AI合成主播"与邱浩本人的相似度都高达99%。更不可思议的是，它可以随意切换，照此程度模仿其他主持人，模仿他们的声音，克隆他们的相貌。我们想象一下，如果别人克隆你的声音、你的体型、你的相貌，在网络上生成另外一个你，与你的家人或同事进行视频对话，会有什么样的后果。在人工智能时代，眼见不一定为实。信息的伪造和欺诈，不仅会侵蚀社会的诚信体系，还会对国家的政治安全、经济安全和社会稳定带来负面影响。

# 四、网络沉迷和智能依赖影响人的全面发展

人的全面发展是马克思主义的最高价值追求，也是我国教育方针的理论基石。人工智能的发展在推动人类整体进步的同时，带来的个体能力的退化也不容忽视。一个相当普遍的现象是，智能手机和网络空间越来越让人上瘾，人被手机绑架，手不离机，机不离手，手机利用率之高，令人叹为观止。一些人对网络游戏的痴迷更是到了不能自拔的程度。马克思指出，自由时间都是供自由发展的时间，按照马克思的划分，自由时间包括娱乐、休息和用于发展个人才能（学习科学文化知识）三部分。① 现在的问题是，由于对手机和网络的沉迷，自由时间中用于休息和发展个人才能的时间被严重挤占，甚至挤占了工作时间和劳动时间，势必影响人的全面发

---

① 中共中央马克思恩格斯列宁斯大林著作编译局. 马克思恩格斯全集（第26卷Ⅲ）［M］. 北京：人民出版社，1974.

展。更令人忧虑的是，沉迷网络的大军中，青少年学生、未成年人是主体力量。网络上的色情、暴力和欺诈，对他们世界观和价值观的形成造成十分严重的负面影响。另外一个值得注意的现象是，智能设备简易、便捷的操作方式，催生了许多人的懒惰和依赖，键盘一敲、手机一点，吃的送上门了，穿的送上门了，用的送上门了，汽车到门口来接了。机器智能了，人类退化了。就像当年的"傻瓜"相机，相机先进了，使用相机的人成了只需按一下快门的"傻瓜"。

## 五、情感计算和类脑智能将挑战传统道德法律

让机器人更像人类，一直是科学家们追求的目标，情感计算和类脑智能技术的发展为实现这一目标提供了可能。情感计算技术的发展使人机情感交互更为自然。我们比喻人没有情感像冷冰冰的机器，如果冷冰冰的机器被赋予了人的情感会怎么样呢？你的 AI 伙伴可能比家人更了解你的心思、更了解你的健康状况，它能捕捉你的表情，根据你的喜怒哀乐，用你想听的话和你对话。神经科技和脑机接口的发展不断引领类脑智能技术的创新，但神经科技和人工智能的融合发展也会带来伦理挑战。人类大脑与机器智能直接连接，绕过大脑和身体正常的感觉运动功能，扰乱人们对于身份和能动性的认知。增强型神经技术的应用，可能改变人的体能和心智。"超人"的出现已经不是科幻，"缸中之脑"假想可能成真，这些将极大地改变社会规范。我是谁？这样一个基本问题，可能不再单单是哲学家的终极追问，而是我们每一位普通人要经常面对的问题。如果我不是我了，那么，我们的基本人权呢？我们的道德和法律责任呢？

## 六、数据质量和算法歧视会带来偏见和非中立性

人工智能以大数据和深度学习为基础，理论上来讲，客观的数据和理性的算法没有情绪和偏好，应该会带来中立的结果，但数据的质量、算法歧视以及人为因素往往会导致偏见和非中立性，比如性别歧视、种族歧视以及"有色眼镜"效应。事实上，数据和算法导致的歧视往往具有更大的隐蔽性，更难以发现和消除。有一项研究发现，谷歌的广告算法展示给女性用户的招聘职位要比展示给男性的待遇低。美国一些法院使用的犯罪风险评估算法 COMPAS 被证明对黑人造成了系统性歧视，

认为黑人被告比拥有类似犯罪记录的白人被告更有可能再次犯罪。微软在 Twitter 上上线的聊天机器人 Tay 在与网民互动过程中，由于大量恶意数据的输入，成为集性别歧视、种族歧视等于一身的"不良少女"。中国有句古话，"浪子回头金不换"，但人工智能超强的数据记忆，会对一个人历史污点形成"有色眼镜"效应，对其就业、贷款，甚至恋爱、交友，产生持续负面影响。凭算法对你个人信息的分析，银行就可以拒绝为你贷款，买票时你的优先度就会被降低，购物时只能看到低廉的产品。更可怕的是，当你遭到不公平待遇时，你不知道是谁在歧视你，不知道因为什么被歧视，你无处申诉、无法解决、无能为力。

## 七、数据垄断和算法"独裁"将挑战现行的权力结构

以色列学者尤瓦尔·赫拉利在其新著《今日简史：人类命运大议题》中对数据"独裁"进行了集中讨论，在他看来，数据将是 21 世纪最重要的资产，21 世纪的政治将是关于数据流控制权的斗争。我们的数据越来越集中在少数科技巨头手里，这些公司将逐步形成数据霸权。在数据霸权面前，不仅每个个体都无能为力，政治、经济和社会的权力结构也将被深刻调整。我们现在能感受到的已经有很多方面。我们在互联网上看到的新闻，往往是个性化新闻推荐或者自动生成的新闻，经常看到的是耸人听闻的"标题党"，或者虽是我们关心的题材，但新闻内容却空洞无物。我们打开搜索引擎，到处充斥的是真假难辨的广告和宣传。基于数据垄断和算法的操控，形成了一种新的权力"独裁"。这种权力掌握在几家大公司手里，它们是游戏规则的制定者，既是运动员，又是裁判员；它们是基础平台的建造者，也是海量数据的拥有者。而平台应该是公共基础设施，数据应该是公共资源。人工智能在让我们越来越方便的同时，也让我们越来越依赖，我们没有了独立自由决策的能力，成为数据和算法的奴隶。更为可怕的是，以前培养青少年价值观的是教师和书本，人工智能时代可能是数据和算法。

## 八、人工智能对传统安全和非传统安全带来新的挑战

一方面是人工智能运行中的安全性和可控性。在网络安全方面，利用计算机网络自身存在的漏洞，运用非法入侵获取重要数据、篡改系统数据、植入病毒等手段，

进行攻击和破坏活动。近年来，全球网络攻击事件不断涌现，使用的工具有病毒软件、木马僵尸网络，通过人工智能技术研发新的网络攻击工具，对一些关键基础设施进行攻击和破坏。在智能设备运行的安全方面，比如无人驾驶汽车，有可能发生车祸，对乘车人和路人造成伤害，带来人身和财产安全问题。这里存在伦理困境和法律责任问题。麻省理工学院在网站上曾就自动驾驶汽车的伦理问题向网民征求意见：在来不及刹车的情况下，自动驾驶汽车如果往前开就会把三个闯红灯的人撞死，但如果转向就会碰到障碍物使车上的五个人死亡。在此情景下，车辆应当如何选择？另一方面是一些科学家担心的人工智能对人类的威胁和伤害。智能武器是可自动寻找、识别、跟踪和摧毁目标的现代高技术兵器，包括精确制导武器、智能反导系统、无人驾驶飞机、无人驾驶坦克、无人驾驶潜艇、无人操作火炮、智能地雷、智能鱼雷和自主多用途智能作战机器人等，它将成为未来战场主力军，信息处理和计算能力成为战争胜负的决定因素。人工智能武器是继火药和核武器之后战争领域的第三次革命。人工智能如果被赋予伤害、破坏或欺骗人类的自主能力，将是人类的灾难，后果难以想象。

马克思说过，问题总是随着解决问题的方法同时产生的。人工智能所带来的伦理问题，虽然严重但并不可怕。说到底，人工智能就是工具，在生产力诸要素中，工具永远不能成为主要的要素，人才是主要的起决定性作用的要素。人不仅是生产力的基本要素，而且是"主要的生产力""最大的生产力"，是"生产力中决定性的要素"，这是马克思主义的一个基本观点。

无论是过去、现在或是将来，一切智能产品都只能由人设计开发，即便是将来赋予机器人类脑功能，它也只能充当"二传手"。马克思有一个生动的比喻："最蹩脚的建筑师从一开始就比灵巧的蜜蜂高明的地方，是他在用蜂蜡建蜂房以前，已经在自己的头脑中把它建成了。"① 解决问题的钥匙始终掌握在人的手里，人工智能所带来的伦理问题必须靠解决人类自身的伦理问题来解决。

---

① 中共中央马克思恩格斯列宁斯大林著作编译局. 马克思恩格斯选集（第23卷）[M]. 北京：人民出版社，1972.

# 人工智能发展的国际比较与中国的战略思考*

人工智能已经成为新一轮科技革命和产业变革的重要引擎，深刻影响着人类经济、社会和生活方式的变革。世界各主要国家都已经把人工智能发展上升为国家战略，以提升自己的科技引导力、产业竞争力和国际领导力。本文试在分析一些国家人工智能发展战略的基础上，对我国人工智能的发展提出对策建议。

## 一、人工智能发展战略的国际比较

### （一）美国人工智能战略表征分析

1. 重视对人工智能历史的研究，用历史沉淀彰显发展的深度。美国人工智能的发展历史较长，已经成立了数个专门研究人工智能发展史的机构，例如，1987 年由美国技术史学会（SHOT）成立的计算机、信息和社会特别兴趣小组（SIGCIS）；1994 年由信息科学与技术协会（ASIS&T）成立的信息科学的基础与历史特别兴趣小组（SIG HFIS）。在专业研究领域，部分知名大学也针对人工智能的发展方向，在计算机领域设立了不同的研究中心，包括普林斯顿大学、曼彻斯特大学、明尼苏达大学等。在研究内容选取中，研究学者分别从通史、计算机硬件及产业、程序设计语言及软件、人机交互和个人计算、通信和控制系统、商业及管理应用、科学计算等主题开展研究。

2. 重视对人工智能未来的研究，用多维政策彰显发展的广度。美国官方专门成立了国家专家委员会，针对人工智能发展中的问题提出相应的对策，例如，美国长

* 本文系李增军主持的 2020 年度河北省社会科学发展研究课题"人工智能发展与劳动力人口供需矛盾研究"的阶段性成果，合作者：王莺，李敏。

期投资人工智能系统的研发，包括人工智能机器人和人工智能计算以及计算机软硬件系统的研发等；硅谷汇聚了人工智能产业链的上、中、下游企业，几乎形成了一个完整的人工智能产学研用生态体系；越来越多的行业企业被纳入发展之列，人工智能生态圈逐步形成。政府发布相关政府促进人工智能发展，如《国家人工智能研究与发展战略规划》由政府在2016年颁布，最终目标是产生新的人工智能知识和技术，为人类社会带来一系列积极效益；《为人工智能的未来做好准备》同年由国家科学技术委员会发布，首次实现了人工智能的战略化定位。

3. 重视人工智能机构的设置，用多方协作彰显发展的决心。注重政府型研发机构的设立，国家科学技术委员会机器学习和人工智能分委员会的设立高度体现了政府对人工智能机构设置的重视，机构工作集中在人工智能问题的提出、分析和解决层面。2018年5月，美国国家科技委员会设立人工智能特别委员会，从联邦层面统筹美国人工智能的研发工作；引导非政府型研发机构的成立，为了实现强强联合，谷歌、微软、亚马逊、脸书（Facebook）、IBM五大巨头自发形成了人工智能合作伙伴关系，通过联合推进的方式进行人工智能的研究与推广，实现强强联合，实现了帕累托最优的临近状态，人工智能生态圈逐步完善。

4. 重视人工智能技术的应用，用多方渗透彰显发展的成效。当前美国已经将AI技术渗透到国防军事、物流交通、医疗卫生、金融财政、生物环保等多领域，以人工智能在国防军事中的应用为例：2017年3月，美国陆军发布了第一份关于机器人与自主系统长远发展的战略性文件《机器人与自主系统战略》，该文件详细描述了陆军如何将机器运用在国防军事中。2018年1月，美国国防部发布新版《国防战略》报告，报告指出先进计算、大数据分析、自主性、机器人、高超声速和生物技术等新技术的发展是影响安全环境的因素。2018年8月，美国国防部发布了《2017－2042年无人系统综合路线图》，该计划试图发挥人工智能和机器学习的巨大潜力，同时解决将这些系统武器化所产生的政策挑战。

美国人工智能发展战略规划见图1。

## （二）法国人工智能战略表征分析

1. 实施人文与智慧并行的教育发展战略，坚持以人为本的发展理念。在第四次产业革命来临之际，拥有着"理工强国"强大历史背景的法国，始终坚持优雅与智慧并行的教育发展战略。在法国的教育界，人工智能的到来并没有冲击法国一贯秉承的"保障学生形成善变是非的信息伦理与媒体素养"教育理念。在人文理念教育的前提下，当前法国从"娃娃"开始抓人工智能教育，尤其是在基础教育阶段，法

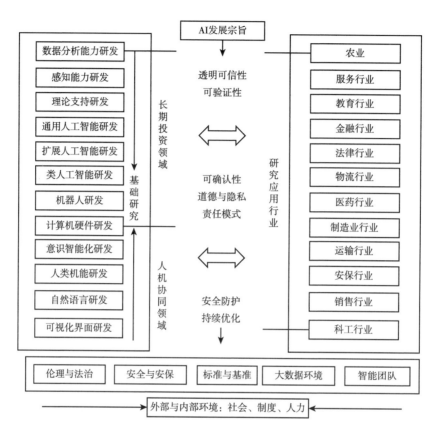

**图1　美国人工智能发展战略规划**

资料来源：美国国家科学技术委员会（NSTC）于 2016 年 10 月 13 日发布的《国家人工智能研究与发展策略规划》。

国秉承两大理念：一是以人为本，依托人工智能实现学生在受教育层面的精神补给；二是未雨绸缪，培养学生对庞大信息量的认知、辨别和汲取能力，冲减技术快速发展带来的消极影响。

2. 强化人工智能在教育中的应用，谋划法国教育的未来态势。2017 年 1 月《法国人工智能战略》出台，宗旨在于着眼人工智能，谋划法国未来教育发展，领跑欧洲人工智能发展。在教育层面，详细规划了人工智能教育的预期发展过程，剖析了人工智能和教育两者间的相辅相成关系，针对教育中专业建设、人才培养、社会培训、课程建设等必要环节提出政策引领。在专业建设领域，协同创新教育课程开发与建设、课程线上平台应用、校企联合培养、计算机语言识别强化等教学环节，实现人工智能在教育领域的突破。人工智能催生的在线教育为劳动者提供跨平台的学习、个性化课程开发、公民终身性继续教育，缓解了劳动力和社会需求岗位之间的矛盾。

3. 力争人工智能主导权，重视国际合作共享机制。法国总统马克龙发表"人类的人工智能"演说表示："人工智能领域的竞争，归根到底是人才的竞争，谁能培养和吸引世界顶级人工智能专家，谁就掌握了主动权。"① 21 世纪以来，数据处理技术日渐成熟，无论是教育、健康领域，还是环境、交通、安全领域，人工智能都得到了前所未有的发展。除了采取改造传统优势专业、高校设立人工智能专业、增强人工智能专业师资力量、提高女性学生比例等措施，法国还注重通过国际合作实现人工智能技术共享机制，掌控人工智能主导权。例如，富士集团与巴黎综合理工大学合作开设"人工智能卓越中心"；法国、德国通过双边合作，携手推动欧盟制定人工智能发展规则和行业标准（见图2）。

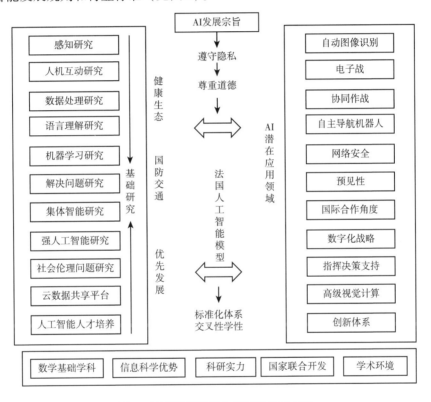

**图2 法国联邦政府人工智能战略报告**

资料来源：法国经济部与教研部于 2018 年 5 月发布的《法国人工智能战略》。

## （三）德国人工智能战略表征与应用

1. 树立"AI 德国造"的发展目标，拓展"AI 欧洲造"的理念。2018 年 11 月《德国联邦政府人工智能战略报告》的出台，成为德国人工智能发展的分水岭，标

---

① 许浙景. 法国发力了！争夺人工智能竞争主动权，归根到底是人才［N］. 中国教育报，2019 - 03 - 01（05）.

志着德国人工智能迈入新的发展阶段。在这份联邦政府发布的报告中，"AI 德国造"的全球 LOGO 被定为人工智能发展的总体目标；"AI 欧洲造"成为同步发展目标。报告明确了 AI 研发与应用的领域，强调 AI 可能带来的政治、经济、文化、安全、法律、道德、国际合作等的隐性影响，提出的行动措施有：加强德国和欧洲的研究，成为创新引领者；加强中小企业创新竞争；加快就业和劳动力市场的结构调整；夯实技能人才的人工智能培养；多样 AI 的管理应用；促进国内和国际合作（见图 3）。

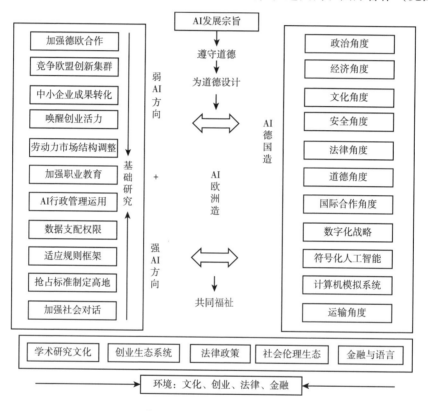

**图 3　德国联邦政府人工智能战略报告**

资料来源：德国联邦政府于 2018 年 11 月 15 日发布的《德国联邦政府人工智能战略报告》。

2. 厘清"弱人工智能＋强人工智能"的发展趋势，坚持实现共同福祉的社会价值。当前对于"强人工智能"和"弱人工智能"的普遍认知是："强人工智能"是指 AI 系统具有与人类类似甚至超越人类的智能。"弱人工智能"是指 AI 专注于解决基于数学和计算机科学方法的具体应用问题，由此开发的系统能够自我优化。德国联邦政府认为，当前人工智能热潮可以被视为国家经济发展的机遇，其明确的"弱人工智能"方向定位有助于实现德国人工智能的针对性发展。当前德国联邦政府战略定位为：推理系统，机器证明；基于知识系统；模式分析和模式识别机器人技术。机器人系统的自动控制；智能多模人机交互。

## （四）其他国家人工智能发展战略及对比

英国、日本、俄罗斯、新加坡等国家在人工智能时代纷纷出台规划，英国发布了《人工智能对未来决策的机会和影响》《英国人工智能发展的计划、能力与志向》；日本发布了《人工智能研发开发目标及路线图》；俄罗斯出台了《2018～2025年国家武器装备计划》；新加坡则以"Smart Nation"为目标，力图通过政府、科研机构与产业界的共同努力，提升新加坡在人工智能领域竞争力（见表1）。

表1 中国与世界其他国家人工智能发展战略比较

| 国家 | 主要战略与规划文件 | 科研机构 | 应用领域 | 发展准则 | 战略特色 |
|---|---|---|---|---|---|
| 中国 | 《"十三五"国家科技创新计划》《新一代人工智能发展规划》《促进新一代人工智能产业发展三年行动计划（2018－2020年）》 | 百度自动驾驶、腾讯医疗影像、阿里云城市大脑、科大讯飞智能语音 | 自动驾驶、城市建设、医疗影像、智能语音 | 培育壮大新兴产业、加快人工智能技术研发和转化、做大做强产业集群 | 四项重点任务，五大保障措施 |
| 美国 | 《国家人工智能研究与发展战略规划》《为人工智能的未来做好准备》《人工智能、自动化与经济报告》 | 机器学习与人工智能分委会、美国人工智能联盟 | 医疗、自动驾驶、军事、国防 | 透明性、可验证、可确认、道德隐私、责任模式 | 布局完备，战略领先 |
| 英国 | 《人工智能对未来决策的机会和影响》《机器人技术和人工智能》《在英国发展人工智能产业》 | AI办公室、阿兰数据研究集团 | 交通、网络安全、生命科学、建筑、制造业、能源 | 多元化、透明性、可取代性、可责性、辅助性 | 创业企业活力，高新技术产业转化率高 |
| 法国 | 《法国人工智能发展战略研究报告》 | 国家信息和自动化研究所、法国国家科学研究中心 | 自动图像识别、协同作战、机器人、网络 | 纳入创新战略，起草人工智能研发路线 | 标准化体系建设 |
| 日本 | 《人工智能技术战略》《人工智能研发开发目标及产业化路线图》 | 日本信息研究机构、日本电气公司、日本电信电话株式会社、村田制作所、大阪大学 | 机器人、自动驾驶、科研辅助、医疗保健、金融、营销 | 加快人工智能基础研究、应用研究及产业化技术开发力度 | 第四次产业革命三大支柱，建设"超智能社会"概念 |
| 德国 | 《联邦政府人工智能战略要点》《高技术战略2025》《2018～2025年国家武器装备计划》 | 德国人工智能研究中心、德法研究和创新网络 | 农业链、安保、医疗卫生、护理、航空航天 | 以人为本，以社会福祉为导向 | 人工智能4.0，AI德国造 |

资料来源：笔者根据相关资料整理得到。

# 二、中国人工智能发展现状分析

对于世界第二大经济体中国而言，人工智能时代的到来，既有机遇也有挑战。

## （一）在政府人工智能政策的引领下，人工智能市场规模增长但差距仍呈扩大趋势

产业和科技革命是历史进步的里程碑，在顺利跨越每一道里程碑的同时，政府的财政支持是保障，政策扶持是根基，人工智能市场规模是效应。截至 2018 年底，全国 20 多个省份人工智能政策密集出台，部分省份规定了政府对人工智能的财政支持政策。2015 年我国人工智能投资总额达到了 450 亿元，2016 年、2017 年保持持续增加态势。2019 年上半年，中国人工智能领域共获融资超过 478 亿元。尽管投资市场规模不断扩大，但相比美国，以截至 2017 年的资金投入为例，美国为 1978 亿美元，中国才达到 635 亿美元。可见，尽管显著效应是中国人工智能市场规模逐年增大（见图 4），但同世界发展规模相比还是存在一定差距。

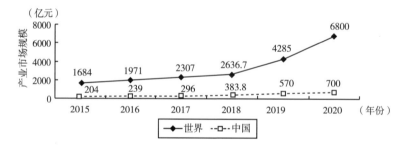

**图 4 中国与世界人工智能产业市场规模对比**

资料来源：智研咨询发布的《2020－2026 年中国人工智能行业市场竞争状况及市场盈利预测报告》。

## （二）在政府人工智能政策的引领下，人工智能企业数量翻新但潜力仍待发掘

人工智能席卷世界多数国家，渗透到各个行业，逐渐演变成为社会经济结构调整的风向标，给传统企业带来了巨大的冲击，唯有加快人工智能技术的创新步伐，企业才不会被出局。2018 年 11 月，工业和信息化部印发的《新一代人工智能产业创新重点任务揭榜工作方案》中提出，在人工智能主要细分领域，选拔"领头羊"、先锋队，按照"揭榜挂帅"的工作机制，突破人工智能产业发展短板瓶颈，树立领

域标杆企业，加快我国人工智能产业和实体经济深度融合，促进创新发展。在政策引领下，我国人工智能初创企业有所增长，但2015年后逐年下降（见图5）。

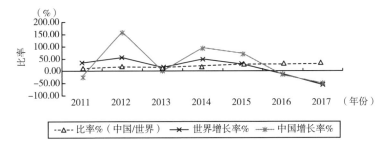

**图5 中国与世界人工智能新增企业数量对比**

资料来源：2018～2023年《中国人工智能行业市场前瞻与投资战略规划分析报告》。

## （三）在政府人工智能政策的引领下，人工智能应用范围更广但生态构建上仍有差距

标准是衡量国家或地区技术发展水平、市场准入、企业竞争力、国家实力的具体指标。当前我国人工智能已经运用到了司法、电子、医疗、制造、家居、安防、物流诸多领域，人工智能与行业领域的融合度不断加深，传统行业继而被重塑，人工智能的应用范围越来越广，应用频率越来越高。然而，一方面，由于人工智能复合型和交叉性的"双特征"，人工智能的当前发展速度已经超过了智能标准化体系的构建进度，建设标准体系、构筑人工智能产业链条中的上、中、下游生态圈势在必行；另一方面，当前我国人工智能技术更加关注行业企业末端的应用，在深层次理论和计算等方面有待于进一步加强（见图6）。

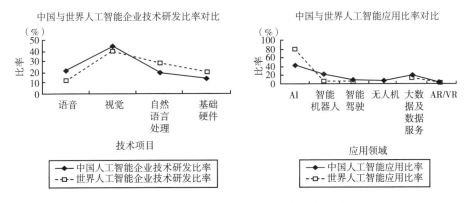

**图6 中国与世界人工智能企业研发与应用对比**

资料来源：2015～2018年《中国人工智能产业数据报告》。

## （四）在政府人工智能政策的引领下，产业溢出效应明显但智能人才仍旧不足

当前人工智能的发展，产生了巨大的"溢出效应"，带动了很多领域行业的迅速发展。要顺利实现我国人工智能发展规划"三步走"目标，就要尽快培养大量人工智能技术人才。《中国人工智能发展报告 2018》显示，截至 2017 年，在 AI 人才数量方面，世界为 204854 人，我国达到 18232 人，美国为 28475 人；在人才分布方面，我国集中在视觉、语音、语言处理等领域的人才较多，但是在硬件、算法等领域的人才匮乏，相较美国突出人工智能基础科研能力和商业化运用，中国在数据量上略占优势，但研究的深度有待发掘。所以，我国在 AI 技术研究中需要加强对基础科研纵深研究人才引进与培养，减少"短板"区域（见图 7）。

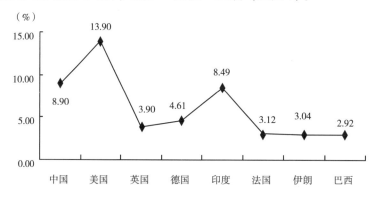

**图 7 2017 年中国与世界人工智能人才数量在世界范围占比对比**

资料来源：2015～2018 年《中国人工智能产业数据报告》。

## （五）在政府人工智能政策的引领下，专利成果数量增加但授权量仍旧不足

《中国人工智能发展报告 2018》显示，2018 年中国人工智能专利申请数量达99264 项，美国达 48870 项，日本达 31158 项，三个国家的数量占据了世界总量的70% 以上，AI 专利逐渐成为各个国家相互追逐的热点科技。2007～2017 年的十年间，我国人工智能专利成果申请基本经历了三次大的起伏，专利申请的数量增长率也三起三落（见图 8），相应地，专利成果的授权量与专利申请的数量增长率变动趋势基本一致。但与美国相比，尽管在专利申请数量上我国大有总量赶超之势，但是在授权增长率方面则依然存在差距。

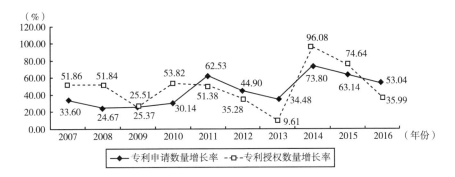

**图8 中国人工智能专利申请和授权增长率对比**

资料来源：根据前瞻产业研究院发布数据整理。

# 三、关于推进中国人工智能发展的战略思考

比较并借鉴英、美、法等国家战略经验，推进我国《新一代人工智能发展规划》中"三步走"战略，需要政府、企业、行业、科研机构、高等院校等部门协同发展联合推进。

1. 构建政府主导的财政支持、政策引领、国际合作联动机制，实现人工智能市场的规模的拓展。量变质变的哲学定律认为量变积累到一定程度会带来质变，在我国由粗放型经济向集约型经济转变的后发展时代，人工智能的崛起成为经济发展量变到质变历程的关键节点，政府的政策支持是人工智能发展的引擎。第一，中国经济行业的多样化决定了人工智能的发展要分门别类地实施政策引领。对于符合我国经济发展的普遍性人工智能技术研发，财政设立专项基金给予专项经费扶持；对于符合成果转化标准的人工智能技术，政府着力推广环境的改善和推广范围的拓展；对于由行业龙头企业引导进行的人工智能研发项目，国家协助企业统筹国内外的创新资源。第二，在政策扶持方面，加紧推进与人工智能领域相关的税收、金融、市场等政策，给予一定的政策倾斜力度和政策激励作用。通过相关法律、法规的制定，最大限度避免人工智能发展带来的归责、安全、隐私等问题，通过健康完善的人工智能伦理规范和法律条文，确保人工智能的发展处于"人的控制"之下，提前制定预警和防控措施。第三，在国际合作方面，积极参与世界人工智能发展，实现与人工智能水平较高国家的互联互通，及时准确把握世界人工智能的发展节奏，基于中国国情与经济发展需要，形成我国自身的人工智能发展体系。

2. 构建企业主导的人工智能创新、产业链发展、创新成果维护的联动机制，实

现企业数量质量的双增长。内生外生变量的哲学规律认为事物的发展是由内生变量和外生变量共同决定的。在假设外界环境即外生变量保持不变的前提下，内生变量对事物的发展变化起决定作用。通过提升企业在人工智能研发过程中的动力来提升国家人工智能研发水平，就要发挥企业内生变量的作用，形成自我激励机制。第一，通过"高、精、专"的定位提升企业自我认同的价值观，提升企业不断创新的动力。对于在人工智能研究领域取得了一定成就的企业，鼓励其设置专业实验室或创新平台，实现精准聚焦人工智能的某一方向，便于专项研究的深度拓展，成长为该领域的"先锋队"；对于国家重点领域，成立以政府为主导、企业重点参与的协同创新机制，实现这些领域的研究新突破，促进处于人工智能产业链上游、中游和下游的企业进行合作，完成价值链闭环设计。第二，参考人工智能技术的发展趋势，以实现人工智能与企业文化相融合为目标，有针对性地开展实用性领域的探究，将具备企业文化 LOGO 的人工智能作为市场的"领军人"，实用性研究领域包括：基于大数据驱动的人工智能，包括计算机深度学习、计算机高性能计算等；强人工智能技术，涵盖实现学习、语言、认知、推理、创造及与人类的交互式学习；解放人类智力劳动的人工智能，模仿人脑处理模糊信息及并行化的处理功能技术，涵盖专家系统、智能决策、智能机器人、自然语言理解以及机器学习等。

3. 构建行业主导的智能标准化体系、人工智能生态系统维护的联动机制，实现人工智能应用的数量质量双提升。实践观的哲学规律认为实践是认识的来源，是认识发展的根本动力，是检验认识正确与否的唯一标准。实践与认识是辩证统一的关系。智能的应用和标准的制定就是实践与认识相互作用的过程。人工智能的发展需要经受经济国情的检验，结合国际人工智能发展主流风向，选取互联网＋、大数据、云计算等领域进行设定。笔者提出基于人工智能产业闭环式链条的三层次进行架构，设计中国特色人工智能生态圈建设标准体系。比如，第一，在基础技术支撑环节，即计算智能阶段。在这方面我国研究尚显薄弱。华为自主研发的"麒麟980"是当前国内具有代表性的处理器，但是在应用中还是会存在一定的问题。无论是数据计算还是系统生态建设，数据的传输、计算、存储等环节标准需要进一步完善和提升。第二，在人工智能技术环节，以存储资源标准、大数据为出发点，构建感知智能和认知智能标准体系，当前"阿里云无人酒店"开创了人工智能在复杂环境中运用的先河，运行的效果有待时间检验，而在该环境中广泛运用的语音、图像、生物等感官性识别的环节标准也亟待制定。第三，在人工智能实践环节，重点打造"人工智能＋传统产业"的混合式实践环节标准。整合基础技术支撑、人工智能技术、人工智能实践环节标准，对标人工智能产业链上、中、下游企业的服务对象需求，形成智能标准化体系。通过系统性的建设，能够更快更好地实现人工智能高质量高效率与各行业对接，带动人工智能产业链的整体发展。

4. 构建高校主导的人才培养质量提升、人工智能教育开展的联动机制，实现人才数量质量的双提高。哲学中认为在人类社会从低级到高级社会形态的演变过程中，人类的创新是社会发展的根本动力。在人工智能时代，创新靠人才，人才的竞争在一定程度上就是国力的竞争。笔者认为人工智能人才的培养路径包括：第一，借鉴阿里学院的经验，设立人工智能学院，集中培养人工智能人才，依托院校的智慧力量，研发人工智能技术并推进在校企合作中的应用。第二，认知联合办学的充分必要性，推动院校之间、学院之间的合作，集合计算机科学、脑科学、统计学、信息学、认知神经学科，发挥学科专业优势，促进人工智能教育的开展。第三，制定适宜的人工智能人才培养方案，加快人工智能人才的选拔和培养；架构人工智能课程体系，形成人工智能教育的基础载体，普及人工智能课程的开设专业。第四，改革人工智能教育模式，充分践行线上线下混合式教学、MOOC + SPOC 广泛开展的特色化教学；实施过程性考核评价体系，针对专业和非专业学生采用区别式考核要求，充分提升学生人工智能的认知度；完善人工智能学位体系，形成专科、本科、硕士、博士一系列完整的学位体系，助推人才培养水平的提升，开拓人才培养的路径和方向。

# 人工智能背景下高职院校线上金课建设的思考[*]

把"水课"变成有深度、有难度、有挑战度的"金课"是教育部对高校课程质量提升提出的号召和要求。在课程建设领域，在线开放课程是互联网时代产生的新的课程形态。如何借助人工智能助推高职院校线上金课建设是本文思考和探讨的问题。

## 一、人工智能赋能线上课程建设的可行性

当前人工智能教育是教育行业的高频词汇，主要是指依托目前比较成熟的无线移动网络、国际互联网以及多媒体技术，学生和教师使用移动终端通过教学服务器实现的智能化、交互式的教学活动。

1. 人工智能为教育体系向"学"为中心的转变提供技术支撑。以数据为核心的人工智能技术可以辅助老师大幅提升行政管理工作的效率，降低备课和作业批改等重复性工作的强度。通过教与学形成的过程化数据，能够帮助老师更准确地了解学生的知识掌握情况和能力特征等，从而给学生提供更有针对性的学习方案，精准推送学习内容和习题。学生在现实和网络环境中，可以采用线上、线下相结合的自主学习和合作学习等方式，从而更好地掌握基础知识并深度开发潜能，使学生能更好适应社会快速发展带来的挑战。

2. 人工智能为线上课程建设提供现代化手段。要想把线上课程建设成为线上金课，就必须借助人工智能的手段。在课程资源建设时，借助虚拟现实（VR）等智能手段，让教学视频更具有教学情境的体验性；在平台展示时，借助大数据技术，分

———————————

 * 李增军，李敏，王莺．人工智能背景下高职院校线上金课建设的思考［J］．文存阅刊，2021（12）．

 本文系笔者主持的2020年度河北省社会科学发展研究课题"人工智能发展与劳动力人口供需矛盾研究"的阶段性成果。

析学生学习、测验、作业的数据，从而得知学生学习的薄弱环节，进而根据学生学习程度推送学习内容，让学习者有适当的深度和难度，让学习更具有挑战性；在学习者学习时，根据其兴趣爱好、学习数据，重组教学内容，体现教学差异性。

3. 人工智能为线上课程教学提高服务效率。兼顾考虑不同学科的运用领域和技能需求，全方位评估学生的学情特点，人工智能可以实现更精准的教育供给，剔除人类"先入为主""有色眼镜"等情感因素，更加理性地贴近每一个学生的需求，深入对接学生的能力评估指标，最大限度促进学生能力的全面发挥。在必要时，可以实现学生学习和成长状态的持续性跟进，丰富个体学习数据，提升人工智能在教育领域的服务效率。

# 二、人工智能背景下的线上金课建设思路

一堂金课，犹如一顿大餐，食用者吃后酣畅淋漓、唇齿留香、回味无穷。要想烹饪一顿可口的大餐，必须要有好材、好厨、好灶、好料、好形，金课建设也同样如此（见图1）。

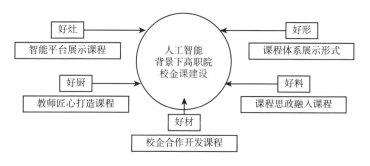

**图1　金课建设架构**

1. 好材：校企合作开发课程。

（1）校企合作开发 AI 资源。高职院校更注重学生专业课的学习和专业技能的培养，但是受长期在教室"模拟的环境""模拟的任务"中学习的影响，学生逐渐开始只适应模拟软件提供的模拟套路。

金课建设先要具备"好的课程素材"，就像广告中说到的一样"药材好，药才好"。兴趣是最好的老师，真实的企业环境、真实的工作任务最容易让学生产生学习兴趣。让某专业学生在上课时间去一次企业做认知实习是可以做到的，但是每次专业课都去企业，是不现实的。如何做到学生在课堂就能感受真实工作环境、真实

工作任务呢？在人工智能高度发展的现在，AI 技术就可以实现。

当学生戴上 AI 眼镜的时候，就可以全方位、全角度地看到企业厂区、办公区、仓库、车间的场景，那么学生会更直观地理解生产的流程、工作的环境、工作的要求，职业体验感更强。比如在给会计专业学生讲解成本核算程序时，学生经常把核算的顺序搞错，其实成本核算的顺序就是产品生产费用发生的顺序，当我们戴上 AI 眼镜去看产品生产流程的时候，就会看到生产产品先需要从仓库领用原材料到车间，看到产品领用、搬运、签字验收的过程；在生产车间的生产流水线的不同岗位都有生产工人，生产的过程需要消耗水、电等动力，就能看到车间工人、保洁人员、维修、通风设备、工具等的消耗；所有生产流程都经过完毕、所有费用都发生完毕，产品才能生产出来，随着产品的生产和费用的发生完毕，产品成本计算完毕，费用的发生过程就是产品成本的计算程序。通过 AI 资源让学生对需要死记硬背的知识点有了感性认知。

有了 AI 资源会让教学内容更易理解、学生的职业体验感更强。所以，金课建设先要具备的好材就是可视化的 AI 资源。这需要通过校企深度合作来完成。教师要找到有规范的、有代表性行业企业，共同开发 AI 资源。

（2）校企合作建设 3D 资源。对于医学专业学生来说，教师很难用心脏平面图说清心脏的供血过程。对于汽车运用与维修技术专业学生来说，学习汽车维修时，汽车的内部构造、发动机的工作原理很难用语言描述清晰；学习驾驶时，遇到不同天气、不同路况、不同环境时驾驶的注意事项也不同。如何对这些专业进行更有效的教学？在人工智能高度发展的今天，3D 动画课程资源就能够解决这些问题。

3D 动画是用在三维世界中，计算机设计出实物的模型，并模拟不同的环境、场景、动态和特效，由于它高度的仿真性、可操作性、游戏性等特点，给学生带来的视觉冲击力、震撼力、体验感都很强，因而更适合教学使用。

线上课程的 3D 资源，应是校企联合打造，合作企业和学校共同编制 3D 场景、素材，共同制作 3D 动画。根据教学需要，有些资源还可以制作成 3D 游戏，供学生学习、练习使用。

借助 AI 和 3D 课程资源，便于教师教学演示，让教学变得一目了然，课堂教学效率高。学生在真实的场景中学习、游戏的环境中练习，能充分感受学习的乐趣，提高学生学习的兴趣。

2. 好厨：教师匠心打造课程。在人工智能教育时代，教师是教学资源的创造者，是教学资源的整合者，是课堂活动的引导者。一个好的老师可以"化腐朽为神奇"，一个好老师要具有一颗认真、负责的"匠心"。高职院校教师传承和弘扬工匠精神，是专业发展和个人发展的内驱力，能有效激励爱岗敬业、教书育人，对课程的建设具有重要意义。

（1）匠心——建课能力。要想打造一门线上金课，高职院校教师先要具有线上课程建设的能力。线上课程是互联网高度发展后的课程形态，它不同于教师在日常教学中灵活安排和传统的教学方式。如何将讲授多年的课堂教学搬到互联网上，如何利用好人工智能的长处、发挥好大数据的优势、创新课程资源的展现形式，如何借助人工智能在线上展开实训，都是职业院校教师必须考虑的问题。同时，依托人工智能和大数据，教师工作的重点也不再是课后批改作业，而是根据学生学习情况，分层制定学生作业和教学内容。

教师要像工匠们一样充分发挥人工智能的优势，并根据教学目标、学生特点和课程平台要求，反复打磨自己的课程资源，以一种精益求精的态度打磨课程体系、资源形式、素材案例等，建设优质的教学资源。

（2）匠心——专业技能。职业院校教师要想培养"工匠"，教师自己先要成为一名"工匠"，并把"匠人技艺"融入专业课程中。高职院校教师必须保持对岗位技能追求极致的匠心，有精益求精、追求完美和极致的态度，同时，教师应在教学实践中，不断地传承和创新职业岗位技能，在不断探索高超技艺的基础上，努力达到行业的巅峰。职业院校的教师应有终身学习的心态和持续学习的状态，努力提升自身知识和技能，在提升过程中不断地追求技术的极致，让自己始终处于职业发展的最前沿。

同时，在线上金课建设过程中，教师应具备将专业技能教学采取恰当的形式在课程平台展现的能力，在线上检验学生实训能力。

（3）匠心——仁爱之心。教育教学工作中的"工匠精神"就是教师一丝不苟、精益求精、一以贯之，把教育教学、专业技能做到极致的工作态度，并有对学生的仁爱之心，态度决定效果，人工智能下的金课建设者必须具备这样的匠心。

人工智能和大数据高度发展的今天，课程平台会根据教学目标和学生学习程度、爱好特长等推送相关学习内容，但是要想把学生培养成德智体美劳全面发展的社会栋梁之材，同样也离不开教师的精雕细琢，耐心打磨。教师要耐心对待学生的错误，关心学生的生活、情感，关注学生的成长成才，用爱心沟通心灵，用赏识点燃希望。线上金课的打造过程中教师应理性思考、慢慢打磨，秉持"一辈子做教师，一辈子学做教师"的初心，倾注爱与真诚的呵护，充分考虑学生的现实需求、职业发展方向、职业素质和职业道德培养，在技术操作细节、线上金课资源制作和课程体系建设中，倾注仁爱之心。

3. 好灶：智能平台展示课程。

（1）多形式展示课程资源。作为在线课程运行平台必须多形式、多途径展示课程资源。从展示途径来说包括网站、手机 App、微信公众号等；从展示形式上来说包括 PPT、微课、动画、交互式游戏、3D 视频等资源类型；从应用角度来说应具备能进行在线讨论、答疑、投票、问卷、直播、公开课、习题库等功能；从管理角度来说应具备资源统计、学习数据统计、在线考试、成绩评定、教师及学生管理、学习笔记、课程收藏、学习跟踪等功能。

（2）有针对性智能生成资源。课程平台应具有学生学习数据分析和针对性推动课程内容的功能。课程平台应根据学习者学习时间、作业或测验准确率等数据，结合课程教学目标对学习者的学习习惯、学习成效进行分析，并根据学情智能生成练习题、精准推送学习内容和习题练习，以确保学生学习效果。

4. 好料：课程思政融入课程。课程思政犹如做菜之盐，看不到但尝得到。无盐的饭菜即使是鲍鱼海鲜也索然无味，有盐的饭菜即使是无名小菜也食之有味。课程思政就是课堂的"味道"。

"立德树人"是高职教育的首要任务，职业教育过程中应全面渗透职业道德、职业操守，并在每个专业、每门课程、每节课上落小、落细、落实。

课程思政的内容应包括坚定的理想信念，正确的世界观、人生观、价值观，团结合作、与人沟通的综合素质，与专业相关的职业道德、职业发展方向等内容。展现形式可以是小故事、视频案例等。课程思政的内容应"小"、耗时短，不喧宾夺主，但应随专业课教学内容、学生活动开展，与专业教学内容结合得恰到好处。

5. 好形：课程体系展示形式。

（1）既要有厚度也要有差异度。线下课堂只能在有限的 45 分钟之内，进行无差异的教学。有些前沿知识和技能，由于课堂容量限制而没时间讲解。对于学习困难和学有余力的学生，不能实施差异化教学和单独辅导，只能按照一般学生的难度和进度进行教学。既不能让学习困难学生反复练习，提高学习效果，也不能让"吃不饱"的学生多"吃"一点。

而线上课程的"量"很大，这是线上课程相对于线下课堂最大的一个特点。有厚度，是指线上教学资源容量大，资源的内容既要囊括课堂中必讲的核心内容，也包括拓展、提高、案例等内容；资源类型既要有教师教学视频，也要有动画、文档、图片等多种形式、多种载体的大量资源。既能满足一般学生课上学习、课下练习、期末复习，也能满足学有余力、证书考核的学生使用。

课程建设有了厚度以后，也要分类安排课程资源，课程体系中需分必选与可选、主修与拓展、课程考核和证书考核的内容，教师根据学情以及学生根据个人所需来选择。

（2）既要有温度也要有鲜度。食物满足饱腹的需要是基本要求，更高要求是色香味俱全，给人以视觉、嗅觉全方位的感受。线上课程同样也是如此，满足现阶段理论学习和技能培养是基本要求，更高的要求是让课程保持温度和鲜度，时刻与行业前沿接轨，满足学生未来工作岗位的需要。

温度是指将职业素养、职业精神、职业道德等内容融入课程资源。企业需要的人才，不仅仅是"技术技能型"人才，会更加注重职业道德。著名企业家牛根生的观点——有德有才，破格重用；有德无才，培养使用；有才无德，限制录用，无德无才，坚决不用——现在被很多企业作为招聘用人的标准。可以看出职业道德的重要性。

所以，线上课程体系中应将职业技能与职业精神相融合，将优秀产业文化、企业文化、职业文化融入线上教学资源。如在会计专业课程体系中加入"会计职业道德"的相关内容，让学生知道哪些事情不可为，哪些错误不可犯；再如，在机电类专业课程中，加入"大国工匠"典型人物、"工匠精神"的典型案例，培养学生工匠素养。

鲜度是指课程资源应与行业发展最新前沿接轨，融入行业最新知识、最新见解、前沿动态等内容。不可否认的是，学生们现在学习到的、接触到的、课堂上讲解的都是现在已经流行或者已经实施的知识、技能。经济的变化和技术的迭代越来越快，教材更新的速度永远赶不上时代的变化。学生毕业后很多知识、技能、工具、观念都更新换代了，比如，2019年2月春学期开学，会计专业学生拿到教材并且开课后，国家税务总局3月份又发布最新公告调整税率。这种情况下教材已经无法更新，但是人工智能背景下的线上课程，教师可提前设定专业新闻、案例资源的主题，由平台即时推送、即时更新，让学生现在所学与将来所用保持一致。

七、"三学三提"篇

从 2016 年开始，衡水职业技术学院在全校开展了以"学时政，提升政治素质；学经典，提升人文素养；学业务，提升工作能力"为主要内容的"三学三提"主题读书活动，并一直坚持至今。作为"三学三提"活动的主要载体之一，学校每月编印《经典选读》，包括一篇毛泽东的文章、一篇习近平的文章、一篇职业教育业务文章、一篇经典散文，并推荐一本书。每月要安排半天时间进行学习交流和讨论。每年要精选一批优秀的学习体会文章编印成册，笔者撰写序言。本篇收录了笔者在"三学三提"启动仪式上的讲话以及为每年《"三学三提"主题读书活动成果集锦》所写的序言。

# 以"三学三提"开创跨越发展新局面<sup>*</sup>

读书学习是人类认识自然和社会、不断完善和发展自我的必由之路。只有不断地学习，一个人才能获得新知，增长才干，跟上时代的发展步伐。我们印发了《关于在全校开展"三学三提"主题读书活动的实施意见》。"三学三提"就是指"学时政，提升政治素质；学经典，提升人文素养；学业务，提升工作能力"。今天，我们在这里举行"三学三提"主题读书活动启动仪式，目的就是通过开展持续不断的读书活动，营造重视学习、崇尚学习、坚持学习的浓厚氛围，使每名职工真正把读书当成一种生活态度、一种成长方式、一种精神追求，自觉养成读书的习惯。

## 一、充分认识开展"三学三提"主题读书活动的重要意义

我党历来重视学习，尤其是在每一个重大历史转折时期，总是号召全党同志加强学习，而每次这样的学习热潮都会推动党的事业实现更大进步、更快发展。当前和今后一个时期，是我校实现跨越发展的一个关键时期，开展"三学三提"主题读书活动，对我们提高政治和业务素质、推进优质学校建设、引导和促进全校干部教师紧紧围绕学校工作大局、不断提升发展核心竞争力具有重要意义。

### （一）"学时政，提升政治素质"是培养社会主义建设者和接班人的需要

政治素质属于人的内在品质，是思想深处的东西。特别是对于高校来说，我们肩负着培养社会主义事业建设者和接班人的重大任务，必须坚持正确的政治方向。然而，随着改革开放带来的"新鲜空气"，也飞进来一些"苍蝇蚊子"。近年来，师

---

* 本文根据笔者 2016 年 12 月 20 日在学校"三学三提"主题读书活动启动仪式上的讲话整理而成。

生的思想观念不断受到碰撞和冲击，一些人出现了对西方文明与制度的盲目崇拜。也有一些高校出现了囫囵吞枣、迷失自我的现象。我们培养的是社会主义建设者和接班人，而不是旁观者，更不是反对派和掘墓人。因此，必须坚持以党的十八大精神和习近平总书记系列重要讲话精神为指导，在办学方向的问题上站稳立场，坚持和巩固马克思主义在学校的指导地位。要坚持把政治建设摆在首位，不断强化政治学习，理直气壮地信仰马克思主义、研究马克思主义、传播马克思主义、讲授马克思主义，引导青年学生真学、真懂、真信、真用。要持续强化政治引领，善于从政治上看教育，牢固树立社会主义核心价值观，进一步增强"四个意识"，树牢"四个自信"。

### （二）"学经典，提升人文素养"是培养"四有"好老师的需要

教师队伍的素质，直接决定立德树人的成效。学养不深、根底不厚，教不了学生；能力不强、方法不当，教不好学生。因此，作为教师，一定要把学习贯穿于整个生涯当中，不断丰富教育理论知识，增长才干，提高素质。一定要把读书学习作为一种高尚的精神追求、一种健康的生活方式，做到好学、乐学、善学，自觉抵制骄傲自满、不求甚解等不良学风和习惯。要有"衣带渐宽终不悔，为伊消得人憔悴"的境界，耐得住寂寞，坐得了冷板凳，潜心研究学问、专注教书育人，不断提升教育品质，努力成为博学、善思、务实、创新、智慧而又激情的新一代教师群体。

### （三）"学业务，提升工作能力"是学校提质增效的需要

当前，学校优质校建设、诊断与改进均已进入新常态，实施"一体多翼"，深化产教融合，提升双创内涵，加快集团化办学，问题集聚，矛盾叠加，学校正处于由加速发展到提质发展的关键阶段。我们遇见了过去从未有遇见过的一些新情况和新问题，这是新机遇，更是大挑战；我们由过去的加速发展到如今的提质增效，这是新方位，更是新高峰！因此，面对新机遇和新目标，我们必须把自己摆进去，把职责摆进去，把工作摆进去，保持勤学、学懂、弄通、做实的态度，从而使自己能够业务精通、技术熟练、能征善战，从而使我们能以事半功倍的成效破解瓶颈，攻坚克难。

## 二、深刻把握开展"三学三提"主题读书活动的重点

开展"三学三提"主题读书活动，学是基础是前提，既要有的放矢，又要广泛

涉猎；提是重点、是核心，既要巩固深化，又要完善提升。开展"三学三提"主题读书活动不是一阵风，而是校党委基于当前发展的形势和任务所进行的一项制度设计，是一项固根本、利长远的工程。因此，必须把握以下几点。

## （一）要突出学这个基础

各处室、系部，全体干部职工要结合自身实际，利用好有效时间开展集中学习和个人自学，要切实保障学习质量和效果，有效提升综合素养。

首先，是突出重点，增强学习的针对性。在学深学透本职工作业务知识的同时，重点学习马克思主义、毛泽东思想、邓小平理论、"三个代表"重要思想、科学发展观、习近平总书记系列重要讲话精神以及人文社科等方面的优秀读物。要干什么学什么、缺什么补什么，既要找准切入点，有的放矢，又要提高站位，统揽全局。

其次，是创新载体，增强学习灵活性。不仅可以通过学校搭建的每月《经典选读》读本、书记荐书、读书分享会、非遗大师进校园、书香衡职读书节等平台和载体学习，还可以充分利用阅读数字资源平台、微博、微信、网络等便于观看、易于掌握的新媒体随时随地学习，形成读书活动线上线下相结合的多元立体格局。

最后，是学以致用，增强学习实效性。当前，学校发展正处于深刻变化的新阶段，加强学习，提升干部职工工作能力、工作水平至关重要。因此，必须坚持学以致用，增强学习实效性。大家要正视自身存在的差距，既要积极补齐知识的短板，填充能力的不足，学深悟透、融会贯通、注重实效；又要把学习到的理论知识充分应用于学校发展的各项工作中，转化到谋划思考今后的工作思路上，从而真正做到学以致用、用以促学、学用相长。

## （二）要紧扣提这个目标

我们开展这项活动的目的是要提升政治素质，提升人文素养，提升工作能力，所有干部职工都必须紧扣提这个目标，不断增强能力水平。

首先，要提升政治素养，这是核心。作为党员，我们要时刻保持自身的政治敏锐性，加强自身理论学习，提高个人政治素质。特别是在当今网络技术不断发展、网络信息不断膨胀的情况下，各类信息鱼龙混杂，如果不加强理论学习，就不能保持思想上的与时俱进。因此，不仅是领导干部，包括普通教职工也要深刻认识提高政治素养的重要性和紧迫性，从自身政治建设出发，把提升政治素养贯穿到教书育人的全过程，以立德树人的初心践行为党育人、为国育才的使命。

其次，要提升人文素养，这是关键。古语云"腹有诗书气自华"。读书不仅可以长知识，还可以提升人的精神境界，使人气质高雅。尤其是常读书，日积月累就会使人脱离低级趣味，养成高雅、脱俗的气质。特别是作为教师来讲，我们不能只做传授书本知识的教书匠，而要成为塑造学生品格、品行、品位的"大先生"。因此，更需要我们通过经常读书学习来涵养"德的灵魂、职的基因、技的精髓、匠的品质"，从而，真正成为培养学生创新、实践、个性品格品行的"大先生"。

最后，要提升工作能力，这是根本。我刚才讲，我们面临巨大机遇，同时也有新的挑战。面对新机遇和新挑战，需要我们通过坚持不断地学习来想出新思路、拿出新举措、走出新路子。因此，班子成员要率先垂范、先学一步，通过不断学习来增强谋划能力和驾驭全局、处理复杂问题的能力；领导干部要紧跟其后，在干中学、学中干，不断提高工作质量和效率，增强抓落实的能力；全体教职工要全体参与、全员学习、全面提升，学而不厌、诲人不倦，教而有道、教而有法，增强教书育人的能力。

### （三）要抓好常这个导向

"三学三提"主题读书活动贵在坚持。因此，我们要在长和常上下功夫，建立长久化和常态化工作机制。每周要编发一份读书活动简报，隔周开展一次读书小组交流活动，每月集印一册经典读书材料，每两个月举办一期读书讲座，每学期评选一批优秀读书心得文章，每年举办一次读书报告会。全体教职工要坚持每人至少参加一个读书学习小组，每天自主学习一小时，每周写一篇读书小结，每月精读一本好书，每学期撰写一篇读书体会或调研文章，每年做一次读书成果汇报。总之，要通过建立长久化和常态化学习机制，营造全员学习、全程学习风气，争相学习的良好风气。

## 三、切实加强"三学三提"主题读书活动的实施保障

开展"三学三提"主题读书活动，是学校党委基于当前学校形势所作出的一项制度性安排，事关当前，影响长远。大家一定要认识到位、学习到位、坚持到位，确保读书活动不走过场、不搞形式、取得实效。

一是要加强组织领导，建立领导机构。成立以主管领导为组长，由宣传部、办公室、组织部、教务处主要负责人及各党总支、支部书记为成员的领导小组，统筹负责全校的主题读书活动。领导小组下设办公室，挂靠在宣传部。同时，宣传部还

要牵头，协同社科部，在理论中心组的基础上成立马列主义读书学习小组，重在"学时政，提升政治素质"；社科部牵头，成立传统文化与社会主义核心价值体系读书学习小组，重在"学经典，提升人文素养"；各系分专业成立科学文化读书学习小组，重在"学业务，提升工作能力"。领导小组和各读书学习小组，要加强组织推动，以身作则、率先垂范，以实际行动带动全体教职工的读书学习，迅速掀起全校全员读书学习热潮。

二是要树立先进典型，加强成果推广。在活动开展过程中，要注重发现读书活动中涌现出的先进组织、先进个人、先进经验、典型事迹等，加强宣传报道，发挥其示范引领作用。评选出一批"学习型机关、系部""读书学习标兵"，并给予文献典籍等书籍形式的奖励。同时，及时征集师生的学习读书成果，在微信公众平台以及《高职园地》《衡水晚报》等媒体刊登；筛选优秀读书交流文章，集印成册，促进面向社会文化交流。

三是要加强督导检查，促进活动实效。各处室、系部要坚持把读书学习与本部门工作实际结合起来，把提高人文素养同增强工作本领、提高创新能力结合起来，紧紧围绕学校"十三五"规划建设目标，坚持学以致用，真正把学习成果转化为指导工作、解决问题的思路和方法，推进各项工作的创新和发展。各归口小组要严密组织，扎实开展活动。宣传部要督导检查各读书小组的计划落实情况，加强全校读书活动的组织协调，通过召开调度会、印发资料和活动简报等方式，调度和促进"三学三提"主题读书活动不断向纵深开展。

# 书香衡职更可期*

　　阅读，自古以来就是人们积累文化、丰富知识、提升文明不可或缺的途径，是推动社会发展的重要工具。回顾人类文明发展史，无论是一个国家、一个民族，还是一个政党，如果不注重学习、不提高学习能力，势必要落后于时代。21世纪是知识经济时代、信息技术飞速发展和全球经济一体化的时代，这是一个崭新的时代。特别是随着人类迈入信息化社会和互联网时代的到来，云计算、大数据、人工智能等技术的迅猛发展，知识创造、知识更新速度大大加快，创新能力越来越成为综合国力和国际竞争力的核心因素。这就要求我们必须适应时代发展要求，加强学习，重视阅读。

　　我党历来重视学习，尤其是在每一个重大历史转折时期，总是号召全党同志加强学习，而每次这样的学习热潮都会推动党的事业实现更大进步、更快发展。实践证明，不断学习、善于学习，努力掌握和运用一切科学的新思想、新理论、新经验，是我党与生俱来的鲜明品质，也是我党始终走在时代前列，引领中国发展进步的决定性因素。党的十八大以来，面对世情国情的深刻变化，以习近平同志为核心的党中央，以高瞻远瞩的战略目光和政治智慧，进一步将全民阅读上升为国家战略，并作出了一系列重要安排：2016年12月，颁布《全民阅读"十三五"时期发展规划》；2017年3月1日，出台《公共文化服务保障法》；2017年3月31日，《全民阅读促进条例（征求意见稿）》公开征求意见；2018年1月1日，《公共图书馆法》正式施行。这些重要政策法规的实施，标志着全民阅读已开始步入法制化、制度化的轨道。

　　苏联著名教育家霍姆林斯基曾经说道，一个学校可以什么都没有，只要有了为教师和学生精神成长而提供的图书，那就是学校了。① 美国诗人狄金森则说过这样

---

　　* 本文系笔者为2017年度《"三学三提"主题读书活动成果集锦》所写的序言。

　　① 朱永新：一个民族的精神境界取决于阅读水平［EB/OL］. 中新网，https://www.chinanews.com/cul/2012/01-06/3584563.shtml，2012-01-06.

一句话："没有一艘船能像一本书，也没有一匹骏马能像一页跳跃着的诗行那样，把人带向远方。"① 他们用简洁有力而富有诗意的语言告诉我们，教育是美好生活的第一要务，而阅读则是教育大厦最重要的基石。一个没有阅读的学校，永远不可能有真正的教育。

正是基于时代需要、党的号召和教育使命，2016 年 9 月，学院党委审时度势，作出在全院开展以"学时政，提升政治素质；学经典，提升人文素养；学业务，提升工作能力"为主题的"三学三提"读书活动的重要决定，引导和促进全院干部教师紧紧围绕学院工作大局，读好书、增学识、长才干、提素质，提升学院发展核心竞争力，并将"三学三提"主题读书活动列入学院重要工作日程，建章立制，创新载体，营造氛围，创建品牌，促进了读书活动的常态化、长效化。截至 2017 年累计印发《经典选读》11 期，选读经典文章 43 篇，举行读书分享会 98 次，组织经典诵读竞赛活动 12 场，参加干部教师 2568 人次，收到了凝聚思想力量、丰厚文化积淀、积蓄释放正能量、促进工作创新开展的实效，使学院事业焕发出勃勃生机。

在"三学三提"主题读书活动开展过程中，全院干部教师学思践悟，启智强能，学以致用，推进工作，并积极撰写心得体会，记录读书学习的心得感悟，字里行间散发着浓郁的书香气息，跳荡着思想的火花。基于分享读书心得，相互交流，相互激励，共同提高，学院遴选了一批优秀篇章结集印发，既是"三学三提"的生动见证，也是读书活动成果的一次总结展示，更为我们深化和提升"三学三提"主题读书活动，提供了一个具有学习借鉴价值意义的文本。借为《"三学三提"主题读书活动成果集锦》作序之机，我们想谈几点体会和希望，与大家共勉。

一是要始终坚持把学习作为第一需要，不断增强读书学习的紧迫感和责任感。进入新时代，实现伟大梦想，是每一个中华儿女的神圣使命。使命需要担当，担当需要本领。党的十九大对党员干部提出了增强"八个本领"的要求，其中学习本领排在第一。党的十九大闭幕后第三天，在十九届中央政治局第一次集体学习时，习近平总书记就向全党发出号召，贯彻落实党的十九大精神，在新时代坚持和发展中国特色社会主义，要求全党来一个大学习。② 身为一名党员干部，是否重视学习、认真学习、坚持学习，是否注意通过学习、实践不断提高自己的理论素养和工作能力，是有没有党性和党性观念强不强的重要表现。我们必须保持对知识的"饥饿感"、对本领的"恐慌感"，把读书学习作为一种政治责任、一种精神追求、一种生

① 出自狄金森的小诗《没有一艘船能像一本书》。
② 学习时报评论员：深入认识全党来一个大学习的要求［EB/OL］．人民网，http://theory.people.com.cn/nl/2017/1208/c40531-29693582.html，2017-12-8.

活态度，把读书当作工作和生活的重要组成部分，端正学习态度，转变学习观念，养成勤奋学习和深入思考的习惯，以强烈的求知欲和积极的进取精神，努力多学一点、学深一点，不断以更高质量的阅读，获取进步向上的精神动力和开拓创新的思想智慧。

二是要始终坚持立足本职、把握重点，在阅读中完善自我提升素质。人生有涯而学无止境，况且经过几千年的文明积累，典籍华章，汗牛充栋，人的精力却是有限的。如何能在有限的时间内取得最佳读书效果，这就需要我们"有所为，有所不为"，择"善"而读之。这里所说的"善"，就是要结合本人事业发展的实际，把握学习重点，抓住阅读关键。具体而言，就是要着眼于提高理论素养阅读，着眼于提升精神境界阅读，着眼于完善知识结构阅读，着眼于做好本职工作阅读。首先，是要加强习近平新时代中国特色社会主义思想的学习。习近平新时代中国特色社会主义思想是马克思主义中国化的最新成果，我们要通过深入学习，努力掌握贯穿其中的立场观点方法，不断提高运用科学理论分析解决实际问题的能力。其次，还要注重选学中外经典，提升人文素养，塑造高尚师德；精读专业名著，树立科学理念，增强育人本领，自觉做到像有"衣带渐宽终不悔，为伊消得人憔悴"的境界，耐得住寂寞，坐得了冷板凳，潜心研究学问、专注教书育人，不断提升教育品质，努力成为博学、善思、务实、创新、智慧而又激情的新一代教师群体。

三是要始终坚持理论联系实际，做到学用结合推进工作创新开展。学以致用、学用结合、学用相长，这是马克思主义理论联系实际的优良学风。毛泽东曾说过："读书是学习，使用也是学习，并且是更重要的学习。"①

当前，衡水职业技术学院优质校建设、诊断与改进均已进入新常态，实施"一体两翼"，深化产教融合，提升双创内涵，加快集团化办学，问题集聚，矛盾叠加，学院正处于由加速发展到提质发展的关键阶段。过去从未有遇见过的一些新情况和新问题，是新机遇，更是大挑战；由加速到提质的新目标，是新方位，更是新高峰！勤学、学懂、弄通、做实，是我们面对新挑战的理性选择和应持态度。我们要通过深化"三学三提"主题读书活动，进一步加强读书学习，在学习中把自己摆进去，把职责摆进去，把工作摆进去，从阅读中把握规律，汲取力量，学会方法，以科学理论为指导，破解瓶颈，攻坚克难，以事半功倍的成效开展创造性的工作。

四是要始终坚持方法和载体创新，用书香涵养衡职精神和文化气质。当前，学院发展正处于深刻变化的新阶段，"三学三提"主题读书活动必须围绕中心、服务

---

① 毛泽东的读书学习生涯（上）[EB/OL]．人民网，http://dangshi.people.com.cn/n1/2021/0726/c436975-32169361.html，2021-07-26．

大局来开展，为优质校建设的生动实践服务。这就要求阅读活动要切实把准把握好这些新特点，不断创新发展、创新服务、创新形式。要从顶层设计、阅读服务，选文荐书、"一系（部、室、处）一品"特色阅读品牌建设四个方面推陈出新，通过创新阅读载体，以点带面，让越来越多的师生关注阅读，走近阅读，分享阅读，使师生真正感觉到"阅读就在身边""我阅读，我快乐"。当前，科技的飞跃正以深远的方式重塑阅读的文化生态，我们要积极适应数字化发展的新趋势，充分利用数字技术，建立阅读数字资源平台，推进数字化阅读开展，形成读书活动线上线下相结合的多元立体格局。还要创新阅读推广模式，把"三学三提"主题读书活动有效延伸到学生群体，使之惠及学生的精神成长、学业进步和全面发展，从而展现出更强大更富有魅力的阅读牵引力。

腹有诗书气自华，最是书香能致远。人生因阅读而气象万千，事业因阅读而壮丽多彩。站在学院创新发展的新起点，愿全体衡职人多读书，好读书，善读书，把读书作为一种生活方式，久久为功，驰而不息，让书香氤氲整个校园，让善读之风融入衡职精神，让"三学三提"活动成为学院的文化名片，成为每一个衡职人的高贵的持守。

# 做一个幸福的读书人<sup>*</sup>

　　当前，我们正处在一个知识快速迭代、信息大量过剩的时代，犹需要通过阅读来提升认知能力。特别是随着人工智能、云计算、大数据等技术的发展，很多简单、重复的工作将会被机器所取代，每个人都面临着"重新发现自己"的挑战。在这样的知识背景下，一个人已不可能终身都依靠某种一成不变的本领面对职场，更不可能只是做一个信息的接受者，而必须不断提升自己"接受"知识之外的想象力、判断力与认知能力。这在一定程度上只能通过阅读来实现，只有伴随真正的阅读，我们才能在思接千载、视通万里的认知过程中不断完成自我刷新。

　　既然如此，那么我们如何才能实现用文化的力量为自己的人生赋能呢？这就涉及了如何读书的问题。关于如何读书，前人已作了多方面的总结，以我个人的读书体会和经验，能够坚持做到以下几点，也很是不易，却十分有益了。

## 一、时时处处让阅读如影随形

　　阅读，应该成为我们日常生活的一部分，就像阳光、空气一样自然而然且不可或缺。不要抱怨没有时间读书，并为此寻找各种各样的理由和借口，如工作太忙、日子太累；应酬太多、事务太繁；外边的诱惑太多太大、生活的节奏太快太紧，如此等等。其实，阅读的时间就掌握在我们自己的手里，关键是要学会去利用。

　　"三天不读书，自感面目狰狞"，一语道破了坚持读书的重要。北宋钱惟演自称："平生惟好读书，坐则读经史，卧则读小说，上厕则阅小辞，盖未尝顷刻释卷也。"① 欧阳修也曾说过："余平生所作文章，多在三上，乃马上、枕上、厕上也。

　　* 李增军．做一个幸福的读书人［J］．海外文献，2019（11）．
　　本文系笔者为2018年度《"三学三提"主题读书活动成果集锦》所写的序言。
　　① 出自欧阳修《三上》。

盖惟此犹可以属思耳。"① 南宋诗人陆游在《幽居遣怀》一诗中，有"呼童不应自生火，待饭未来还读书"之句，写尽了他饭前见缝插针读书的书痴情态。清代"扬州八怪"郑板桥的许多诗词也有描写读书人那种勤奋刻苦精神的，如"年年种竹广陵城，爱尔清光没变更，最是读书窗纸外，为争夜半起秋声"②。他还为汪懋麟百尺梧桐阁题有一联："百尺高梧，撑得起一轮月色；数椽矮屋，锁不住五夜书声"③，这副对联生动刻画了汪懋麟刻苦读书的情景。

我国当代著名的马克思主义经济学家、《资本论》最早的中文翻译者王亚南，1933 年乘船去欧洲。客轮行至红海，突遇风暴，巨浪将轮船摇晃得使人无法站稳。戴着眼镜的王亚南，手上拿着一本书走进餐厅，恳求服务员说："请你把我绑在这根柱子上吧！"服务员以为他是担心自己被风浪甩到海里去，就照着他的要求，将其牢牢地绑在柱子上。绑好后，王亚南翻开书，聚精会神地读起来。船上的外国人见了，无不向他投来惊异钦佩的目光，连声赞叹："啊！中国人，真了不起！"

"君子终日乾乾，夕惕若厉"④，这应该是我们当代人应有的勤学精神吧。

# 二、以经典为伴专注"高贵的坚持"

所谓经典，就是指那些经过时光荏苒而流传下来，而且被人们广泛接受的著述。阅读经典，是我们进入人类知识殿堂的捷径，人的自我完善和提升，须要仰仗经典之力。

日本作家村上春树曾借小说主人公之口说，"我只是不愿意在阅读未经过时间洗礼的书籍方面浪费时间"⑤。这话听起来有些刺耳、偏执，背后却是有一番考量的。大浪淘沙始见金，时间这个公平的见证者，为人类淘汰了不计其数的书籍，却同时留下了卷帙浩繁的佳作。意大利作家卡尔维诺对此也有极深的感受，甚至专门写了一本书叫《为什么读经典》。书中，他为经典作品下了诸多定义，其中第一条便是，"你经常听人家说'我正在重读……'而不是'我正在读……'的书"。"思想文化大数据实验室"发布的 2019 城市阅读报告《从阅读数据看城市气质》（第二季）从图书消费和数字阅读两个重要维度出发，总结过去一年的阅读现象，把脉城市的阅读风尚。报告显示，在当下中国，《浮生六记》等经典著作依然是畅销、长销作品。

① 出自欧阳修《三上》。
② 出自郑板桥《竹石图》。
③ 出自《郑板桥文集》。
④ 出自《周易·易经·乾卦》。
⑤ 出自《挪威的森林》。

2018 年的世界读书日来临之前，中国人民大学外国语学院院长郭英剑在人大图书馆"人图领读者"讲座中，就再次重申了自己的一贯主张：人生太短，好书太多，要读经典。经典作品反复接受一代又一代人洗礼，总能跨越时代，进入群体的记忆中。即便这些作品需要你花力气、下功夫阅读，也是非常值得的。不读经典，何以自立？在 2018 年的"世界读书日"，许多网友赞成阅读经典著作，认为阅读经典有助于了解世界、提高自身素养。复旦大学中文系教授汪涌豪认为，经典阅读有对人类普遍性和本源性问题的热切关注，可以帮助我们了解世界，观照自我，实实在在地获得高层次的精神养料。也有网友称："重视经典阅读，就是重视思想绵延，重视质疑和思考，就是寻找人生意义的科学途径。"

经典，一头接续着优秀文化，一头链接着美好生活。

## 三、熟读深思追求有质量的阅读

读书最重要的，是要熟记书中的内容，如果读完之后什么也没有记住，那就无异于入宝山归来而两手空空，当然就更谈不上"学以致用"了。所以，为了能够达到多读善记，就要坚持勤于诵读，以求将书中的微言精义探究明白，融会贯通。

史书记载，当年孔子读《易》韦编三绝，不知翻阅过几百上千遍。

北宋大文豪苏东坡，有一次在翰林院值夜班，读杜牧的《阿房宫赋》直至深夜四鼓，仍诵读不倦。郑板桥在《板桥自叙》中也曾谈到，"板桥每读一书，必千百遍。舟中、马上、被底，或当食忘匕箸，或对客不听其语，并自忘其所语，皆记书默诵也。"他还在《潍县署中寄舍弟墨第一书》中说："千古过目成诵，孰有如孔子者乎？读《易》至韦编三绝，不知翻阅过几千百遍来！"

当然，读书除了熟读深思之外，还要注重完善自己的知识结构。知道自己想学什么、要读什么，需要补充哪些知识。在这方面，首先要建好自己的"根据地"，也就是自己的专业领域。但仅仅有专业文化修养还是不够的，面对复杂多变的社会生活，我们最稀缺的是触类旁通、举一反三和高瞻远瞩的能力。这就需要我们不断突破原有的思维定式，有意识地发现自己的知识"盲点"和"盲区"，然后以自己的学习和研究为基础，去找需要读的书，并在薄弱环节上多下功夫，努力实现读得其所，学有所用。

## 四、放慢点，静下来尽情享受阅读时光

我们正处在一个互联网浪潮下知识焦虑的时代。因为互联网的发展，不同专业

领域知识的边界正在变得越来越模糊，甚至有的消失融通，变得"大而不知"。世界太大了，大到任何人都不可能了解其全部本质。而且，当下又是一个崇尚快捷的时代，"快"可为无时不在、无处不在，出行有飞机、高铁、汽车，邮传有快递、快运、快件，信息有快报、快讯、快信等，就连购物都在流行"秒杀"。时代和生活的巨大变化，正在对阅读提出全新的挑战。

但是，读书随处是一片净土。人生本来是一场旅行，如果一开始就只图一个快字，急匆匆直杀奔终点而去，而忘却了沿途的风景，那人生的意义又何在呢？读书，就是人生旅途中的一个驿站，当我们遇到一本好书的时候，就要有意识地放慢生活的节奏，静下心来，在阅读中感悟一种时光的静谧和美好。慢不是懒惰，不是消极，而是一种读书的态度，也是一种让心灵回归自然、与书为伴的境界。平时听很多人说，"我没有书房""我不在学校""我没有一个好的学习环境"等。这些都不是不读书的借口。读书不在于寻求安静的环境，而在于有一个安静的心境，潜下心来修身养性，享受阅读时光。

# 五、我悟读书趣，对影成三人

我把自己书房命名为"对影轩"，语出北宋文学家黄庭坚《品令·茶词》"恰如灯下，故人万里，归来对影。口不能言，心下快活自省"，又出唐朝诗人李白《月下独酌》"举杯邀明月，对影成三人"。黄山谷和李太白一个从品茶、一个从饮酒，讲"对影"之美之妙之乐之趣，我则将其引申到读书，一则读书恰如遇故人，久别重逢；二则读书也是在寻找另一个自己，与灵魂对话，既是和故人对影，也是和自己对影，阅读成为悦读，其美其妙其乐其趣也就尽在不言之中了。

"我最大的爱好就是读书"，习近平总书记多次在公开场合强调读书修身的重要性。他在回忆自己不满16岁时赴陕西省延川县梁家河村插队、手不释卷读书情况时描述道："出门的时候怀里揣一本书，我那时候揣字典，《成语词典》《简明哲学词典》，背一个词的意思就去锄地，再找休息的时候再背一个词。"2013年3月19日，在接受金砖国家媒体联合采访时，习近平总书记这样感慨道："我最大的爱好就是读书，读书已经成为自己的一种生活方式，读各类书，我想，这是一个终身的爱好。"[1]

让我们像习近平总书记那样热爱读书吧，与书相伴，如影随形，做一个幸福的读书人。

---

[1] 相关观点出自由央视新闻新媒体于2018年出品的时政微视频《窑洞里的读书人》。

# 学习的三重境界 *

2016 年，衡水职业技术学院党委提出以"学时政，提升政治素质；学经典，提升人文素养；学业务，提升工作能力"为主要内容的"三学三提"主题读书活动，至 2019 年已经整整四年。回看来路，自感不凡，读书活动取得了多方面的显著成效，集中体现为教职工的政治素质、业务素质和文化素质有了很大提升，为学院推进跨越发展提供了动力源泉和坚实保障。

就学院开展"三学三提"主题读书活动而言，大家在共同阅读的精神之旅中，一起学习一些文章、一起研读某些书籍，一起聆听专家报告、一起欣赏学者讲座，一起思考问题、一起探求新知，潜移默化中，逐步形成思维同频共振，达成思想共识。同时，书里的风景、书外的故事，使我们阅读的心境、思想、情感深刻地交融在一起，构成独特而又近似的生命体验，身上便会有越来越多共同的东西，进而形塑为我们衡职人共同的观念、价值和理想。由此产生一种凝聚力、内生力和持久的发展力，这是思想和认知的统一，是学院精神和学院文化的培育与成长。

学院于每月编印《经典选读》，已成为我们开展"三学三提"活动的重要载体。每月的读本都要精选四篇文章：一篇毛泽东、邓小平等老一辈无产阶级革命家的文章；一篇习近平同志最新的重要讲话或文章；一篇权威专家关于大学教育特别是高等职业教育前沿性问题的理论文章；一篇经典的文学作品或大家小文。同时，推荐一本为社会广泛认可的好书供大家阅读。在阅读这些文章、书籍的基础上，每月还要组织专题讨论或集体交流。回顾过去的阅读和学习情况，我们一直都坚持得很好，方法上不断创新，机制上不断完善，特别是持续实现着从掌握新知到实践应用的有价值又有效率的转化。但是，在现有的基础上，如何能够使"三学三提"活动进一步加强、进一步创新、进一步深化、进一步提升，进而达到"欲穷千里目，更上一层楼"的新境界，这是我们共同面对的阅读挑战。2019 年初，学院和人民学习、格

* 本文系笔者为 2019 年度《"三学三提"主题读书活动成果集锦》所写的序言。

局商学签订了合作协议，以购买课程的形式对全院党员干部进行直播学习培训，使"三学三提"活动获得一个崭新的平台和载体，目的就是打造一个公共阅读的新地标。"格局商学"是一家在线互动直播的管理教育品牌，在全国建立的分院或智慧教室已超过400家；"人民学习"是人民日报社旗下的一个教育品牌，面向全国党员干部开展教育培训。我们与其签订合作协议，每年选择20堂精品课程进行线上学习，将会极大提升全院党员干部的综合素质，促进"三学三提"活动提高到一个全新的水平。

在这个学习平台上讲课的专家都是大家，是各自领域中的领军人物，甚至是杰出代表，这样的智力资源对我们来说是不可多得、极为宝贵的。怎样利用好这个平台，我们跟专家学什么，这是非常重要的。我想就此谈三点建议，供大家参考。一是要学理论、学知识。不断与时俱进推进理论创新，是我党永葆生机活力的关键所在。我们正处于一个信息迭代加快、新的知识不断涌现的时代，需要我们不断汲取新知识，接受新事物，提高新本领。二是要学方法、学思维。我们要从专家讲课中思考他们是从什么样的角度观察问题、分析问题、研究问题、解决问题的，为什么要选取这样一个角度，为什么会运用这样一种方法。这样的学习和思考，会有助于提升我们的思维能力，拓宽思考问题的路径。当然，最根本的是要学习和掌握辩证唯物主义和历史唯物主义，这是马克思主义最基本的立场、观点和方法，也是习近平总书记在全党大力倡导和亲身示范的。三是要学人生智慧。在"人民学习"平台讲课的有高端专家，也有大企业家，他们丰富的人生阅历和独特的阅读体验，使其在自己的知识体系中蕴涵了丰富深刻的人生智慧。我曾在不同场合多次重述过一个观点，不管从事什么领域，自然科学也好，社会科学也罢，到了一定境界的大家，一定是具有科学精神、哲学思维和浪漫情怀，所以我经常提示朋友读读这些大家的随笔，这里面饱含了他们在丰富阅历中积淀的人生智慧。还有一些成功的企业家，他们是从一次次失败中站起来的，《真心英雄》有一句歌词"没有人能随随便便成功"，失败的磨砺就是他们走向成功的基石。2017年笔者曾带着敬业同志去重庆参加"智博会"，马云、马化腾、李彦宏等互联网企业家云集，我们面对面聆听了他们的演讲，这些演讲不是秘书能够写出来的，而是凝练出来的人生智慧的结晶。听来令人感到耳目一新、启智开悟。

从知识到方法，再到智慧，这其实是学习的三重境界。知识、方法、智慧，大致可以和老子《道德经》里的器、术、道相对应。器是工具和技能，术是技巧和方法，道是境界和修为，道以明向，术以立策，器以成事。又如王国维先生做学问的三种境界："昨夜西风凋碧树。独上高楼，望尽天涯路"，此第一境也。"衣带渐宽终不悔，为伊消得人憔悴"，此第二境也。"众里寻他千百度，蓦然回首，那人却在，灯火阑珊处"，此第三境也。

有人曾提出这样的阅读理念："一个人的精神发育史就是他的阅读史，一个民族的精神境界取决于这个民族的阅读水平"。我想，对一所大学精神和文化的成长与发展而言，也同此理吧。基于此，我们更要始终如一地推动"三学三提"主题读书活动走深走实，让"崇学尚读"成为我们的精神特质，让"会读书才能教好书"成为我们的价值理念，让持续阅读丰富书香涵养，不断提纯我们的思想品质、提升我们的育人智慧、凝结我们的奋斗力量、擦亮我们的文化名片。

# 关于成长<sup>*</sup>

衡职院于 1923 年建校，最初是享誉燕赵的直隶六师，此后历经冀南建设学院、河北省立冀县师范学校、河北冀县师范学校等历史时期，2001 年成立衡水职业技术学院，实施专科层次高等教育。今年春节在给教职工的慰问信中，我说了两句话："百年六师，百年恰风华正茂；廿年衡职，正是少年模样！"我们衡职院正处在一个风华正茂、意气风发的年代，就好像你们刚刚入职的年轻的老师们一样。年轻就意味着活力！年轻就意味着成长！年轻就意味着可能性！

职业教育已经迎来了发展的春天。2019 年出台的《国家职业教育改革实施方案》指出："职业教育与普通教育是两种不同教育类型，具有同等重要地位。"如果你关注政府工作报告，会发现职业教育已经连续三年被放到加大宏观政策实施力度部分。职业教育在推动制造强国建设、推动就业和增长发挥着不可替代的作用。你们投身职业教育，正逢其时、大有可为！

我们学校这几年在全国全省有了一定的影响，形成了独具特色的发展道路。可以用几个关键词来概括我们的发展特色。第一个关键词是"扬长补短"的发展理念。我们学校发展基础非常薄弱，我们讲"扬长补短"，就是要把优势和特色做到极致，要在全国全省产生影响，带动我们短板的提升。我们追在别人后面跑，是永远追不上的，要换道超车，以我们优势特色的打造，带动各种资源向我们学校聚集。这是一种新的理念，是跳出"木桶理论"，树立"长板思维"。第二个关键词是"三个融合"的发展思路。作为一个地方高职院校，学院的发展定位必须服务区域发展，服务国家的战略。所以我们提出"三个融合"，即"校园融合产业园、专业融合产业链、课程融合岗位群"，我们要走产教融合、校企合作的路子。第三个关键词是"一体多翼"发展战略。我们现在正在建设的交通运输学院校区，2020 年 9 月份要启用。和北大燕园科技园集团合作的工匠学院、和安平联合建设的乡村振兴学

---

* 本文系笔者为 2020 年度《"三学三提"主题读书活动成果集锦》所写的序言。

院都在积极推进中。这样形成的"一体多翼"的布局，使我们的占地面积由 160 多亩扩展到 1500 多亩，有效地解决了我们办学空间不足的问题。第四个关键词是"一校两制"办学体制。从学校层面，我们主校区保持公办性质不变，新建三个二级学院引进社会资本实施混合所有制办学，我们的交通运输学院已经被河北省政府确定为河北省股份制混合所有制办学试点。从系部层面，我们依托专业群引进战略合作企业建设现代产业学院，已经签约建设的有吉航（国际）航空产业学院、华为 ICT 产业学院、京东数字经济产业学院和衡水乡村振兴研究院。第五个关键词是"双修双创型金蓝领"人才培养体系。"双修"就是德技并修，"双创"就是创新创业，"金蓝领"就是高素质技术技能人才。

百年大计，教育为本；教育大计，教师为本。习近平总书记多次强调，要从战略高度认识教师工作的极端重要性。① 教师承载着传播知识、传播思想、传播真理、塑造灵魂、塑造生命、塑造新人的时代重任。②他勉励广大教师做有理想信念、有道德情操、有扎实学识、有仁爱之心的"四有"好老师。③落实好总书记的殷切期望，我给大家提五个方面的要求。

第一，政治要坚定。培养什么人是教育的首要问题，我国的大学是社会主义大学，我们培养的是社会主义的建设者和接班人，实际上不光是我们中国的大学，西方的大学也在传播自己国家的价值观，他们也不会培养自己的"掘墓人"。韩愈在《师说》中写道的"师者，传道授业解惑也"，把传道放在第一位，授业解惑还在其次，传道就是传播思想。我们作为教师，要牢记立德树人的根本任务，要有坚定的理想信念，要做坚定的马克思主义者，要做习近平新时代中国特色社会主义思想的信仰者和传播者，要增强"四个意识"，坚定"四个自信"，做到"两个维护"。

第二，学养上要深厚。我们经常讲：给学生一碗水，老师要有一桶水，老师要做到学问要深，修养要厚。总书记讲教师应是学问之师，扎实的知识功底、过硬的教学能力、勤勉的教学态度、科学的教学方法是教师的基本素质。④新入职的教师必须在练好基本功上下苦功夫，一是要树立终身学习的理念，二是要有改革创新的精神，三是要有严谨认真的治学态度，四是要有仁爱之心的修养，仁爱是师德修养的核心，真正的教育是人的灵魂的教育，是爱的教育，是智慧的教育。

第三，思维要科学。我经常和大家讲思维方式、思想方法的问题。思维方式比知识更重要，决定人的一生。回想我们自己，在大学里学的专业知识很多是用不上的，但形成的考虑问题、处理问题的方式和方法，却让我们终身受益。对于新入职

①②③④ 习近平总书记关于师德师风的重要论述摘编［EB/OL］．教育部官网，http：//www.moe.gov.cn/jyb_xwfb/moe_2082/2021/2021－Zl37/2021shideshifenglunsu/202105/t20210511_53082h.html，2021－05－11.

的教师来讲，一方面，你们的个人成长需要正确的思维方式；另一方面，你们的一言一行也影响着学生思维方式的形成，老师的一句话有可能就会影响某一位学生的一生。一是辩证思维。要注重矛盾分析，抓住主要矛盾和矛盾的主要方面；要以全面的观点、联系的观点、发展的观点分析和解决问题；既要讲两点论，又要善于抓重点。二是系统思维。要有全局观念，有整体意识，有协同的意识。既要有顶层设计、整体谋划，又要有协调推进、分步实施。三是战略思维。"不谋万世者，不足谋一时；不谋全局者，不足谋一域"。要注重趋势性分析，注重全局性把握，要有战略定力。四是法治思维。要有法治意识、法治观念，要用法治的思维去思考问题，用法治的方式解决问题。五是历史思维。习近平总书记说："历史、现实、未来是相通的。历史是过去的现实，现实是未来的历史。"① 历史思维不单单是要借用历史的经验和智慧，更重要的是要树立大历史观，有历史唯物主义的立场、观点和方法。六是创新思维。习近平总书记讲，惟创新者进，惟创新者强，惟创新者胜。② 我们要打破思维定式，敢于改革，敢于创新，敢吃第一个螃蟹。七是底线思维。要树立问题意识、危机意识、边界意识，不触碰底线，不闯红灯，不越线越界。凡事从坏处准备，争取好的结果，做到居安思危、有备无患。这七种思维方式具有内在联系性，是一个有机的整体。除此之外，我再介绍三种思维方式。一是互联网思维。互联网具有颠覆性，具有去中心化、扁平化、开源性的特征。我理解的互联网思维是"一切皆有可能"，在互联网时代，"灰姑娘"变公主的故事每天在上演，市场规则、社会规则每天在改写。二是工匠思维。我们从事的是职业教育，特别需要工匠思维和工匠精神，要执着专注、精益求精、一丝不苟、追求卓越，就是凡事都要讲究，凡事都往极致去做。三是借景思维。也可叫作借力思维、借势思维。借景是一种园林手法，比如扬州瘦西湖，泛舟湖中与远处的塔构成一体；北京颐和园，站在东侧知春亭远借西山，近借玉泉山；还有苏州园林、"西湖十景"等都用了借景的手法。我们在工作中也要会借力、善借势。

第四，格局要大气。要着眼大势、着眼大局、着眼未来，目光更长远一些、胸怀更广阔一些、思考更深邃一些。一是眼界要宽，不能一叶障目不见森林；二是目光要长，要超越眼前的一时一事；三是站位要高，思想要在高水平运动；四是见识要广，不能孤陋寡闻、坐井观天。

---

① 十二、掌握工作制胜的看家本领 ［N］. 人民日报，2014 – 7 – 17（12）.

② 习近平：脚踏着祖国大地胸怀着人民期盼 书写无愧于时代人民历史的绚丽篇章 ［N］. 人民日报，2023 – 10 – 22（01）.

第五，品行要端正。习近平总书记讲，教师是品行之师①。我们也经常讲"学高为师，身正为范"。要不断提高教师的道德修养，提升人格品质，用模范的言行举止为学生树立榜样，用高尚的人格魅力引导学生的心灵，努力成为塑造学生品格、品行、品位的"大先生"。我们要重视师德师风建设，要自重自省自警自律，要慎独慎微慎初。要用我们的一言一行，给学生做好示范和榜样。最后，我想跟大家交流的是关于成长。每个人都要经历成长，这是一条不可逃避的路。成长是一个过程，是一个痛并快乐着的过程。结合自己的成长经历，我想给大家提四点建议。

第一，做一个理想主义者。从西方哲学意义上来讲，理想主义者是善于运用直觉去认识世界、运用情感对世界作出判断的人。心理学家大卫·凯尔西给出过四组性格组合：直觉+思维=概念主义者、触觉+直觉=经验主义者、直觉+情感=理想主义者、触觉+判断=传统主义者。我的理解是，理想主义是基于信仰的一种追求，有信仰、有追求、有梦想、有正确的价值判断，可以被称为理想主义者。最近有一部电视剧《流金岁月》，我不是一个爱追剧的人，但花了几个晚上追完了。我很喜欢里面两个人物，一个是陈道明扮演的叶谨言，一个是建筑设计师王永正，他们两位可以称得上理想主义者，在地产开发中为了一个社区图书馆，不惜损失巨大的商业利益。剧中还有倪妮扮演的朱锁锁、刘诗诗扮演的蒋南孙等鲜活的人物，建议大家看一看。

第二，做一个浪漫主义者。浪漫主义是文学艺术的一种创作方法或者思潮。我们强调的浪漫，应该是一种心境，一种生活态度，一种人生情怀。现在是一个浪漫缺失的时期，面对生活的重压、社会的纷杂，弥漫着浮躁、焦虑、失落，很多人把浪漫当作一种奢侈。这不是一个好的社会现象。一个不懂浪漫的人不是一个创新型的人才，一个不懂浪漫的社会也不是一个创新型的社会。所以，我提倡大家做一个浪漫主义者，要有浪漫情怀。我们虽然生活在城市的"水泥森林"里，但心里要永远有一片"桃花源"。什么是浪漫主义？就是有诗意、有激情、有幻想的人生态度，是一种更宽广、更博大的人生情怀。

第三，做一个长期主义者。长期主义者是基于长期的目标或结果而行动或制定决策的人。1997年，亚马逊的创始人贝索斯在给股东的信中明确指出：一切都是关于长期价值的，基于长期价值提出一系列亚马逊的经营、决策和投资原则。随着亚马逊的崛起，"长期主义"迅速传播。近几年来，长期主义也得到不少国内成功人

---

① 教师是立教之本兴教之源［EB/OL］．人民网，http：//edu. people. com. cn/n/2014/0905/c1053 - 25609475. html，2014 - 09 - 05.

士的推崇。罗振宇说："只有长期主义者，才能成为时间的朋友。"[1] 陈春花说："越是变化，越是需要长期主义。"[2] 长期主义者有这么几个特征：一是注重长期价值，摒弃短线思维和机会主义；二是注重真实和诚信，讲究知行合一；三是注重学习，特别是非实用主义的学习，无用之用方为大用；四是注重理性分析，善于透过表面看到本质；五是脚踏实地，行胜于言；六是重视时间，拥有耐心，甘于寂寞。

第四，做一个快乐主义者。西方哲学意义的快乐主义，又叫享乐主义，其理论来源是古希腊哲学家德谟克利特的道德哲学，伊壁鸠鲁将其发展为理论体系。我们讲的快乐主义，不是西方哲学意义上的，是健康向上、快乐豁达的人生态度。有这么几层意思：一是要以快乐的心态对待工作，特别是遇到困难和挫折，要有一个积极的心态去面对，要相信办法总比困难多。这同样也是一个思维方式的问题。比如，我们接受了一项任务，有的人会先看到完成任务的困难和阻力，他就会发愁，越想越愁，越没有信心；有的人则先看到有什么有利条件，他就会有信心，就会快乐积极地去完成。二是从为人处世的层面讲，我觉得人和人的交往，一定要从善良出发，要把人往好的方面想，面对一个事情，不要先怀疑人家的动机，你要觉得别人是善良，你就不会猜疑，你就会快乐。三是从做人的角度讲，要知足常乐，要以极简主义规划人生，非常重要的是管理好欲望，村上春树发明了一个词叫"小确幸"，要享受那种微小而确实的幸福与满足。四是要讲究利他主义。马克思的博士论文是比较德谟克利特和伊壁鸠鲁自然哲学的差别，他跳出了他们的享乐主义，认为利他主义才是快乐主义。我们常讲：赠人玫瑰，手留余香，帮助别人也是一种快乐，助人为乐是中华民族的传统美德。

---

① 出自罗振宇 2018 年"时间的朋友"跨年演讲。
② 出自陈春花于"甄盛典·新商业 TALK2018"中的分享。

# 关于思维方式和思想方法问题*

思维方式和思想方法比知识更重要，决定人的一生。回想我们自己，在大学里学的专业知识很多是用不上的，但形成的考虑问题、处理问题的方式和方法，却让我们终身受益。党的二十大报告强调，要不断提高辩证思维、系统思维、战略思维、历史思维、法治思维、底线思维能力，学习党中央关于思维方式的论述，结合我的工作实际，这里我总结了九种思维方式，希望对大家有所启迪。

## 一、辩证思维

辩证思维，是指运用唯物辩证法观察事物、分析问题、解决问题的科学思维。辩证思维对我们的工作和为人处世都非常重要。这有三论：一是坚持"两点论"，要一分为二看问题。既要看到困难，更要看到优势，看优势多我们就有信心和决心，看困难多我们就会有畏难情绪。还有，我们经常说××同志一根筋、钻牛角尖，其实质是"两点论"成了"一点论"，不善于一分为二看问题。二是矛盾的观点，要抓主要矛盾和矛盾的主要方面。要找准重点、抓住关键，以重点工作突破活跃工作的全局。三是联系的观点，从横向讲，我们个人、部门的发展是和学校整体发展联系在一起的，我们学校发展是和外部环境紧密相连的。从纵向讲，我们今天的发展，来自昨天的传承；我们明天的发展，来自今天的基础。我们不能割断历史，要有功成不必在我的境界，要久久为功，有历史担当，多干打基础、利长远的事情。

---

＊ 本文系笔者为 2021 年度《"三学三提"主题读书活动成果集锦》所写的序言。

## 二、系统思维

系统具有鲜明的整体性、关联性、层次结构性、动态平衡性、开放性和时序性特征，党员干部在实践中必须坚持和运用系统思维。一是要有全局观念，整体意识，协同意识。注重发展的整体效果，在推动学校发展的全局上出主意、用真劲，互相配合、互相补台，实现"1+1＞2"。二是要注意区分层次、分类指导。既要有顶层设计和总体目标，也要有具体的任务分解，做到"立治有体、施治有序"，协调推进、分步实施，防止头疼医头、脚疼医脚。三是要把握好力度与节奏，学会弹钢琴。既要有雷厉风行的作风，也要有闲庭信步的定力。

## 三、战略思维

古人云："不谋万世者，不足谋一时；不谋全局者，不足谋一域。"战略从一定意义上讲就是格局、就是眼界。眼界就是能看到别人看不到的地方。眼界决定境界，格局决定结局，有大格局才有大发展。对于一个区域、一个单位、一个人都是如此。对我们来说，推动学校的发展要着眼于国家战略，着眼于地方经济社会发展，要用发展的眼光看问题，既要看现实基础，又要看发展空间。

## 四、历史思维

历史思维，是指运用马克思主义唯物史观从历史视野和发展规律中思考分析问题、把握前进方向、指导现实工作的科学思维。习近平总书记指出："历史、现实、未来是相通的。历史是过去的现实，现实是未来的历史。"[①] 历史思维不单单是要借用历史的经验和智慧，更重要的是要树立大历史观，有历史唯物主义的立场、观点和方法。因此，我们要在对历史的深入学习思考中汲取前行的智慧、养分和力量，在现实工作中照好历史这面镜子，既要善于总结和汲取历史上的经验教训，做到以

---

① 十二、掌握工作制胜的看家本领［N］. 人民日报，2014－7－17（12）.

史为鉴、更好走向未来，又要善于总结和汲取工作中的经验教训，做到修正错误、更好前进发展，做到学以增智、学以修身、学以致用，不断提升历史思维能力。

# 五、创新思维

创新思维，是指因时制宜、知难而进、开拓创新的科学思维。"在激烈的国际竞争中，惟创新者进，惟创新者强，惟创新者胜"[①]，习近平总书记多次强调。大到一个国家在世界舞台上站稳脚跟，小到一个地方、一个企业，创新都是引领发展的第一动力。而从衡职院近几年的发展来看，我们也是因为创新才获得了"国家级众创空间""省级双创示范基地"等众多荣誉。因此，在"二次创业"的进程中仍要打破思维定式，敢于改革，敢于创新，敢吃第一个螃蟹。其中包括理念创新、制度创新和方式创新。

# 六、互联网思维

什么是互联网思维？可以有很多方面，互联网的特征是去中心化、扁平化、开源性，具有颠覆性。我的理解是互联网思维就是"一切皆有可能"。在互联网时代，"灰姑娘"变公主的故事几乎天天上演，站在风口猪都会飞起来。原来是"江山代有才人出，各领风骚数百年"，互联网时代则是英雄辈出、群雄逐鹿。结合到我们的工作和生活中，就是要有想象力、有创造力、有理想主义、有浪漫情怀，但同时要脚踏实地、练好内功。我们不做风口中的猪，它能借风飞起来，但风停就会掉下来；要做风口中的鹰，好风凭借力，送我上青云。

# 七、借景思维

借景思维，也可以叫借力思维。借景是中国传统园林艺术中一个很重要的概念和手法。比如北京颐和园，站在东侧知春亭里远借西山，近借玉泉山。杭州"西湖

---

① 习近平：脚踏着祖国大地胸怀着人民期盼 书写无愧于时代人民历史的绚丽篇章［N］．人民日报，2023 – 10 – 22（01）．

十景"互借，各种"景"又自成一体，形成一幅幅美轮美奂的画面。扬州瘦西湖，泛舟湖中与远处的塔构成一体。"二泉映月"把月亮都借到景中来了。草船借箭、诸葛亮借东风，都是传统文化中借力的典故。我们学校的发展，也要学会借助外力、利用大势。要提升校企合作水平和层次，开展深层次战略合作，利用产业学院建设，推动学校高质量发展。

# 八、法治思维

法治思维，是指要有法治意识、法治观念，要用法治的思维去思考问题，用法治的方式解决问题。对于我们来说就是要带头学法，有效普法，大力弘扬社会主义法治精神，以实际行动履行法定义务。要自觉守法、坚决护法，维护法律和制度的严肃性。

要坚持按规矩、程序办事，要不断审视自身行为的目的、权限、内容、手段、程序是否合法，将权力关进制度的"笼子"里，保证权力在阳光下运行。要政务公开，自觉接受师生监督，以公开透明保护自己、维护法律尊严。

# 九、底线思维

底线是不可逾越的警戒线、是事物质变的临界点。一旦突破底线，就会出现无法接受的坏结果。底线思维注重对危机和风险等负面因素进行管控，而不是降低标准、无所作为。要树立问题意识、危机意识、边界意识，不触碰底线，不闯红灯，不越线越界。凡事从坏处准备，争取好的结果，做到居安思危、有备无患。对于我们来讲，安全稳定问题是我们的底线，必须如履薄冰，保持归零心态。要加强经常性监督、检查、自查，确保政治安全、疫情防控安全、校园安全、食品安全、意识形态安全，以及在党风廉政建设、师德师风建设等方面不出任何问题。

# 将"三学三提"主题读书活动推向新境界<sup>*</sup>

2022 年度《"三学三提"主题读书活动成果集锦》（以下简称《成果集锦》）就要与大家见面了。文集收录了 108 名教职工的 133 篇文章，集中反映了过去一年中"三学三提"主题读书活动的新发展、新提升和新成果，同时也从一个侧面彰显了我们衡职人的价值追求、文化品位和精神风貌。

通览《成果集锦》，突出反映了在"学时政，提升政治素质"方面的重要收获。无论是该部分收录的文章数量（计 76 篇），还是在《成果集锦》中所占的篇幅（计 144 页），都达到了一半以上。回看 2022 年编印的"三学三提"主题读书活动的各期《经典选读》，围绕进一步"学时政，提升政治素质"，我们选刊了《在延安大学开学典礼上的讲话》《如何研究中共党史》《正确认识和把握我国发展重大理论和实践问题》《以史为鉴、开创未来 埋头苦干、勇毅前行》和党的二十大报告等多篇重要文献，旨在引导广大干部教师通过学思践悟，不断提高政治能力，深刻领悟"两个确立"的决定性意义，更加自觉地做到"两个维护"，积极担当培养工匠型高技能人才的时代使命。同时，我们还要领会著作中蕴含的世界观和方法论意义，不断提高思维能力，改进思维方式和思想方法，增强改革创新、攻坚克难的本领。从《成果集锦》选录的这部分文章来看，阅读活动取得了预期的效果。大家在思想交流中，畅谈"矢志不渝履行职责，心无旁骛干事创业"的决心，表达"发扬斗争精神，勇于克服各种困难"的信念，抒发"勤勉敬业，担当作为"的情怀等，进一步凝聚了紧密团结在以习近平同志为核心的党中央周围，勠力同心，砥砺前行，奋进新时代的力量。

通览《成果集锦》，感受到了充溢文集的凸显时代特色的新思维、新理念。理论思维是源于现实又引领现实的强大力量，开展"三学三提"主题读书活动的目的，就是要引导大家主动适应时代发展要求，用科学的理论思维武装头脑，破解发

---

* 本文系笔者为 2022 年度《"三学三提"主题读书活动成果集锦》所写的序言。

展难题，增强奋进动力，加快推进省域高水平高职院校建设。文集中的许多文章在此方面做了有价值、有新意、有深度的探索。如有的以习近平新时代中国特色社会主义思想为指导，基于职业教育的类型定位，提出加快构建纵向贯通、横向融通、跨界互通的现代职业教育体系，在这一理念引领下，探索学校深度融入区域发展的"衡职模式"；有的精准对标贯彻党的二十大精神，提出要立足当前，聚焦打造省域高水平高职院校的要求，突出转重点、补短板、强弱项，以坚韧的斗争精神克服各种困难，推动学校改革发展不断取得新突破；有的结合学习《教育部2022年工作要点》畅谈心得体会，对建设"高素质专业化创新型教师队伍"进行了多维度的阐释，分析了职业教育教师队伍建设的实践路径等。

通览《成果集锦》，感受到了对理论联系实际的马克思主义学风的自觉弘扬。理论联系实际是马克思主义主要的理论品质，也是中国共产党的优良作风之一。我们开展"三学三提"主题读书活动的重要旨意之一，就是将阅读思考探索与推动教学改革紧密结合，通过弘扬理论联系实际的优良学风，达到明理、增信、崇德、力行，凝聚创新发展的力量。大家很好地践行了这一理念，在阅读学习中坚持把自己摆进去，把工作摆进去，把职责摆进去，以工作实效检验阅读效果。其主要体现是，或结合部门工作实际，以阅读提升管理理念，透过现实看本质，找准问题关键所在，明确改进工作的突破口；或结合专业教学实际，深入思考数字化信息技术发展背景下教师角色的定位，主动转变教育观念，改革教学模式和方式方法，为学生提供"定制化"服务，促进学生工匠精神的涵养和个性化发展；或结合个人实际，以思维的提升作观照，反思不足，分析短板，明确不断实现自我完善、以创新性工作落实立德树人职责的目标与措施等，全面提升了学以致用的能力和水平。

一分为二地看，《成果集锦》也有白璧微瑕处。从内容方面来看，一些文章由于阅读不细，读而不思，导致浅尝辄止，感悟不深，因而没有形成自己的看法和观点，没有写出新意和特色。就形式方面而言，薄弱处主要有三：一是对文章"题目"的提炼存在欠缺。通览文集，大多文章的标题存在单一化现象，主题风格不够突出、不够鲜明。文章的标题是其内容的眼眉，是对内容最核心思想的凝练与表达，一个好的标题能够总括全文、画龙点睛，在第一时间把最精华的东西呈现给读者。在这个方面，我们还需要下功夫去磨练，在实践中实现不断提升。二是结构失衡，有的文章虽名之为"读书心得"或"读后感"，但只见"读书"，不见"心得"，没有写出自己的认识、观点和切实的体会，更有甚者，只是对某一文件、某一篇讲话进行删减压缩后的简化版。三是照抄照搬的痕迹明显。个别文章的作者在阅读与写作中没有经过独立思考，而是寻找"捷径"，采取"拿来主义"的态度，从网络上下载别人的东西，直接化为己有。这种华而不实的学风和文风，是断然不可取、要不得的。

学无止境，行以致远。开展"三学三提"主题读书活动，是新时代建设社会主义文化强国伟大实践的呼唤，也是我们进行"二次创业"、加快推进省域高水平高职院校建设的内在需要。当前，"三学三提"主题读书活动要再深化、再提升，以持续强化其对学校改革发展的理念引导和动力支持。有鉴于此，我想就进一步推动活动向纵深发展谈几点看法。

第一，以优良学风提升阅读品质。自开展"三学三提"主题读书活动以来，我有一点深切体会，就是欲使活动不断提升境界、行稳致远，离不开有品质阅读的推动和保障，而阅读品质的提升，是与加强优良学风建设密不可分的。一般来说，阅读品质的内涵包括虚心、专注、投入、思辨、勤奋、有恒等。想一想这几个词背后所蕴含的人生态度、学习理念和精神追求，便会明白，有品质的阅读不仅与蜻蜓点水、囫囵吞枣、不求甚解等格格不入，更非一朝一夕便可抵达理想彼岸的易事。因此，为了保持有品质的阅读，我们必须把培养优良的学风放在阅读活动的首位。要端正学习态度，进一步深刻认识阅读学习的重要性，以对学校事业负责、对工作负责和自我完善的高度自觉，更加积极主动地参与到"三学三提"主题读书活动中；要自觉弘扬理论联系实际之风，将阅读与解决工作中的实际问题结合起来，以阅读提升教育教学本领，坚决克服"纸上谈兵""两张皮"现象；要树立独立思考、潜心问道的求是精神，在阅读中养成用自己的眼光观察事物、认识世界，用自己的头脑分析问题、进行判断的习惯。"学而不思则罔，思而不学则殆"，夫子之道既为我们揭示了阅读与思考的辩证关系，也提供了读书学习的指南。

第二，以团队阅读放大增值效应。传统的阅读方式，大多呈现为孤立、零散、随意的状态，这对一个群体来说，在很大程度上制约了专业阅读效能的发挥。为了克服这一弊端，有人提出了"团队阅读"的新理念，作为一种集体学习、共同成长的有效方式，它有助于突破个人的阅读领域和思维局限，使团队成员在分享互动、共同探讨中实现整体提高。而我们正在开展的"三学三提"主题读书活动，恰是团队阅读的一种生动尝试。2020年10月，衡职院出台《教师教学团队建设实施方案》，启动了有计划、分步骤推动教师教学创新团队的培育和建设工作。因此，倡导团队阅读，契合了我们打造高水平教学创新团队的需要。下一步，我们要进一步将个体阅读与队伍建设进行有机整合，加强对专业阅读范畴、意义、路径的设计规划，着力完善专业阅读共同体的学习系统，推动实施以自愿为前提，以分享为核心，以开放、整体的团队思维探索有效阅读的方式，实现教师个人阅读到团队阅读分享的增值效应，促进教师的专业化成长和教学创新团队的健康发展。

第三，以网络阅读优化思维方式。网络阅读是指网络文化语境下的阅读活动，也即人们借助计算机、网络技术等获取包括文本在内的多媒体合成信息和知识，完成意义重构的一种超文本阅读行为。作为一种新型的阅读方式，它具有方便快捷、信息量大、生动直观等为传统纸媒阅读不可比拟的优势，正为越来越多的读者所接受。但是，其弊端也显而易见，比如，信息泥沙俱下，内容浮浅、碎片化，弱化读者的思辨能力；又如，对算法背后的价值观意义认识不足，缺乏对一些重要问题的价值判断；再如，"信息茧房"效应带来的信息接受的选择性，导致读者认知固化，一叶障目不见森林；如此等等。如何迎接互联网时代阅读方式变革带来的新挑战？我的看法是，深度阅读始终是最高效、最应当重视的，但网络碎片化信息中也蕴含有一定价值的东西，如当我们不期而遇某种未曾想过的东西时，会被其带入一种特定的思维境域，从而获得一个新的思维视角。有鉴于此，在网络阅读中，我们应当树立一种以深度探索为主、以碎片接纳为辅的理念，也就是说，在明确自己的阅读兴趣和知识需要的前提下，主动地去进行主题搜索，力求获取最有价值的信息，并将其与深度思考、思维创新相结合。而在碎片式浏览时，要注意捕捉那些优质原创性的知识点，以其引燃我们探求新知的思维火花。通过这样的阅读方式，不断强化我们思维的广度、深度和高度。

朱熹在其名作《观书有感》中写道："半亩方塘一鉴开，天光云影共徘徊。问渠那得清如许？为有源头活水来。"在学校高质量发展的征程上，让我们在阅读中畅饮知识的"源头活水"，永葆思想的活泼和力量，让书香伴我们奋进前行。

# 八、读书与随笔篇

# 伟大也要有人懂[*]

"在一个民族内部，为了产生一位天才，总是需要几百万人。一个真正具有世界历史意义的时刻——一个人类的群星闪耀时刻出现以前，必然会有漫长的岁月无谓地流失。"

这是斯蒂芬·茨威格在《人类的群星闪耀时》序言里写的一段话。在这本书里，他用十四个历史故事讲述了十四个创造和决定历史的时刻，包括太平洋的发现、拜占庭的陷落、拿破仑的滑铁卢战役、列宁的十月革命、《弥赛亚》的创作、《马赛曲》的诞生、歌德的《玛丽恩巴德悲歌》、黄金国的发现、陀思妥耶夫斯基的刑场瞬间、越过大洋的第一条海底电缆、离家出走的托尔斯泰、人类第一次南极探险、守望共和的西塞罗之死以及威尔逊的梦想和失败。

历史人物无疑都是天才。他们不是历史的创造者，但在关键的时刻会决定历史的走向。茨威格笔下的历史人物，不是高在天上，而是就在人群当中，在他们身上既闪耀着伟大人物的人性光辉，也有普通人身上的世故和懦弱，甚至会有人性中令人不齿的恶。巴尔沃亚在发现"南边的大海"（太平洋）的前夜，用惨无人道的残酷玷污了自己的名声：他将一批失去反抗能力的印第安人俘虏缚住手脚，让一群饥饿的狼狗撕咬、吞食，在他名垂青史的同时也使他遗臭万年。奥斯曼帝国的苏丹穆罕默德二世在 1453 年 5 月 29 日攻占了拜占庭，标志着东罗马帝国的灭亡，欧洲历史揭开了新的一页。然而，也是在胜利的前夜，他向士兵许下了可怕的誓言：在攻克拜占庭城以后允许部队官兵尽情劫掠三天，家什器具、金银珠宝、男人女人和孩子，一切都属于打了胜仗的士兵，而他本人将放弃这些东西，他只要征服东罗马帝国这个最后堡垒的荣誉。他完全兑现了承诺，甚至连圣索菲亚大教堂也没有幸免于难。攻占拜占庭给他带来无上的荣誉，也给他带来难以磨灭的耻辱。在茨威格笔下，

---

[*] 李增军. 伟大也要有人懂［N］. 国际出版周报，2021 - 2 - 15.

本文是笔者为《人类群星闪耀时》所撰写的书评。被"学习强国"公众号转发。

古罗马政治家、思想家西塞罗作为共和政体的捍卫者被专制独裁者杀害时的悲情，美国总统威尔逊追求人类永久和平的政治理想遭遇旧欧洲道德堕落抵制时的落寞，亨德尔创作《弥撒亚》时带来的肉体和精神的复活，以及年迈的歌德接受年轻的乌尔丽克拥吻时令他难以忘怀的心情激荡，都是那么鲜活生动。

历史发展有它自身的逻辑。我们更多地关注群星闪耀，关注高光时刻，但高光和群星背后则是漫长岁月的等待和前赴后继的探索。历史事件都有偶然性，但偶然性背后有必然性和确定性。奥斯曼帝国虽然强大，穆罕默德二世带领部队围攻一个多月，特制大炮在外城墙上了轰炸了无数个大洞，仍然对攻进拜占庭城束手无策。如果不是那扇供行人通过的小城门，如果这扇小城门没有被东罗马士兵忘记，如果土耳其禁卫军没有发现这扇小门，那么，拜占庭的命运会不会改变呢？这扇叫凯尔卡门的城门改写了欧洲乃至世界的历史。但是，历史没有如果。拿破仑和威灵顿的部队的滑铁卢战役，我们看过无数次的描述，这次战役像一部扣人心弦的戏剧，双方不断变换着有利位置。如果拿破仑不是重用了格鲁希，如果格鲁希的部队能够及时过来增援，固执又平庸的格鲁希一分钟的考虑改变了拿破仑和世界的命运。但是，历史没有如果。

也许，西塞罗、拿破仑等这十四位历史人物应该感谢和茨威格的"遇见"。茨威格就像他们的知音，走进了他们的内心，走进了他们的故事。他不是一个旁观者，更像一个亲历者。茨威格让他们从伟大走向平凡，又从平凡走向不朽。那么，他们之间的"遇见"呢？是偶然，是必然，还是偶然之中的必然呢？

# 当资本遇上哲学<sup>*</sup>

## ——读乔治·索罗斯的《超越金融：索罗斯的哲学》

第一次听说乔治·索罗斯的名字，是在 1997 年亚洲金融危机的时候，以索罗斯的量子基金做空泰铢为开端，金融风暴迅速横扫了马来西亚、新加坡、日本、韩国等国家，亚洲金融危机全面爆发。那时候，索罗斯就是"金融大鳄""资本大鳄"的代名词。

再次"遇见"索罗斯是在 2013 年，他的《超越金融：索罗斯的哲学》引起我的关注。一个大资本家怎么摇身一变成哲学家了呢？

认真读完这本书，发现索罗斯还真担得起哲学家这个称号，他有自己的理念架构和思想体系。书中收录了他在布达佩斯的中欧大学作的五场讲座，分别是《人的不确定性原则》《金融市场》《开放社会》《资本主义与开放社会》《未来的路》。第一讲是阐述他的理念架构，第二讲是用他的理念架构分析金融市场，第三讲和第四讲是用他的理念结构来分析开放社会和民主制度，最后一讲是用他的理念架构提出的预测和对策。索罗斯的思想精华可以概括为四个关键词：反身性、泡沫理论、开放社会和代理问题。

反身性是索罗斯哲学的核心思想。索罗斯的理念架构是基于一个哲学家们普遍研究的主题，即思维与现实之间的关系问题。他用两个命题阐述了自己的思想：一个是在参与者有思维能力的前提下，参与者对世界的看法永远是局部的和扭曲的，这就是"谬误性"。另一个是这些扭曲的观点可以影响参与者所处的环境，因为错误的看法可以导致错误的行为，这就是"反身性"。简单地说，就是参与者不但对事情的看法是局部的和扭曲的，而且这个不正确的认识反过来会影响事情的本身。为了进一步解释反身性，索罗斯提出了参与者思维的两大功能：一个是认知功能，就是认识事物；另一个是操纵功能，就是改变现状。这两个功能经常相互影响，就

---

* 本文是笔者为《超越金融：索罗斯的哲学》撰写的书评。

导致了结果的不确定性。索罗斯进而提出了反馈环的概念，即参与者的看法影响事情的发展，事情的发展又对参与者的看法产生影响，两者的相互影响是连续的循环的，既可能是不断强化的正反馈过程，也可能是逐步趋于均衡的负反馈过程。

索罗斯把他的谬误性、反身性和反馈环理论用于对金融市场的分析，形成了泡沫理论，他说这是他一生经验的浓缩。索罗斯提出认识金融市场两条规则：一是市场价格总是扭曲背后的基本面，他否定有效市场假说；二是市场不是单纯消极反映基本面，还能够反过来影响基本面。在此基础上，他基于正反馈和负反馈建立了泡沫理论，即繁荣—衰退过程理论。索罗斯认为，现实中主导的潜在趋势和对这个趋势的错误理解在正反馈过程中彼此相互强化，会使泡沫越来越大，带来非理性繁荣。负反馈又会导致这一过程的终结，泡沫破裂。索罗斯对泡沫理论运用得非常娴熟，也使他在全球金融市场赚得盆满钵盈。

索罗斯对开放社会的关注，深受其导师维也纳哲学家卡尔·波普的著作《开放社会及其敌人》的影响。波普认为，开放社会是一种持不同见解、不同法律观点和不同利益的人和平生活在一起的社会组织形式。开放社会的理念对索罗斯极具吸引力，他认为用认识论的观点证明民主制度的合理性具有说服力。然而，索罗斯的思想随着时间的推移也发生着变化，"迫使我更彻底重新考虑开放社会观念的是2004年布什总统在美国再次当选这一事实。美国是世界上最早和最成功的民主社会。却违背了它所应该坚持的原则，以对恐怖主义宣战的名义违反人权，以不实之词入侵伊拉克。然而他再次当选了。这怎么可能呢？我不得不问自己：美国出了什么问题？"索罗斯深入思考认为，波普的开放社会观念陷入启蒙期谬误，即只注重认知功能，而忽略了操纵功能。布什政府则陷入后现代谬误，即只注重操纵功能，而忽略了认知功能，对恐怖主义的宣战，使整个美国都站到总统一边。

这使索罗斯认真关注起代理问题：代理人理应代表其委托人的利益，但事实上他们趋于将自己的利益放在其所应代表的人的利益之上。他认为，代理问题也是代议制民主的祸根：被选出的代表利用权力为自己谋利而损害公众利益。"美国的政治体制采用代议制民主。人民选出代表行使权力，当选者应是人民利益的代理人；但实际上，他们倾向于将自己的利益置于人民的利益之上。竞选要花很多钱，当选的代表感恩于支持者。不按这个游戏规则玩的人不能当选。这就是金钱如何污染政治，特殊利益如何战胜公众利益的。""在开放社会中，政治程序应为公众利益服务；而当今的美国，政治程序已被特殊利益把持。我们选举的代表感恩于赞助他们竞选的人，而不是一般选民。眼下选民对奥巴马总统关于医疗制度改革和能源法案的反应，提供了生动的说明。选民已被洗脑到如此地步，以至于对有关公共利益进行负责任的讨论几乎变得不可能。"

索罗斯对美国民主制度的剖析是深刻的，近几年美国政府的拙劣表现更给予了有力的证明。我们看看美国政府在新冠疫情上的糟糕表现，谁能相信这是一个代表人民利益的政府？我们看看美国对伊拉克、叙利亚等国家人民的所作所为，谁还能相信他们标榜的人权和自由？我们看看他们动不动就"退群"，把美国利益置于国际规则之上，谁还能相信他们引以为豪的契约精神？开放社会的观念也好，美国开国先贤的梦想也好，今天的现实与美好的初衷已经背道而驰了！索罗斯提出了改变的方案，就是要把市场参与者与政治参与者的角色分开，如果是市场参与者，就可以去追求个人利益最大化；如果是政治参与者，就应该把公众利益放在最重要的位置。索罗斯的愿望是好的，但他陷入了自己的悖论，我们看看在华尔街与白宫之间那道华丽的"旋转门"，把市场参与者和政治参与者角色分开也只能是痴人说梦罢了，是到了从制度和价值上反思美国和西方社会的时候了！

# 闲话科学史<sup>*</sup>

读完江晓原著的《科学外史》，回想起了几年前读过的陈之藩先生写科学史的几篇文章。

我不知道别人以什么样的视角来阅读或者研究科学史，而我更倾向于把它作为一门哲学。对于大科学家们的思维方式，如果我们细细揣摩，肯定会有意想不到的收获。

比如，有一年伦敦闹鼠疫，剑桥大学关门，牛顿不得已回到家乡，坐在家乡的苹果树下，看到一颗苹果从树上坠下来，于是有了万有引力定律，有了微积分。这就是天才的思维。再说远去，如果伦敦没闹瘟疫，牛顿没从剑桥到家乡的苹果树下，是不是就没有了牛顿的力学。这是一个偶然事件？还是偶然之中有必然？这又是一个哲学问题。

我在很多场合说过，"大家"之所以为"大家"，有三个共同特点：科学精神、哲学思维、浪漫情怀。这几天读科学史的相关文学觉得似乎还有更接近灵魂的东西，是什么？我说不出来，只是一种感觉。

当然，就科学史而言，我以上所说的，肯定都是外行话。但我还是那句话，外行看的不一定都是热闹。

如果还不能表达出我想表达的东西，干脆把约瑟夫这首《统一场论》的诗歌附到后面吧。如果要解释有史以来的宇宙观，而又不用方程式的话，这首诗可能是叙述最简单、比喻最清楚的了。怎么样？还算贴题吧。

> 当其始也，亚里士多德出来，
>
> 静者恒静，
>
> 动者终归于静，
>
> 不久，万物俱静，

---

＊ 本文是笔者为《科学外史》撰写的书评。

上帝看了一下：

这多无聊。

于是上帝创造了牛顿，

静者恒静，

而动者恒动，

能量不灭，动量不灭，物质不灭，

上帝看了一下：

这多保守。

于是上帝创造了爱因斯坦，

一切都是相对，

快者变短，直者变弯，

宇宙中充满了种种惰性架位，

上帝看了一下：

这是普遍的相对，

可是其中有些特别的相对。

于是上帝创造了波尔，

原理在此，

原理就是量子，

一切化为量子，

可是有些东西仍是相对，

上帝看了一下：

这太乱了。

于是上帝要创造弗之逊，

弗之逊就要统一起来：

他会培出一种理论，

把所有一切归于统一。

但已是第七天了，

上帝休息了，

静者恒静。

# 经济学散步<sup>*</sup>

　　起这个名字的时候，我想起了美学宗师宗白华先生的《美学散步》，也想起了古希腊思想家亚里士多德创立的"散步学派"。当然，我这个东西和两位大师风马牛不相及。多年来，每天早晨会和朋友在滏阳河畔散步，有段时间边散步边聊一些经济学方面的东西，回家后把聊的内容用手机整理出来发到微信朋友圈。西方经济学是苦涩难懂的，但我说得倒还通俗易懂。虽不是原创，整理成文也算经济学的普及。因是散步中闲谈，故取名"经济学散步"。

## 一

　　构成经济学的基础，有十大原理，我们就从这十大原理讲起。经济学十大原理之一：人们面临权衡取舍。比如，我们现在走到滏阳河和南环路的交口，是走上面的大桥还是走下面的土路，就面临权衡取舍，上面更干净，但有安全隐患；下面更安全，但道路泥泞。社会面临的另一种权衡取舍，往往是在平等与效率之间，选择平等可能要牺牲效率，选择效率又可能丧失公平。这是我们研究公共政策必须考虑的。

## 二

　　昨天我们讲了经济学第一个原理，人们面临权衡取舍。正因为面临权衡取舍，所以作出决策就要比较可供选择的行动方案的成本与利益，这就引出了经济学第二个原理：某种东西的成本是为了得到它所放弃的东西。经济学有个机会成本的概念，

---

　　* 该文后更名为《经济学断想》，修订后发表于《衡水日报》（2020 年 7 月 27 日 B4 版）。

就是指为了得到某种东西所必须放弃的东西。比如，一个人考虑是不是上大学，从好处上讲，上大学以后可以有更好的职业技能和工作机会，但成本是什么呢？不仅仅是学费、书费、食宿费用，还有最大的成本就是时间，把上大学的时间用来工作所带来的收入，就是你上大学的机会成本。

# 三

今天讲经济学十大原理之三：理性人考虑边际量。你非经济学专业，这句话理解起来有些困难。先解释两个词。经济学有个理性人假设，就是讲作为决策的主体都是理智的，不会感情用事。这是个假设，以此作为研究的起点。边际变动是指对行动计划的微小增量调整，理性人通常比较边际利益和边际成本来做决策。举个例子你可能好理解一些，一辆从衡水开往北京的长途客车，跑一个单程的总费用是一万元，客车共有 50 个座位，那么平均每张票 200 元才能够本，票价低于 200 元就要赔钱。假设有一次，客车再有两分钟就要开了，车上还有十个座位，这时来了位旅客只有 100 元买票，该不该让他上车呢？当然应该。如果客车有空位，多增加一位乘客的成本是微不足道的。虽然每位乘客的平均成本是 200 元，但边际成本仅仅是乘客将免费消费一瓶矿泉水的成本而已。理性人是西方经济学一个非常重要的概念，从亚当·斯密算起提出已经有三百多年的时间了。最近，看了原美联储主席格林斯潘的新书《动荡的世界》，其中提出了"动物精神"的概念，人的决策有时候不是理智的，有动物的冲动，比如有时在炒股的时候。这是对理性人理论的发展。

# 四

今天讲经济学第四个原理：人们会对激励作出反应。激励是引起一个人作出某种行为的某种东西，诸如惩罚或奖励的预期。由于理性人比较成本与利益作出决策，所以他们会对激励作出反应。比如，市场上猪肉价格上涨时，人们会少吃猪肉，猪农会增加猪的饲养，也就是说，市场上的高价格提供了买者少消费和卖者多生产的激励。再举个公共政策的例子，如果开征燃油税，人们会更多选择小排量汽车、电动汽车或乘坐公共交通工具，可以推进产业结构的升级和能源结构的优化。

# 五

今天我们谈谈经济学十大原理之五：贸易可以使每个人的状况都变得更好。人与人、家庭与家庭、企业与企业、国家与国家都面临竞争，但贸易的竞争不是体育比赛，必须一方赢而另一方输，而是达到双赢。家庭之间有的种粮食，有的做衣服，两者通过贸易各取所需、更展所长。国家之间也通过贸易形成合理的国际分工。

# 六

今天我们谈经济学十大原理之六：市场通常是组织经济活动的一种好方法。我们现在讲市场经济，什么是市场经济？就是当许多企业和家庭在物品与劳务市场上相互交易时，通过他们的分散决策配置资源的经济。这些企业和家庭在市场上相互交易，价格和利己引导着它们的决策。亚当·斯密在《国富论》中提出了"看不见的手"，这只看不见的手在引导着资源的配置。价格就是"看不见的手"用来指引经济活动的工具。在市场经济中，参与市场的卖者和买者，都是从自身利益出发，比如我们每天吃猪肉，不是屠夫的恩惠，而是出自他们利己的打算，但千百万利己的决策导致的最后结果，则是促进社会总体经济福利的发展。

# 七

我们昨天谈了市场这只"看不见的手"，但市场不是万能的，政府也可以改善市场结果，这就是经济学第七个原理。我们需要政府原因之一，是政府实施规则、维持制度，特别是产权制度，是市场发挥作用的基础。如果一个人生产出的粮食被别人拿走，他就不会去生产。需要政府的另一个原因，是促进效率或促进平等。先来考虑效率目标。尽管看不见的手能有效配置资源，但也有市场失灵的时候，就是不能有效配置资源的情况。其原因一个是外部性，就是受到其他人的影响，比如，一个人生产的产品受到了污染。再一个是市场势力，是指有人具有不适当影响价格能力。比如，一个小镇只有一家馒头坊，他就可以不合理定价。这就需要设计良好的公共政策来提高经济效率。再考虑平等目标。市场并不能保证每个人都有充足的食物、体面的衣服和充分的医疗，这种不平等就要求政府干预。实际上，像所得税和福利制度等公共政策的目标就是实现更平等的经济福利分配。

# 八

今天我们谈经济学十大原理之八：一国的生活水平取决于它生产物品和劳务的能力。世界各国生活水平的差别是惊人的，比如美国人均收入约为 48000 美元，而尼日利亚只有 1400 美元，平均收入的差别反映着生活水平上巨大的距离。各国生活水平的差距，归根结底是生产率的差别。生产率是指每一单位劳动的投入所生产物品与劳务的数量。假如我国一个工人一个小时能生产五件衣服，美国一个工人一个小时能生产十件衣服，那么美国的生产率就是我国的一倍。一国的生产率的增长率决定了它的平均收入的增长率。这样一个原理对于公共政策的制定也有深远的意义。为了提高生活水平，决策者需要让工人受到良好的教育、拥有生产物品和劳务需要的工具，以及获取最好的技术，来提高生产率。

# 九

今天讲经济学十大原理之九：当政府发行了过多货币时，物价上升。这个原理是说通货膨胀问题。通货膨胀是指经济中物价总水平的上升。通货膨胀的罪魁祸首是货币量的增长，美国、德国等资本主义国家 20 世纪的几次通货膨胀都证明了这个结论。通货膨胀会带来一系列经济社会问题，所以各国都把保持低通货膨胀作为经济政策目标之一。

# 十

今天谈经济学十大原理最后一个，就是社会面临通货膨胀与失业之间的短期权衡取舍。从货币注入的短期效应来看，有这么一个逻辑：经济中货币量增加，刺激了社会的整体支出水平，从而增加了对物品和劳务的需求——需求的增加会引起物价上涨，同时也鼓励企业雇用更多的工人，并生产更多物品与劳务——雇用更多工人意味着更少的失业。决策者在运用政策工具调控宏观经济时，不得不面临通货膨胀和失业之间的权衡取舍。比如，由于美国的经济危机，奥巴马政府采取了量化宽松的货币政策、减税和增加政府支出，刺激了经济增长，减少了失业，但带来的后果是通货膨胀水平的提高。

# 十一

经济学十大原理我们已经讲完了，今天我们对这十大原理再进行一次梳理和回顾。这十大原理可以分为三类：一类是人们如何作出决策，一类是人们如何相互交易，再一类是整体经济如何运行。前四个原理，（1）人们面临权衡取舍，（2）某种东西的成本是为了得到它所放弃的东西，（3）理性人考虑边际量，（4）人们会对激励作出反应，都属于人们或家庭、企业如何作出决策。中间三个原理，（5）贸易可以使每个人的状况变得更好，（6）市场通常是组织经济活动的一种好方法，（7）政府也可以改变市场结果，都属于人们或家庭、企业之间，如何相互交易。最后三个原理，（8）一国的生活水平取决于它生产物品与劳务的能力，（9）当政府发行过多货币时物价上升，（10）社会面临通货膨胀与失业之间的短期权衡取舍，都属于整体经济如何运行。这十大原理能让你初步了解经济学所研究的大概内容，我个人认为，它构成了整个经济学大厦的基础，我们以后学习经济学知识都能看到它们的影子。

# 十二

我们今天谈经济学的方法论。每个研究领域都有自己的思考方式和思考方法，掌握方法是开启一门学科的"金钥匙"。我们学习经济学的方法，就是要像经济学家一样去思考。这是一个很好的思维方式和理念，对我们学习和做人都有借鉴意义。比如我们学数学，要学会像数学家一样思考问题；我们学英语，要学会用英语去思考，而不是先在脑子里把它翻译成汉语。再如，在为人处事上，我们要善于站在别人立场上思考问题，这样能减少矛盾和冲突。怎么像经济学家一样思考？经济学家的身份有双重特征，有时像科学家，有时像政策顾问。当经济学家试图去解释世界时，他们是科学家；当经济学家试图去改善世界时，他们是政策顾问。我们下来将分两次进行分析。

# 十三

我们昨天谈了经济学的方法，提出要像经济学家一样思考问题，经济学家有时像科学家的思维，有时又像政策顾问。作为科学家的经济学家是怎样思考和分析问题的呢？通常他们会使用三种方法：一是观察。通过观察自然现象或经济现象，来创立理论。比如，牛顿看见苹果掉下来，这一观察创立了万有引力理论。经济学家通过观察一个国家的价格上升，创立了通货膨胀理论。二是假设。物理学家研究石头从二十楼掉下来需要的时间，会假设是在真空中落下来。经济学家研究国际贸易，通常假设只有两个国家且只生产两种产品。当然，不可能没有空气，世界上也不可能只有两个的国家，但对结论没有实质性影响。假设可以使复杂的世界简单化，而且更容易解释。当然要用不同的假设解决不同的问题，比如你研究气球从二十楼落下，就不能假设真空没有摩擦。三是模型。经济学家用模型来了解世界通常是由图形和方程式组成。当然所有的模型都利用了假设，撇开了许多与研究无关的细节。模型使我们对世界的了解更简单、更直观。

# 十四

作为政策顾问的经济学家又是怎样思考问题的呢？为了说明这个问题，我介绍两个概念：一个是实证表述，就是关于世界是什么的论断；另一个是规范表述，就是世界应该是什么的论断。当经济学家作出规范表述时，他们的行为更像政策顾问而不是科学家。经济学家提出政策建议，一般根据个人的科学判断，也要根据个人的价值观。在美国，无论是白宫还是国会，无论是财政部还是美联储，都有一大批经济学家作为政策顾问，但他们给出的政策建议又是千差万别的，比如，应对美国的次贷危机。主要原因是经济学家们的科学判断、理论体系、经济学派是不一样的，他们的价值观、伦理宗教和政治哲学也是不一样的。

# 十五

今天我们谈经济学的分类。传统上，经济学被划分为两个分领域，即微观经济学和宏观经济学。微观经济学研究家庭和企业如何作出决策，以及它们如何在市场上相互交易。宏观经济学研究整体经济现象，包括通货膨胀、失业和经济增长。两者研究的是不同的领域和不同的问题，但又是紧密联系、密切相关的。由于整体经济的变动产生于千百万个人的决策，所以，不考虑相关的微观经济决策而要去理解宏观经济的发展是不可能的。20 世纪 70 年代，有人提出了中观经济学的概念，它的研究对象是某一部门、某一地区和某一集团，这是经济学研究领域的理论创新和突破。

# 十六

今天经济学谈话从你早晨起床开始吧。你从被窝里出来，你的被罩是用新疆的棉花织布，上海的纺织厂生产的；你跑到卫生间，蹲在佛山生产的马桶上；你用深圳产的牙刷挤上日本产的牙膏刷牙；你穿上美国设计、马来西亚生产的耐克 T 恤和运动鞋出来散步。你每天都在享用来自世界各地、素不相识的人提供的物品和劳务。他们不是出于善心，也不是有人逼迫，他们在向你提供产品的同时自己也得到回报，这就是人们之间的相互依存。下来我们用几天的时间来讲人们为什么需要相互依存？人们从相互交易中到底怎么得到好处？我们要利用假设的方法，要编写一个经济寓言，要介绍几个概念，要学习一些理论。我们讲十大原理时讲过贸易会使每个人的状况变得更好，下来我们就要分析贸易怎么使每个人的状况变得更好。估计要到下周一了，我今天出去开会，明天回不来。期待吧！

# 十七

为了说明人们之间相互依存，以及这种交易怎么改善人们的生活，我们需要再学习三个概念。机会成本，是为了得到某种东西而必须放弃的东西。绝对优势，是比另一生产者更少的投入生产某种物品的能力。比较优势，是指一个生产者以低于另一个生产者的机会成本生产一种物品的能力。比如，甲生产一条裤子需要两个小时，乙需要一个小时，那么乙生产裤子有绝对优势。如果两个人不生产裤子而生产鞋，甲一个小时可以生产一双鞋，乙一个小时可以生产三双鞋。那么甲生产一条裤子的机会成本是两双鞋，乙生产一条裤子的机会成本是三双鞋。所以，甲生产裤子有比较优势。这样分析，甲应该多生产裤子卖给乙一部分。贸易可以使每个人都获益，因为它使人们可以专门从事他们具有比较优势的活动。不知道你好不好理解，因为如果借助模型和数据更好讲一些，而咱们散步聊是不可能那样去讲的。

# 十八

比较优势原理确定了专业化和贸易的好处，那么贸易的利益如何在贸易双方分配？贸易的价格又怎么决定？一般来说，对从贸易中获益的双方而言，他们进行贸易的价格在两种机会成本之间。举例说明。甲生产一条裤子的机会成本是两双鞋，乙生产一条裤子的机会成本是四双鞋，那么他们之间进行裤子交易的价格应该是三双鞋。这样的话，甲卖给乙一条裤子可以赚一双鞋，乙买甲一条裤子比自己生产还节省一双鞋。如果价格是一条裤子五双鞋，那么对卖者甲是绝对有利的，但对买者乙来说，还不如自己去生产。这样的话，贸易就不会达成。

# 十九

通过前几天的学习，我们体会到，贸易可以使我们每个人都专门从事自己最擅长的工作，这就促进了专业化的发展。专业化的动力就是比较优势。比较优势原理说明，每种物品应该由生产这种物品机会成本较低的国家生产。比如，在中国生产纺织品的机会成本要低于美国，所以美国的纺织品要大量从中国进口。贸易可以使所有国家都实现更大的繁荣。这就是国际分工和国际贸易的理论基础。

# 二十

我们将用一段时间探讨市场如何运行。首先要介绍供给和需求两个经济学家最常用的词。它们是指人们在竞争市场上相互交易时的行为，是市场经济运行的力量。它们决定了每种物品的产量及其出售的价格。供给和需求还会影响经济运行和政策的制定。

# 二十一

今天我们谈谈市场。什么是市场呢？市场就是某种物品或劳务的买者与卖者组成的一个群体。买者作为一个群体决定了一种产品的需求，而卖者作为一个群体决定了一种产品的供给。市场有很多种形式，有时市场组织健全，如农产品市场，买者和卖者聚集在一起，是有形市场。更通常的情况是，市场没有什么组织，是无形市场。比如一个城市有很多卖冰激凌的，也有很多买冰激凌的，他们没有聚集在一个区域，分散在城市不同地方，但由冰激凌的买者和冰激凌的卖者组成的群体形成了一个市场。

# 二十二

今天谈谈竞争市场。经济学家用竞争市场这个术语来描述有许多买者和卖者，以至于每个人对市场价格的影响都微乎其微的市场。比如有许多人都在卖冰淇淋，向消费者提供同样或相似的产品；同样，在市场上有很多人要消费冰淇淋，并且每个人买的都不多。这样，冰淇淋的价格和销售量不是由任何一个卖者和买者决定的，而是由所有卖者和买者通过在市场上的相互交易而共同决定的。由于在竞争市场上买者和卖者必须接受市场决定的价格，所以，他们被称为价格接受者。

# 二十三

前两天我们谈到了竞争市场，我们假设市场是完全竞争的。一个完全竞争的市场具备两个特征：一是可供销售的物品是完全相同的；二是买者和卖者人数众多，以至于没有任何一个买者或卖者可以影响市场的价格。比如在小麦市场，有成千上万的生产者，也有成千上万的消费者。但是并不是所有的物品和劳务都在完全竞争的市场出售。一些市场只有一个卖者，而且这个卖者决定价格，这样的卖者被称为垄断者。比如昨天晚上的焦点访谈，讲到西安印章刻制市场，只有一家公司垄断。还有一些市场介于完全竞争和垄断这两种极端形式之间。

# 二十四

　　昨天晚上看书提到了零和博弈，感觉有必要和你交流交流。零和博弈是博弈论的一个概念，但对于我们前面讲的贸易的好处以及国际贸易也非常有用。所以我们也可以作为一个经济概念来学习。零和博弈，又称零和游戏，与非零和博弈相对，属非合作博弈。这是指参与博弈的各方，在严格竞争下，一方的收益必然意味着另一方的损失，博弈各方的收益和损失相加总和永远为"零"，双方不存在合作的可能。它起源于2000多年前的零和游戏，是指一项游戏中，游戏者有输有赢，一方所赢正是另一方所输，而游戏的总成绩永远为零。这种零和游戏广泛用于有赢家必有输家的竞争与对抗。"零和游戏规则"越来越受到重视，因为人类社会中有许多与"零和游戏"相类似的局面。与"零和"对应的是，"双赢"的基本理论就是"利己"不"损人"，通过谈判、合作达到皆大欢喜的结果。学习这些，对于我们处理国际关系、推进国际贸易是十分有用的。同时，对我们日常生活中人际交往以及经济活动也很有帮助。

# 延安三日<sup>*</sup>

我是怀着一颗朝圣的心奔赴延安的。宝塔山、延河水、杨家坪、梁家河……当我零距离接触这些向往已久的地方时，带给我的震撼和感动是不能用语言来形容的。这是一次难忘的心灵之旅。

## 梦开始的地方

坐了一夜的火车，凌晨时分我们到达延安，换乘大巴直奔梁家河。

今天的梁家河已经非常漂亮，一条干净的柏油路，一条静静流淌的小河，在美丽的蜀葵花的陪伴下并肩而行，两边的山腰上，分散着一孔孔窑洞组成的一户户人家。

但从老乡的描述中，我们却想象出四十多年前梁家河的另一番景象。一个黄土高原腹地的小山村，没有走出去的公路，没有电也缺少水，生产条件极差，生活条件十分恶劣。

在这里，习近平同志作为下乡知青一待就是七年。从 15 岁到 22 岁，这个年龄也正是世界观、价值观形成的时期。<sup>①</sup>

梁家河，是习近平同志梦开始的地方；梁家河，见证了总书记的初心。

——在陕北这片红色沃土的孕育中，在窑洞煤油灯下不倦的学习中，他树立起了坚定的理想信念。今天，在习近平同志每一次讲话中，我们都能感受到"革命理想高于天"的豪情。

——在和老百姓的朝夕相处中，他建立起了人民至上的为民情怀。正是对人民大众苦难的深刻理解，才有了那句"人民对美好生活的向往，就是我们的奋斗目

---

\* 李增军. 延安三日 ［N］. 河北日报，2017－07－07（10）.

① 习近平的七年知青岁月 ［M］. 北京：中共中央党校出版社，2017.

标"。我也相信，在他谋划全国精准扶贫的大政策时，脑海里一定晃动着梁家河乡亲的身影。

——在艰苦生活的磨炼中，锻造了他坚韧不拔的毅力和强烈的历史担当。坚毅自信、举重若轻，才能胜似闲庭信步，才能治大国若烹小鲜。

——在带领群众发展生产、改善生活中，培养了他求真务实的作风和改革创新的精神。打淤坝、建沼气，搞代销点、铁艺社和缝纫社，敢为天下先。感受这段支部书记的历史，我们能更好地理解习近平新时代中国特色社会主义思想。

夜深了，我走出住宿的窑洞，看着对面习近平同志住过的知青一号院，仿佛看到当年煤油灯跳跃的灯光。

我们应该感谢梁家河！

# 像牛一样劳动

从梁家河出来不久，我们到了一个叫郭家沟的地方。这里有路遥故居。

在当代文学史上，路遥的《平凡的世界》，无疑是一座难以逾越的高峰。

在路遥故居挂着一幅字：像牛一样劳动，像土地一样奉献！

路遥是写作累死的。在写《平凡的世界》第一部的时候，他把自己关在一个偏僻煤矿医院的小房间里，一待就是几个月。在几乎与世隔绝的深山里，与他朝夕相伴的竟然是房间里的一只老鼠。

厚夫在《路遥传》里讲到，路遥在《平凡的世界》写作过程中，已经诊断出肝硬化，如果终止写作进行治疗，病情或许能够得到治疗或缓解。但他忍着病痛完成了三卷一百多万字的巨著。

陈忠实在路遥追悼会的悼词里说："就生命的经历而言，路遥是短暂的；就生命的质量而言，路遥是辉煌的。"

在路遥故居的纪念馆里，我看到了一张（20 世纪）80 年代初路遥和陈忠实、贾平凹等青年作家的合影照片。我突然想，为什么会在陕北高原上崛起一个陕西作家群呢？

从郭家沟到延安的路上，汽车在弯曲的山路上穿行。在黄土高原起伏的群山中，我们看到了蜿蜒而行的黄河。

如果说黄河是哺育了中华文明的母亲河，那么在陕北高原上像馒头一样的一座座山峰，不正是大地母亲的乳房吗？

陕西作家群的崛起,是不是得益于承载着数千年黄河文明和十三朝古都文明的大地母亲乳汁的滋养呢?

# 理论的力量

在延安,我第一次看到了山丹丹花。一首《山丹丹开花红艳艳》,使这种生长在黄土高原杂草丛中、开着鲜红花朵的小花,成为陕北的象征、延安的象征。

山丹丹开花红艳艳,毛主席领导咱们打江山!

站在宝塔山上,我不由陷入沉思:中国共产党靠什么取得中国革命的最后胜利?延安最大的贡献又是什么?

在杨家岭,走出毛主席住过的窑洞,站在召开过七大的中央大礼堂内,我深切地感到,这个问题的答案就是毛泽东思想!

在凤凰山、在杨家岭、在枣园、在王家坪的窑洞里,毛主席写出了一篇篇光辉的文章,在党的七大上,毛泽东思想被正式确立为我党的指导思想。

马克思说:理论一经掌握群众,也会变成物质力量。

在延安,中国共产党非常重视对干部和群众的理论武装。抗大、鲁艺、陕北公学等几十所"窑洞大学"培养了一批又一批优秀干部,中央开展的全民扫盲运动,又教育了广大群众。由毛泽东思想武装起来的干部群众,是夺取革命胜利的中坚力量。

我们党历来重视思想建设和理论武装。在马列主义和中国革命实践的结合中,产生了毛泽东思想;在马列主义和改革开放实践的结合中,产生了邓小平理论;在马列主义和中国具体实际相结合、同中华优秀传统文化结合中,产生了习近平新时代中国特色社会主义思想。

在毛泽东思想的指导下,我们取得了中国革命的伟大胜利;在邓小平理论的指导下,我们取得了改革开放的巨大成功;在习近平新时代中国特色社会主义思想的指导下,我们必将实现中华民族伟大复兴的中国梦。

这就是理论的力量!

# 信仰的味道

延安三日,我们感受毛泽东、感受习近平、感受路遥。在返程的火车上,梳理这几天的感受，一个词反复出现在我的脑海里——信仰。

在王家坪毛泽东同志旧居旁边，解说员带我们在一张毛主席和毛岸英的合影前，给我们讲述了一个关于父亲和儿子的故事。

中央警卫局在清理毛主席的遗物时，无意中发现了一个小柜子，里面装的是毛主席亲手珍藏的毛岸英的几件衣物，有衬衣、袜子、毛巾和一顶军帽。这些物品，毛主席身边的工作人员从来没有看到过。从毛岸英牺牲到毛主席逝世，隔了26年，毛主席是在怎样的悲痛和寂寞中把儿子的这些衣物珍藏在身边的？战争年代，毛主席一家为革命牺牲了六位亲人。是什么力量支撑着他强忍失去亲人的剧痛呢？就是崇高的革命理想和坚定的政治信仰！

在梁家河，习近平同志入团申请书递了十次、入党申请书递了八次。在那个时代和环境里，他对党仍然充满忠诚和向往。担任总书记后，他多次讲：理想信念就是共产党人精神上的"钙"，没有理想信念，理想信念不坚定，精神上就会"缺钙"，就会得"软骨病"①。

路遥是一位有强烈政治信仰的作家。在从延安转院到西安治疗前，他提出再上一次宝塔山，因为身体过于虚弱未能成行。在他去世的前一个月，他向医院提出在病房里放一台电视机，他要看党的十四大召开的盛况。路遥还是一位有强烈文学信仰的作家，在当时各种文学思潮泛滥的形势下，他依然坚守着自己的初心。他是用生命在创作。

想起了一个故事。陈望道在翻译《共产党宣言》的时候，由于过于专心，竟然把墨汁当成红糖蘸粽子吃，不但浑然不觉，还感到蛮甜。

这就是信仰的力量。

---

① 习近平. 坚定理想信念　补足精神之钙［J］. 求是，2021（21）.

# 下雨的夜<sup>*</sup>

雨一直下，从白天到了黑夜。

童年的夜是那么黑，像少女披肩的长发，一直延伸到无尽的远处。童年的雨是那么清脆，像一首永远弹奏不完的乐曲，单调而又富有节奏。

这是一个纯粹的下雨的夜。

雨的声音赶走了虫叫和蛙鸣，全世界只有了唰唰的声音。夜的幕布笼罩了一切，泼墨般绘就了巨幅画卷。

这是一个难忘的下雨的夜。

娘点燃一盏油灯放在了炕桌上，用针尖把灯芯挑到了最大，跳动的火焰顿时灌满了整个小屋。我坐到桌前，拿出笔和本开始写作文，一个一个小词蝌蚪般涌了出来，下雨总能带给我那么多灵感。娘坐到了炕头，拿起针线缝起了似乎永远缝不完的衣服。爹搬起小板凳坐到门口，点上他心爱的旱烟袋，享受着雨溅到身上的清爽。

雨没有丝毫停下来的想法，但我的作文已画上句号。爹娘围拢过来，我站在炕上开始充满激情念我的大作，他们永远是我最忠实的听众，眼睛始终盯着我的脸，耳朵似乎已听不到窗外的雨声。娘的评价总是那一句，我儿是公社秘书的材料，爹则反驳，怎么也要当个县委干部。

爹娘没有看到我的成长，甚至没有看到我走进大学的校门。就像今天这个下雨的夜，我听不到雨的清脆，马路上的汽车声搅乱了雨的节奏和旋律，我也看不到那么黑的夜，城市的灯光无情地撕开夜的幕。

多想回到那个纯粹的、难忘的下雨的夜！

---

* 李增军. 下雨的夜 [N]. 燕赵都市报, 2017 – 07 – 08.